银行业信息化丛书

THE IT VALUE
NETWORK
From IT Investment
to Stakeholder Value

IT 价值网络

从 IT 投资到业务价值

［美］托尼·J. 瑞德（Tony J. Read）◎著

银行业信息科技风险管理高层指导委员会◎译

清华大学出版社

北 京

Tony J. Read

The IT Value Network: From IT Investment to Stakeholder Value

ISBN: 978-0-470-42279-3

Copyright © 2009 by Tony J. Read Ph.D. All rights reserved.

北京市版权局著作权合同登记号　图字：01-2015-5033

本书封面贴有清华大学出版社和 Wiley 公司防伪标签, 无标签者不得销售。

版权所有, 侵权必究。侵权举报电话：010-62782989　13701121933

图书在版编目(CIP)数据

　IT价值网络：从IT投资到业务价值 / (美)托尼・J.瑞德(Tony J. Read) 著; 银行业信息科技风险管理高层指导委员会译. — 北京：清华大学出版社, 2018

　(银行业信息化丛书)

　书名原文：The IT Value Network: From IT Investment to Stakeholder Value

　ISBN 978-7-302-48371-7

　Ⅰ．①I…　Ⅱ．①托…②银…　Ⅲ．①IT产业－投资－经济管理－研究　Ⅳ．①F490.6

　中国版本图书馆 CIP 数据核字(2017)第 218311 号

责任编辑：张立红
封面设计：李艳华
版式设计：方加青
责任校对：王思杰
责任印制：杨　艳

出版发行：清华大学出版社
　　　　网　　　址：http://www.tup.com.cn, http://www.wqbook.com
　　　　地　　　址：北京清华大学学研大厦 A 座　　　　　邮　　编：100084
　　　　社 总 机：010-62770175　　　　　　　　　　　　邮　　购：010-62786544
　　　　投稿与读者服务：010-62776969, c-service@tup.tsinghua.edu.cn
　　　　质 量 反 馈：010-62772015, zhiliang@tup.tsinghua.edu.cn
印 装 者：三河市金元印装有限公司
经　　销：全国新华书店
开　　本：185mm×260mm　　　印　　张：24.25　　　字　　数：322 千字
版　　次：2018 年 3 月第 1 版　　　印　　次：2018 年 3 月第 1 次印刷
定　　价：88.00 元

产品编号：062388-01

《银行业信息化丛书》总序

信息化是推动经济社会变革的重要力量。坚持走中国特色的新型工业化、信息化、城镇化、农业现代化道路，是党中央立足全局、放眼未来、与时俱进的战略决策。近期，中央网络安全和信息化领导小组的成立，更加体现了中央保障网络安全、推动信息化发展、维护国家利益的决心。银行业作为国家经济体系的重要行业之一，是信息化的重要推动主体、参与主体和受益主体。银行业持之以恒地贯彻落实国家信息化战略，不仅是推动加快我国信息化进程的必然要求，也是银行业改革发展、转型升级和更好服务实体经济的内在需求。

近年来，我国银行业审时度势、积极作为，坚持基础建设与科技创新并重、提升服务与保障安全并举的科学发展导向，以推进信息化为契机，调整经营理念、优化经营机制、完善服务模式，在服务手段信息化、管理模式信息化、信息安全保障等方面取得了积极进展，银行业核心竞争力、市场适应力和贴身服务能力有了进一步提升。一是服务手段信息化发展迅速。电子银行、自助银行、智能支付终端等信息化服务渠道日渐普及，使得金融服务覆盖面更加广泛、服务方式更加便捷、服务产品更加丰富。二是管理模式信息化迈出实质性步伐。注重依托核心数据库、运用先进数据挖掘分析工具，推进银行经营决策逐步智能化、风险管理日趋精细化，产品创新逐渐体现个性化，银行业经营管理信息化水平不断提升。三是信息安全保障取得积极进展。银行业信息安全越来越受重视，相关科技基础设施建设步伐加快，多层次、立体化、全方位的信息安全保障体系正在逐步形成。

当然，我们也应该清醒地认识到，银行业信息化面临着复杂的内外部环境，核心技术受限、网络安全威胁、隐私保护和信息保密等挑战将长期存在；银行业自身认识不尽到位、技术储备不够充分、资源投入相对不足、过度依赖外包等问题仍较为突出；针对银行业特殊需求的信息化产品、工具和方法还比较单一，缺乏应对复杂需求的灵活创新能力。总的看来，银行业信息化还有很长的路要走，信息科技风险将成为当前和未来较长时期银行业的重要风险领域之一。

银行业信息化既不能因为成绩而骄傲自满，也不可因为差距而妄自菲薄，更不可因为困难而畏首畏尾。各银行业金融机构要勇于直面困难、主动迎接挑战，坚决按照国家信息化总体战略部署，切实坚持"自主可控、持续发展、科技创新"的基本方向，紧紧抓住信息化发展机遇，推动信息服务和信息安全再上新台阶。一是借助信息化推动银行业金融机构治理能力现代化。积极引入先进的信息科技治理和管理理念，运用现代信息技术缓解治理中的信息不对称问题，推动流程银行建设，提高治理有效性。同时，理顺信息化建设的体制机制，加快信息化建设进程，为银行业转型发展提供有力保障。二是依托信息化推动金融服务智慧化。要充分利用互联网、移动计算蓬勃发展的大环境，积极应用大数据等新兴技术和创新思维模式，充分发挥金融数据和信息的价值，研发智能化、个性化、便捷化的产品和服务，灵活响应客户诉求，努力改善客户体验，尽力发掘潜在客户需求，增加产品和服务的吸引力，培育更为坚实的客户基础，形成新的业务和利润增长点。三是以自主创新增进安全可控能力。要坚持市场起决定作用的基本方针，探索形成以研发创新支持应用推广、以市场应用激发创新动力的良性正反馈机制。推动应用自主创新信息技术，建立自主创新信息技术落地银行业的配套机制，力争金融领域关键信息技术自主创新占比逐步提高，不断提升信息系统的开放性、灵活性和集约化水平。四是利用信息技术强化行业协作。要加强银行业信息化建设的统筹规划，促进信息化资源的集约共享，提升数据（灾备）中心布局的合理性，增强同业协同协作，共同应对外包集中度等风险。

为更好地推进落实银行业信息化战略，由银行业信息科技风险管理高层指导委员会指导推动，编著了《银行业信息化丛书》（简称《丛书》）。这套《丛书》将挖掘、研究、总结、提炼和传播国内外信息化最佳实践、宝贵经验和最新成果，内容涵盖银行业信息科技治理与管理、信息系统开发与应用创新、信息安全、基础设施与运行维护、信息科技监管等主要领域，将为银行业信息科技人才培养提供一些基础性、前瞻性、实用性的知识和信息。

展望未来，银行业信息化任务艰巨、时间紧迫。希望银行业在有关各方支持下，推动信息化工作更加积极主动、规范有效、科学前瞻，为我国银行业持续健康发展、提升服务水平提供坚实的支撑，为增强国家网络安全保障能力、提升信息化建设水平提供有力支持，为贯彻落实创新驱动发展战略、实现中华民族伟大复兴的中国梦做出积极贡献。

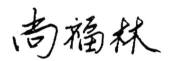

中文版致谢

　　《IT价值网络：从IT投资到业务价值》是《银行业信息化丛书》引进项目的第四本，该书由银行业信息科技风险管理高层指导委员会与中治研（北京）国际信息技术研究院合作策划、翻译、审校，由清华大学出版社出版。在此，我们对参与翻译和出版的合作单位表示感谢！

　　本书提供了颇具战略性和前瞻性的理念、方法和技术，为IT投资建立了较为全面的价值分析模型，是一本国际上经典的IT战略管理专著。本书帮助企业在IT投资和支出的博弈中找到答案，获得竞争优势，从而把握信息时代的脉搏，持续获得成功。为此，我们要感谢本书的作者，国际著名的IT咨询和管理专家托尼·J. 瑞德（Tony J. Read）博士。

　　在丛书的出版过程中，高层指导委员会领导对丛书的出版工作十分重视，要求丛书要立足银行业改革创新，服务经济转型和产业升级；银行业要坚持以"自主可控、持续发展、科技创新"为信息化发展方针，以支持我国经济转型和产业升级为发展方向，同步推进银行业信息化建设和信息科技风险管理，不断完善信息科技治理价值体系和能力；将银行业信息科技治理理论体系研究同实践紧密结合，逐步形成信息科技的自主能力、创新能力和可持续能力。为此，高层指导委员会办公室多次召集专家召开研讨会，确定选题方向和项目管理，确保丛书出版质量和效率。在此，我们对所有参与《IT价值网络：从IT投资到业务价值》项目及其他丛书出版项目的领导和研究人员表示感谢！

本书从选版、翻译、审核、校对到出版历时近两年。在本书的翻译、出版过程中，特别需要感谢的是中治研（北京）国际信息技术研究院的陈天晴院长和中国建设银行信息技术管理部总经理金磐石同志，他们对本书的选版、翻译和审核做出了重要贡献。同时要感谢参与本书翻译、审核的郭超、信兰华、刘金晖、王西琨、曹文中、方渝军、马庆、侯惠文、周正明、吴萌、刘荣昌、杜小军、程青、赵金安等同志。最后，要感谢本书出版工作组的梁峰、包倩、刘洋、孙卫东、李长征、王东红等同志的辛勤工作。

编委会

中文版前言

"十二五"期间，中国银行业大力革新，经受了后金融危机时代的一系列考验，整体发展平稳健康。其中，信息科技发挥了关键作用，有力地支持了银行业务的跨越式发展。信息科技参与决策的层面逐步提升，与业务的协同效应进一步增强。信息科技投入增长显著，信息科技制度体系更加规范，架构管控水平不断提高。《中华人民共和国国民经济和社会发展第十三个五年规划纲要》明确提出，要实施创新驱动发展战略，强化科技创新引领作用。信息科技作为银行业金融机构的核心竞争力，在未来五年担负着增强创新能力、加强引领作用、提高发展质量和助推转型升级的重要使命。

但是，银行业信息化建设和风险管理能力与进一步创新发展、深化改革、转型升级还存在一些不适应和不匹配，有些已经触及当前银行业发展的深层次问题，亟须在"十三五"期间取得切实进展。业务战略与科技战略联动不足，业务部门与科技部门的协调互动还不够顺畅。对信息科技的认识和重视还不充分，对信息科技部门的定位仍不清晰，科技人员的职业生涯、绩效薪酬与他们所发挥的作用、价值和贡献度还不匹配。数据价值挖掘不充分，数据服务的机制、方式方法与业务发展和创新的需要还不够匹配。内部、同业和跨业的信息共享机制亟须建立。

牢牢把握经济新常态下的机遇，需要进一步加大业务与信息科技的协同发展，依托科技创新深化产品创新、流程创新和管理创新，积极促进业务发展转型，需要使科技与业务建立成熟的伙伴关系，形成良性互动的协同效应，优化数据治理，提升数据服务，发挥数据价值。需要建立信息科技价值评估体系，推动实施内部成本核算、成本分摊与内部服务定价机制。需要优化需求管理模式，重点加强业务需求管理能力建设，采取业务和科技人员相互嵌入等多种方式，加强业务和科技复合型人才培养力度，提升业务部门的需求描述能力。

本书开出了解决这些问题的"良方"。本书阐述了IT价值的业务焦点，弥合了企业首席信息官和其他高管间的认识鸿沟。本书构建起一个全面的IT价值主张，探讨了多学科、跨学科领域的问题。本书提出了IT价值网络框架，介绍了现有的、最新的和多维的价值评估和管理方法，能帮助企业，特别是银行通过IT投资获得各种优势。这意味着IT投资不仅是基础设施资产，也不仅是业务的促成因素或账目上的资产，它还具备推动业务的驱动能力。由IT驱动的业务能够创造更高的用户价值，为企业带来成倍回报，使利益相关者获得更多价值。

本书共20章。第1章回顾了IT投资60年的发展历程、当前的投资趋势，以及对未来投资进行了展望，介绍了4S分类模式；第2章描述了存在争议的IT资产常规评估方法，并对常规规范提出质疑；第3章考察了银行业内部的IT价值。第4章描述了IT价值网络和价值评估的步骤；第5章和第6章分别论述了基于财务的评估方法和基于组织的评估方法；第7章提出了IT投资价值的三角量化理论模型；第8章介绍了IT价值网络管理（捕获、形成、优化和实现）；第9~14章分别对IT价值的六个阶段展开论述。第15~18章分别以四个案例来解读如何部署IT价值网络管理，以提高利益相关者经济价值。第19章论述了价值最大化的前瞻性思维，包括价值网络、价值体系、价值选项、利益相关者经济价值最大化等；第20章提出了IT价值网络成熟度模型。

本书具有较强的思想性和指导性，提出了具有可操作性的IT价值管理理念和方法，论证了IT投资的必要性和IT价值网络的现实意义。衷心希望本书能够为银行业金融机构和企业高管、IT主管及其他IT从业人员带来帮助，为推动信息科技与业务高度融合和加快形成我国科技创新驱动发展局面做出积极贡献。

本书献给瑞德家族，他们是：

朗达·李

玛蒂娜

查　利

波　林

约　翰

加　里

尼　基

莉　萨

娜奥美

乔纳森

家族利益相关者价值

推荐者

如果公司的首席信息官（CIO）想证明和推动技术投资，那么应该阅读本书。读者会因阅读本书而获得商机。

——史蒂夫·格斯特纳（Steve Gestner）

Resolve公司首席信息官兼执行副总裁

本书全面、精彩地总结了当今基于IT价值的管理理念，这在如今的经济大环境下尤为重要。对IT价值进行三角量化和六阶段划分的理念极为精彩，它给我们展示了一个很好的管理思路。如果IT和企业管理者想从IT投资中获得更多价值，同时希望获得与企业高层（CXO）就价值主张进行有效沟通的能力，那么应该阅读本书。

——德鲁·麦克诺顿（Drew McNaughton）

Axia NetMedia 公司首席技术官

如果IT供应商和提供专业服务的企业希望改善其价值主张，并有意加强与高层客户的合作伙伴关系，他们会发现本书是无价之宝。将企业的IT价值范围扩展到企业之外的观点具有启发意义。通过企业的价值体系和价值网络管理推动实现利益相关者的经济收益是有远见的做法。正如作者所说的那样，这将创造企业的网络优势，因此本书很值得一读。

——达勒·尼利（Dale Neilly）

Radiant通信公司销售和市场高级副总裁

序　言

当面对重大的IT投资方案时，全世界公司高管都在尝试寻找一个根本问题的清晰答案：价值在哪里？本书将给出一个框架来回答这一问题。本书系统地列举了衡量和管理IT投资的有效方法和工具，给出了一个全面的、有启发性的答案。

我最初从事的是金融业，曾在全世界不同行业的蓬勃发展的公司中担任过首席财务官。尽管这些公司所处行业不同，但它们都面临着相同的挑战——IT投资需求持续增长，我们必须对这些投资的合理性进行论证。

以我在联邦快递10年的工作经验为例：客户经常会谈到它的服务优质、知识广博的快递员，或是能够在全球范围内隔日达的庞大飞机数量。而正是因为IT投资，客户才能获得这些产品和服务带来的"体验"。想象一下，使用联邦快递，你可以舒适地待在家里，追踪贵重包裹在世界上任何一个地方流转的情况。论证IT投资的合理性需要有说服力的业务案例，这种业务案例应包括像客户体验那样的可量化的驱动因素。本书巧妙地指出，必须通过价值指数对价值进行三角量化，确定利益相关者经济价值。

论证IT投资的合理性并不局限于节约成本。一家公司出类拔萃的根本因素就是战略优势。试想一下，如果用联邦快递的IT能力，你的企业就有机会重新配置供应链，这样能使库存降至最低；或者由某一个地方提供定制产品，向全球客户提供服务。IT投资决策是企业的核心，也是作为企业高管应该做出的最重要决策之一，因此信息越充分越好！本书的框架将帮助你在捕获、形成、优化和实现业务价值方面做出合理的决策。

过去8年的时间我都在沃达丰（Vodafone）工作，这是一家电信公司。作为亚太和中东地区的首席执行官（CEO），我有机会看到处于不同发展阶段的市场或国家——有的已经成熟，有的刚刚兴起。我看到，移动电话技术作为国家基础设施的关键部分，对国家发展有着深远的影响。很明显，移动通信技术的演化路径——从2G到3G，再到LTE，将我们从单纯的语音服务带到移动环境下的高速数据交换中。这一过程很具有吸引力，比如智能手机（如iPhone）的发展，或通过笔记本电脑将移动宽带连接到公司的IT应用程序。然而，这些技术投资仅仅是促成因素。

使运营商（事实上也是大多数公司）脱颖而出的是他们的IT选择，以及这些选择如何提供独特的、吸引人的产品和服务。对于运营商来说，他们选择的IT方案使客户无论在办公室、家里，还是在移动的环境下，都能够充分利用他们的时间。IT敏捷性和价值选项是当今业务的必备条件，推动着当前和未来收益，提高了股东财富的智力资本。错误的选择会使经济收益低下。因此，本书中将谈到，我们需要从传统的"工业时代"方法迁移到更为高效的"信息时代"技术来管理和治理IT投资。

在沃达丰，我们要保证我们的客户能随时随地与生活中的人和信息保持联系——通过语音、文本、即时消息、电子邮件、音乐、社区、新闻和社交、工作相关的应用程序。本书能帮助您深入挖掘企业的价值体系和价值网络，并构建网络优势（一个使企业获得持久竞争优势的理念）。

我曾在多家公司董事会任职，其中好几家还有其他股东代表。我要重申本书的准则——使股东经济利益最大化应是首要考虑因素。本书不仅仅在如何评估利弊方面提供了指导，而且还提出了三角量化法，因为使用单一方法评估IT价值过于狭隘。本书还阐述了IT投资治理模式。这一模式超越了纯"工业时代"的法规遵从、内部控制或审计需要，加入了更有效的"信息时代"考虑因素，这是在当今快节奏的全球经济背景下经营一家企业的必然要求。

本书是一本发人深省的书。它内容丰富，除了值得一阅外，还具有长久的参考价值。我深信，IT是最为重要的区别因素，在IT上犯错误会让你落后数年，甚至会对你的企业和竞争力造成致命打击。作者将自己丰富的IT管理和咨询经验和盘托出，阐述了一个真正需要解决的问题——在评估IT价值最终为企业的未来制定正确战略方面，如何做出合理的决策。我很幸运地免费获得了他的建议。你们也仅仅需要购买本书，就能得到这些建议——这是一项回报率很高的投资。好好享受本书吧。

尼克·瑞德（Nick Read）

沃达丰集团亚太和中东地区首席执行官

中国移动和沃达丰一些子公司的董事会成员

前　言

伴随着早期数字技术的出现，现代计算时代于60多年前开始。但是，在人们是否从信息技术投资中看到预期价值这一点上，现今仍然存在争议。在如今的经济环境下，大多数企业都在关注IT投资的短期收益。然而，成功的企业不会忽略未来商机。这些商机既能带来长期发展和竞争优势，也能构建具备敏捷性的战略选项，以适应不确定情况。即便在经济不景气的情况下，树立对未来IT价值的信心也能为当前投资提供动力。有一个事实正在呈现——人们对IT价值的态度正在发生转变，以适应新的范式（如价值网络和价值体系），这些范式推动着智力资本和公司价值。本书的目的是深刻探讨基于IT的管理，并使利益相关者经济价值最大化（而不仅仅是股东价值）。本书提出的IT价值网络框架提供了现有的、最新的和多维的评估和管理方法，使企业通过IT投资和支出获得持久的竞争优势或网络优势。

作为Read&Associates公司的管理合伙人，我去过世界上很多地方，与不同类型的公司合作过，这些公司的目标都是捕获、形成、优化和实现IT价值。尽管我经历过顺境和逆境，遇到过经济繁荣期，也遇到过经济萧条期，但是我总有机会重新调整IT投资，将节点连接起来，得到更高级的IT价值主张。在瞭望星河的时候勾勒出一个新星座是多么美妙的事情！但本书的内容不是天马行空的空想，而是有技术依据的，我们在各种客户案例中都会加以描述。IT价值网络方法已经被很多公司采纳，这些公司所在领域有高科技、电信、计算机、银行、财政、零售和专业服务等行业。本书涵盖了多种在真实世界中得到实际应用的、以财务为基础的和以组织为基础的工具、方法和技术，还包括一个用于当前实践评估的IT价值网络成熟度模型。

本书阐述了IT价值的业务焦点，弥合了企业首席信息官和其他高管间的鸿沟。因此，本书的目标人群是企业和IT领导，以及期望从IT投资中获得更多利益的管理者。为什么不想获得更多呢？全球平均每年在IT上的投资达到了3万亿美元，而且前几年的信贷紧缩导致了经济衰退。本书构建起了一个全面的IT价值主张，它完全超越了公司的边界，毫无保留。从事IT管理和IT经济学的学者与学生也会发现本书的价值所在。它探讨了跨学科、多领域的问题，包括金融和会计、决策支持、组织管理、信息经济学、组合和项目管理、企业战略和规划以及基于价值的IT管理。本书通过确定公司失去的价值来挑战IT价值评估和管理的传统方法。本书为基于IT价值的管理提供了一个全面的工具包。

第一部分：现状——价值在哪里

第一部分探讨的主题包括：反思IT投资60年的发展和讨论未来IT投资方向；将IT投资支出进行分类——4S分类模式；常规资产评估方法存在争议，挑战IT投资评估的传统规范；确定了失去的价值，也就是物无所值的那部分，并考察银行业内部的IT价值。

第二部分：将价值进行三角量化——揭开谜团

第二部分探讨的主题包括：如何定义传统和新型的基于财务和基于组织的IT价值评估，构建一个强有力的价值创造业务案例；单纯通过财务和会计的评估方法是不够的，价值需要通过战略、运营、利益相关者和敏捷性价值维度进行三角量化，最终形成IT价值指数计分卡；探讨了IT价值组合，引用了星星和黑洞来分别比喻优秀的投资和令人不满意的投资。

第三部分：IT价值的六个阶段——这才是IT

第三部分探讨的主题包括：IT价值管理，它涵盖捕获、形成、优化和实现利益相关者经济价值；从IT投资到实现利益相关者经济价值的六个阶段；主动管理IT价值的六个阶段将释放和实现利益相关者经济价值；IT价值的每一阶段都会改善IT价值管理，并形成增强网络优势或持续竞争优势的迭代循环。

第四部分：IT价值网络的客户——投入IT，获取价值

第四部分探讨的主题包括：四个分别属于银行、金融、零售和高科技/电信行业的客户案例，每个案例都描述了它们遇到的挑战、IT价值网络解决方案以及随之而来对利益相关者经济价值的影响；还会探讨它们实现的IT价值。

第五部分：新兴现实——投资IT，重视IT

第五部分探讨的主题包括：应用新范式和新兴概念方面的思维领导力，这些范式和概念包括社交网络、价值网络、网络组合、价值网络分析、交换价值、价值体系、价值选项、风险管理、协作和价值忠诚度；提供了一个IT价值网络成熟度模型和实施清单，使公司能实现利益相关者经济价值最大化。

现今，IT投资变得不仅仅是业务的促成因素或账目上的资产，它们还提供了能够推动业务的能力。思维领导力应转向信息投资，将目标放在IT中的"I"（信息）和CIO（首席信息官）中的"I"（信息）中，以获得更大的收益。这些信息是智力资本，其价值占市值的80%。IT价值网络能改变公司管理和衡量IT投资，以获得网络优势或持续竞争优势的方法。希望您能怀着愉悦的心情阅读本书，同时也希望您能对本书所强调的IT价值观点产生共鸣。

致　谢

在我的职业生涯中，我在多个国家担任过企业管理人员、咨询顾问和大学教授，因此我有幸见过很多杰出人士。本书记述的是我的一段发现之旅。如果没有许多学识渊博且见解深刻的同仁的贡献，我就不会有这些发现。我很庆幸认识这么多杰出人士，他们给予了我很大的帮助。

在写本书的过程中，我要特别感谢给予我支持和鼓励的朋友，他们分别是：

■　我的客户——我们共同合作完成了最佳实践案例。他们是：英迪戈图书与音乐产品销售公司（Indigo Books & Music,Inc.）的希瑟·瑞斯曼（Heather Reisman，首席执行官）、迈克尔·塞比尼斯（Michael Serbinis，首席信息官）、丹·莱布（Dan Leibu，负责公司战略与规划的副总裁）和项目管理办公室（PMO），来自北电网络（Nortel Networks）的格温妮丝·爱德华兹（Gwyneth Edwards，首席信息官办公室人员）和史蒂夫·班德罗扎克（Steven J. Bandrowczak，首席信息官）。我还要感谢NA银行和NA信用社那些不愿透露姓名的朋友。虽然我在这里不能说出你们的名字，但是我仍然很感谢你们（你们心里应该知道），感谢你们提供的深刻见解和有力支持。

■　我的博士论文指导委员会的成员——帮助我完成了基础的调研工作。他们是位于美国佛罗里达州的诺瓦东南大学（Nova Southeastern University）的计算机和信息科学研究生院的苏米特拉·慕克吉（Sumitra Mukherjee）博士、史蒂夫·辛克（Steven Zink）博士和伊斯瓦·尼沙德哈姆（Easwar Nyshadham）博士。感谢他们对本书的指导，以及花费了大量时间的对本书做的修订。

■ 出版发行这本书的朋友们——使我的理想变成现实。我要特别感谢英迪戈图书与音乐产品销售公司的乔·西尔沃（Joel Silver，商主）和巴赫拉姆·奥法提（Bahram Olfati，贸易总监）。我还要感谢约翰威立国际出版公司（John Wiley & Sons,Inc.）的斯泰西·里维拉（Stacey Rivera）、蒂莫西·布歌德（Timothy Burgard）、克里斯·盖奇（Chris Gage）以及海伦·赵（Helen Cho）。我很荣幸能有机会得到这些出版界领军人物的指导和支持。

最后我必须要感谢我的太太朗达·李（Rhonda Lee）一直以来对我的支持。我非常感谢她一直在我的身边，陪我度过无数个忙碌的周末，现在该是我们放松的时候了。

目　录

第一部分　现状——价值在哪里

第二部分　将价值进行三角量化——揭开谜团

第五部分 新兴现实——投资IT，重视IT

第一部分

现状——
价值在哪里

IT 支出通常会占到公司收入的2%，但也可能很容易就超过公司收入的12%。2008年，全球IT投资额在2.6万亿～3万亿美元。但是即便在最乐观的情况下，能从IT投资中获取多少价值仍值得怀疑。本书的第一部分试图帮助大家更好地理解IT投资和常规估值。尽管IT投资在持续增长，但可实现的股东价值仍然缺位或未达到最佳状态。然而，企业现今仍然通过传统方法衡量和管理IT投资或支出来维持现状。

在当前的经济形势下，多数企业会关注IT投资的短期盈利能力，而且出于对通货紧缩的担忧，企业开始减缓IT投资。但是成功的企业不会忽视有价值的未来商机或长期增长，对未来的IT价值增长怀有信心会增加当前IT投资的可能性。第1章对过去60年IT投资的增长情况和发展趋势进行了深入探讨。IT经历了从早期的计算功能发展到云网络时代的变迁。IT投资还可以根据4S分类模式进行分类，来定义有效评估的特征。随后本章还探讨了未来实施IT投资的考虑因素，为更有效的评估方法提供背景或环境。本书也将对此加以探讨。

管理工作会更多侧重于评估和实现利益相关者从IT投资中获得的价值，特别是在市场条件日益恶化的情况下。第2章将讨论IT投资尚未实现其全部价值的原因。传统的IT资产评估方法存在漏洞，不能有效地确认和捕获价值。糟糕的IT投资决策的代价巨大，可能导致项目失败、利润降低、信息安全和隐私暴露、经营低效和无效等后果。本章还将讨论常规的以组织为基础的IT投资评估方法和传统的以财务为基础的IT投资评估方法，并确定值得关注的问题和挑战规范的做法。最后，本章将考察损失的IT投资价值。

全球的金融服务行业四面楚歌，陷入了自第二次世界大战以来从未有过的困境。即便如此，银行业的IT投资仍在持续增长。第3章会针对银行业遇到的IT价值困境给出具体的见解。本章会介绍北美银行业的概况，从而解释竞争格局和银行业遇到的挑战。此后，本章还会探索IT投资模式，以及对这些投资是否增加了利润提出疑问。本章将会通篇研究各种IT价值情况，这些研究结果几乎可以应用到整个银行业，而不仅仅是北美银行业。本章会讨论一个北美银行案例，以探索IT投资情况。

01 IT投资

令人震惊的标价

放眼IT虚拟"停车场"，我们不难发现为什么公司的高层会就IT成本对首席信息官表示质疑。在IT领域普遍的做法是，即使"沃尔沃"的性能可以满足要求，但我们往往推荐使用"法拉利"。论证技术方向和费用的差异已经是一项非常艰巨的工作，其本身就是一个挑战，更不用说首先讨论投资的必要性了。

IT投资正在发生转变，它不再仅仅是保证业务完成的因素，也不仅仅是账目上的资产，实际上，它还具有驱动业务的能力。IT思想领袖的注意力应该从传统的技术投资模式转移到信息投资方法上，从而从信息技术（IT）的"I"（信息）和首席信息官（CIO）的"I"（信息）中获取更多货真价实的利益。现今，有效的IT投资对业务的影响力非常大，因此公司需要对IT投资进行相应的管理，使其作用不仅仅局限于节约成本。

IT成本通常占公司收入的2%，但也有可能会增加到公司收入的12%。IT成本也许是除劳动力成本之外最容易管理的成本。根据高德纳公司的数据，2008年全球IT投资额大约在2.6万亿~3万亿美元，达到了历史顶峰。IT投资有一半花在通信上，剩余部分花在IT硬件、软件和服务上。[1]这样的年度开支基本相当于英国或法国的国民生产总值（GNP），或者是印度国民生产总值的近3倍。换句话说，全球范围内的IT支出基本上相当于印度11.35亿人（相当于世界人口的20%）的全年消费、总投资、政府支出和净出口总量的花费的近3倍。但是，人们一直没有认识到信息的真正价值。

从全球范围来看，IT支出是印度国民生产总值的近3倍。但值得注意的是，IT支出的价值是不确定的。

本章将着重介绍IT投资的增长和趋势。我们将探讨IT投资60年的发展历程（从早期的计算功能到如今的互联网）。IT投资可根据4S分类模式进行分类，这对本书接下来要讨论的IT价值评估十分有用。本章最后还就未来IT投资所需考虑的因素进行了探讨，它们决定了IT价值网络衡量标准和管理的环境。

IT投资的60年

IT投资从20世纪40年代初期的现代计算时代不断发展，如今到了信息时代。IT支出也从基本的计算功能和通信基础设施，扩展到企业应用系统和信息与服务的管理。在短短的60年里，IT投资就从小众迈向了大众，从大型组织支出迈向了个人支出。

60年的增长

60多年前，随着早期的数字技术问世，现代计算时代开始了。没有哪个发明家可以宣称自己是第一台现代计算机的发明者，因为很多人都对当今的基本计算基础做出了贡献。1941年，德国技术专家康拉德·楚泽（Konrad Zuse）开发了Z3，它是第一台具有程控功能的通用数字计算机。随后，英国的巨象（Colossus）于1943年问世。人们认为它是第一台电子计算器装置，在第二次世界大战中它被用来破译德国密码。此后一系列计算机技术的进步都发生在美国，阿塔那索夫–贝瑞计算机（ABC机）、马克1号计算机（Harvard Mark I）和埃尼阿克1号计算机（ENIAC I）相继问世。由约翰·普瑞斯伯·埃克特（John Presper Eckert）和约翰·W.莫克利（John W. Mauchly）于1945年设计的埃尼阿克1号成为世界上第一台通用电子计算机，其设计的依据是约翰·冯·诺伊曼（John Von Neumann）对数据和程序进行统一存储的报告。

"这样看来，我们似乎已经达到了计算机技术可能达到的极限。但是，在说这话的时候要小心，因为这样的话在五年后听起来很愚蠢。"

——约翰·冯·诺伊曼（1949年于加利福尼亚州）[2]

第一台现代计算机可以说是由弗雷德里克·威廉姆斯（Federic Williams）和汤姆·基尔伯恩（Tom Kilburn）共同努力创造的"婴儿"计算机演化而来的。它诞生于英国的曼彻斯特。1948年，基本计算机的组件和特征便已完备，增加了内存，并且可以存储程序。基本计算机拥有32个字（128B）的随机存取存储器，而且它完成每个指令只需要刚刚超过一毫秒的计算速度。它的运行速度可能不够快，但它已经可以执行多个应用程序。但这个计算机的配置可能和IBM的"蓝色基因"（BlueGene/L）相差甚远。"蓝色基因"每秒钟可以处理360万亿次的交换操作[3]，拥有1GB动态随机存储器（RAM）芯片，可以存储80亿位的数据。

"埃尼阿克（ENIAC）的一个计算机有18 000个真空管，重达30吨，未来的计算机可能仅有1 000个真空管，而且可能仅重1.5吨。"

——《大众机械》，1949年[4]

"婴儿"计算机或曼彻斯特马克1号计算机最终成为第一代通用的商业计算机，被命名为"费伦蒂马克1号"（Ferranti Mark I）。[5]1951年，埃尼阿克1号的衍生物——通用自动计算机（UNIVAC）成为第一代批量生产的计算机，它有1 000个字的内存，需要100万美元的巨额投入。此后IBM在1953年进入了计算机领域的竞技场，它推出了701电子数据处理机（EDPM）——第一台大型机。随后，IBM开发了第一个高级计算机编程语言"FORTRAN"。至此，第一代计算功能开始兴盛，IT投资开始增长，并从大学和政府机构延伸到商业领域。但是一个1MB的IBM磁盘系统就要花费1万美元（现在是1/50美分），这是很昂贵的。许多人认为计算功能只能供少数人使用。

"我认为整个世界范围内的市场可能只能容纳5台计算机。"

——托马斯·沃森（Thomas Watson），IBM主席，1943年[6]

晶体管的应用使第二代计算机发展起来，令计算机的价格更容易被大众接受，并开拓了更广泛的商业价值。真空管的时代已经过去。1960—1964年，IBM 1401控制了世界1/3的市场，电脑销售量超过10万台。第三代计算机的变革受到集成电路或"芯片"技术的推动，进一步改革了计算应用。1958年，杰克·基尔比（Jack Kilby）和罗伯特·诺伊斯（Robert Noyce）独立制成了微芯片。20世纪60年代中期到末期，IBM推出了系统/360大型机，数据通用公司（Data General）开始销售第一批16位小型机之一的Nova，其售价是8 000美元。

"摩尔定律指出，芯片上晶体管的数量大约每两年增加一倍。"

——戈登·摩尔（Gordon Moore），英特尔联合创始人，1965年

英特尔一直保持这个速度近40年。

随着微处理器的出现，第四代计算机迅速打入市场。微处理器于1971年由英特尔的特德·霍夫（Ted Hoff）、费德里科·费金（Federico Faggin）和斯坦利·马泽尔（Stanley Mazor）发明。从20世纪60年代末期开始竞争加剧，IBM、数据通用

公司、惠普公司（Hewlett-Packard，以下简称惠普）、斯佩里-通用自动计算机公司（Sperry Univac）、好利获得公司（Olivetti）、巴勒斯机械公司（Burroughs Machines）和国际计算公司（ICL）都提供大型机和小型机。在此背景下，美国高等研究计划署网络（ARPAnet）和最初的互联网于1969年诞生。紧随而来的是，1973年的罗伯特·梅特卡夫（Robert Metcalfe）和施乐（Xerox）的以太网计算机网络，使用标准通信协议的分组交换和网络互联技术带来了超越边界的计算功能。

"没有任何理由可以解释为什么所有人都想在家里放一台自己的电脑。"

——肯·奥尔森（Ken Olsen），数字设备公司（Digital Equipment）总裁，1977年

接踵而来的是个人计算机革命，先是1974—1975年的Scelbi、Mark-8和Altair，然后是1976—1977年的Apple I和II、TRS-80以及康懋达个人电子处理器（Commodore Pet），再接着是1981年的IBM个人电脑，再加上微软（Microsoft）的MS-DOS操作系统和Windows。从20世纪80年代初开始，计算机已经变成一个大众商品。更为先进的指数计算和通信功能当然与环球网的发展密不可分。1993年，麦克·安德森（Marc Andreessen）带领的伊利诺伊大学团队研发出了马赛克网络浏览器（Mosaic Web browser），引发了网络互联革命。如今，语音和数据已经能够成功地在网络上融合；新的多功能手持设备正在推动移动商务和社交媒体（如Facebook）的形成和迅猛发展；商业应用正在通过软件即服务（SaaS）和托管服务得以虚拟化。IT技术的再一次更新换代指日可待。

"我们都听说过100万只猴子敲打100万台打字机最终将重现莎士比亚的全部作品的故事。现在，多亏了互联网，我们知道这不是真的。"

——罗伯特·威伦斯基（Robert Wilensky）[7]

20世纪50年代末开始，随着科技在第一代计算基础上迅速发展，IT投资也呈现出指数级增长。全球范围内对IT的投资已经从20世纪50年代的几千万美元增长到

2008年的2.6万亿～3万亿美元，如图1.1（非线性）所示。20世纪50到90年代，全球IT支出年均增长率在10%以上，这一趋势在2001年的互联网大崩盘中发生了变化。在21世纪的第一个十年中，IT投资增长缓慢，年均增长率稳定地保持在2.5%～5%，但发展中国家的增长步伐日益加快。然而，这意味着如果完全用美元计算的话，全球IT投资仍然从20世纪90年代末的略低于2万亿美元增长到2008年的2.6万亿～3万亿美元。据高德纳公司的数据显示，现在全球近1/3的IT投资都集中在北美、西欧和日本之外的地区。[8]IT投资的这一持续增长会为发展中国家的市场提供新的能力和新的观念，同时也会使发达国家的市场竞争更加激烈。

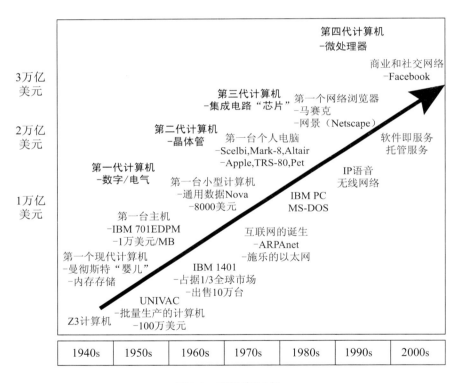

图1.1   IT投资60年

全球IT投资从20世纪50年代的几千万美元增长到2008年的2.6万亿～3万亿美元。

IT投资的重要性

IT支出包括对现有技术的投资和对新技术的投资。企业应在IT投资管理（ITIM）中纳入与技术硬件和软件相关的成本（如支持和服务）。当然，从资本运作的角度来看，为技术资产的实施带来附加价值的劳动力成本可以预提和折旧。尽管持续的运营支持和服务通常不被视为投资，但我们认为人力（智力）资本比实物资产更重要，因此也应相应地视其为IT投资。本书中，一个组织的所有IT支出都被视为投资，但将其分为了现有投资和新投资。

IT投资既增加了公司的有形资产，也增加了无形资产。从传统角度看，IT投资基于有形的成本和收益。然而目前的情况是，股东从IT投资中获得的价值的85%～90%为无形资产。IT投资战略主要以知识为基础，包括业务智能和数据库应用程序。[9]这种说法得到了经验性数据的支持，高达九成的计算机资本的成本和效益存在于无形资产中。[10]IT所创造的无形资产能使公司获得超额回报，并带来更高的市场价值。但现有的投资战略工具还无法管理和衡量这种价值。

从直觉上看，尽管我们认识到了信息的重要性，但对信息进行投资却是另外一回事。在哪些方面知识管理系统比运营管理系统更有优先权呢？我们面对的问题是：虽然数据具有创造价值的潜力，但是它从未被充分利用，不能创造信息或知识。因此，过去的60年应被称为数据时代，而不是信息时代，数据的可实现价值尚未被挖掘出来。[11]数据可以通过信息地图与业务流程相匹配和关系数据库的集成得到优化或合理化，但是谁是这项投资的所有人和出资人呢？更好的信息处理行为能改善经营绩效，创造出有形的智力资本和有价值的无形资产。

不管是通过支持目前正常的业务运营来实现短期盈利，还是通过抓住新的业务机会来实现长期的股东价值，都需要IT投资。[12]现在的趋势是将IT投资集中在短期盈利上，重要的是要节约成本以及减少对战略举措的投资。[13]然而，成功的企业绝不能对有价值的未来商机或长期增长投资不足。企业面临的挑战是如何在运营基础设施上降低IT成本，并将支出转移到战略性投资上，以实现业务增长。例如，如何降低网络和计算基础设施成本，并加强客户关系管理（CRM）或知识管理系统的投资？竞争优势来自企业的改进、创新和变革。在这些方面，IT是关键的推动因素。企业必须保持经常对技术（包括相关人力资本）进行投资，并通过未来价值能力、增长期权和竞争力来创造净价值，从而实现股东价值。[14]

IT投资对于推动有形的智力资本和有价值的无形资产越来越重要，它使企业能够通过更多方式实现未来净价值的增长。

IT投资趋势

在接下来的5到10年内，以下的IT投资趋势将继续保持发展势头，并成为企业的重中之重。

开放和面向服务的架构（SOA）

开放系统的架构产生的价值很明显，它可以为公司提供更优惠且更灵活的非专有协议、语言和操作系统。主要标准机构，如万维网联盟（W3C）和结构化信息标准促进组织（OASIS），都推动了开放出口，越来越多的公司能够利用标准的电子交换功能来获取信息和开展交易。战略性IT投资应包括加强基础设施，以及业务必备项目，这些项目包括中间件、标准化的Windows、UNIX或Linux平台、开放网络、开放式数据库连接、Web服务以及分布式计算。公司需要集成开放系统，而不是串联专有平台。这一点十分重要，它是业务迅速打入市场并实现敏捷性的关键。[15]

面向服务的架构和Web 2.0还处于起步阶段，但它们正在不断为大众所接受，并越来越广泛地被应用到商业中。从20世纪80年代末期到90年代中期，面向服务的架构的核心是遵照J2EE类型标准设定的应用程序编程接口（API）。自20世纪90年代末起，面向服务的架构更加侧重于业务，将Web服务的消息传递功能和注册中心（UDDI）应用到了业务程序中。图1.2给出了一个面向服务的架构概况。

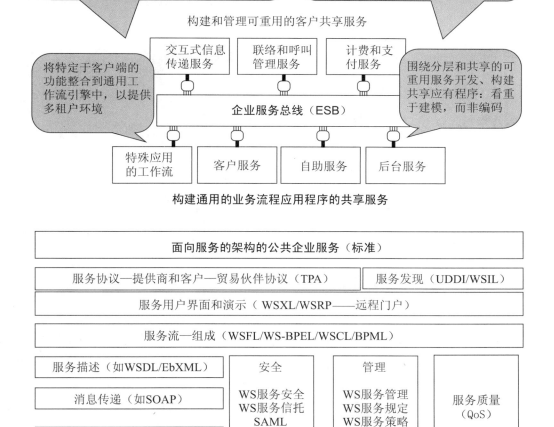

图1.2 面向服务的架构概况

在设计面向服务的架构时存在相当大的争议，争论的焦点：是根据标准的业务流程和数据图表在整个企业内推动一个计划，还是采取自下而上的方法，着重于解决具体的系统集成问题。或许应该采取折中方案，将侧重点放在企业服务总线上，同时关注服务定义、集成、服务质量、服务级别协议（SLA）、安全性、消息处理、建模、通信、企业服务总线管理和基础设施智能化。

因为建立Web服务的挑战是将多个租户或系统的核心传统功能加以分离，从而创建一个可以在多个平台重复使用的服务接口，所以中介或聚合服务便成为基本业务逻辑或数据Web服务的重要接口。由于基本服务可以和传统功能封装在一起，因此比较流行的Web服务应用程序很简单，并且是面向消费者的，它包括博客、维基、社交网络和点对点网络。

转移到开放的、基于互操作性服务的模式的好处包括：

- 提高回报：降低资本支出和运营支出的投资。

- 个性化的客户服务：最大化的终身价值、交叉销售（销售更广泛的服务）、追加销售（销售增值服务）。

- 跨业务实时情报：解放信息，从而改善决策。

- 数据可靠性和完整性：最高级别的服务。

- 降低运营和技术的整合成本：根据使用的增加情况而支付的效用定价模式和优化的总体拥有成本（TCO）。

- 上市时间和利润：系统开发和部署的速度，满足业务需求。

- 业务敏捷性和灵活性：经济实惠、可扩展性、可靠性和全球范围内的即时解决方案。

- 系统保障和安全：更低的风险/回报率。

- 合规性：立法、审计和客户保护。

■ 技术领先地位：首先推向市场，具有竞争优势，整合了现有的最新先进技术。

面向服务的架构和开放系统将成为主流，它能提供及时的服务，使企业具备敏捷性。

一切都将被虚拟化

从IT组织到基础设施，一切都将被虚拟化。IT组织将通过网络连接分布于世界各地。如今，将包括电信在内的大部分IT基础设施外包正在成为常态。由于IT变得更像是一种商品或功能，因此外包是很划算的做法。IT资产不再包含于资产负债表中，而是变成了可预见的运营成本。但是我们难以对总体拥有成本下定论，因为经常更新的服务会取代传统的基础设施。

采用系统和流程外包的公司越来越多，这就将事务处理工作部署到了世界各地，公司的核心IT能力也得以保留在内部，特别是在支持竞争优势方面。IT部门日益虚拟化，它们与IBM、惠普这样的外包公司以及中国、印度和罗马尼亚越来越多的境外外包商合作。外部IT开支占了全球金融行业IT总投资的50%以上。随着传统系统不断被取代，这一比例还在上升[16]。

即使在20世纪70年代，计算基础设施或计算机原始处理功能的虚拟化也是一个须谨慎考虑的问题，因为计算机成本相对较高。对于大型事务处理业务来说，分时是企业有能力支付的方法。如今，服务器虚拟化和存储区域网络（SAN）不断发展，它们优化了基础设施平台，并为企业支持应用程序和IT服务提供了灵活性。企业管理系统利用数据中心来实现虚拟控制。IT领域的主要企业，如微软和威睿（VMware），正在挺进客户端或桌面虚拟化的新领域。高德纳公司认为，未来将会有更多个人电脑的桌面被虚拟化，而2006年这个数字仅仅是500万。[17]客户端计算和终端服务可能会

"回来"，就像分时共享和非智能终端时代那样，但有望不再是绿屏外观。

一个公司可以将大多数IT功能虚拟化。虚拟的IT资源可以在一个虚拟的办公室工作，并且在一个虚拟的桌面图像上办公，这个虚拟的桌面图像被连接在虚拟服务器的虚拟应用程序上。

云托管服务

大型软件供应商（如Oracle、SAP和IBM）会通过不断收购小型软件供应商来整合软件市场，这提供了一站式商店，保护了许可权，也保证了收入。然而，这个传统的软件运营模式受到了严重挑战，并将很快随着软件即服务的推行而消亡。如果能够按使用情况收费，为什么还要支付大额的一次性软件投资成本和每年高额的维护费用（相当于初次投资的18%～20%），以及持续不断的支持费用呢？托管服务提供商（MSP）或应用服务提供商（ASP）可以为公司提供业务能力，而且只收取交易费用，无需或仅需极少的前期投资。如果公司可以适应标准服务的话，那么这是一个不错的选择。

因此，供应商正通过网络连接创建功能云，如通过Facebook、Google或YouTube的消费者云提供协作服务（即时消息、白板和内容管理）。消费者可以在同一个供应商的云内迁移，也可以在不同的云之间迁移，这取决于他们需要的服务或社交网络联盟。亚马逊等步子迈得更大的网络零售商充分利用了其庞大的计算能力和数据中心来提供企业托管服务。根据按使用情况收费的原则，你可以以每小时20美分的价格来运行你的网站。亚马逊云计算业务的客户现在已经超过了30万。[18]Google运行着世界级的数据中心（这并不奇怪），它已对软件开发人员开放了基础设施，供他们使用云托管服务。

企业托管服务已从网络和计算管理延伸到服务桌面，并发展到了软件即服务。

传统的电信公司（例如Telus公司、加拿大贝尔、Sprint和AT&T）都在管理企业网络中取得了成功，并与IBM或惠普这样的公司合作，将托管服务延伸到了网络上的数据中心。然而，直到最近，各企业还一直比较谨慎地对待软件即服务的市场，且不愿放弃核心应用程序的所有权。这种情况很快将发生变化，因为有些公司，比如Salesforce和NetSuite，正在Oracle和IBM等传统应用程序供应商的眼皮底下掀起一场革命。Salesforce已经提供了一段时间的客户关系管理托管服务，鉴于目前正与Google合作，它的云愿景将延伸得更远。各种规模的企业都会得到平价的按需商务应用程序，从客户关系管理到协作以及办公效能工具，无所不包。目前，Salesforce有100万订户可 "免费" 访问Google的应用程序，微软已在密切关注。[19]

云技术前景：云技术将继续吸纳应用程序、内容和处理能力，以大量提供新的、高价值的按需服务。

整合客户体验

大多数公司最优先关注的是客户销售和服务关系。他们期望将客户的满意度保持在高水平，因为这样客户将会一直对公司忠诚。很多公司认为只要为客户提供持续的、有价值的体验，就会与他们建立起长期的联系，并能从他们那里获得更多的金钱回报。为了管理客户关系，北美超过1/3的金融服务公司在2003年购买了客户关系管理应用，这些应用主要是从当时的行业领导者希柏系统软件有限公司（Siebel Systems，现在是Oracle的一部分）购买的，但也有些是从Peoplesoft、SAP、Oracle和E.Piphany处购买的。[20]虽然在许多情况下，客户关系管理还没有被完全成功应用，但是纵观所有行业，其已经取得了不小的进步。目前呼叫中心和市场营销环节已经开始创造价值，但是销售流程在这方面有些滞后。例如，美国银行（Bank of America）实施了一个以客户关系管理系统为基础的直邮营销方案，该方案使客户反馈率增加了97%，使购买服务的承诺增加了21%。此外，加拿大皇家银行（RBC）声称，通过实现客户关系管理进行产品定制使营销周期缩短了6%，直接反馈率超过了40%。[21]但是，销售流程自动化中还未有类似的收益产生。

流通渠道的扩散以及多渠道产品供应的需求正在推动战略性IT投资的发展。渠道整合中的IT新投资包括Web服务、语音识别、集成语音识别（IVR）、呼叫中心技术、自助服务和计算机电话集成（CTI）等现场代理集成工具。个域网也应运而生，它通过多样的设备或装置融合语音和数据。例如，互联网和个人电脑银行已经发展到了包含Web服务技术支持的多通道集成功能的地步。[22]目前，以消费者为中心的客户关系管理应用程序套件"RightNow"已经集成了Web 2.0社交网络功能和跨通道集成功能（网络、语音/聊天和电子邮件）。客户最终会选择某个通道，但他们期待能持续收获有趣的体验。IT需要提供一个无缝的集成解决方案。[23]

IT的一个重点是：在服务交付的过程中，将客户信息整合成一个客户信息视图。这样做的目的是提高客户服务水平并改进业务分析，以获得交叉销售和追加销售的机会。战略性IT投资包括客户关系管理、数据挖掘和集成、协同计算、工作流技术、Web服务和业务分析。零售商已经应用了自助终端技术，它能为客户提供针对个人实际情况的信息，以改进客户的店铺体验。定制化或个性化的决策制定信息和分析是许多公司重要的战略驱动因素。[24]

客户记住的是所获得的服务体验，而不是产品和服务。

信息点播和实时业务智能

信息点播正在成为预期标准，它缩短了像报纸那样基于事实的印刷品的寿命。无论是通过Google还是供应商网站，消费者动动手指就能获取信息。数字媒体的管理和传播更便宜、更快捷。文档成像和扫描仍是关键的后台管理系统技术，它们正逐渐演变为集成文档和内容管理系统。人们正在开发这个混合的知识管理系统的业务分析功能，目的是支持数字计分卡和共同决策制定功能。请密切注视商业建模的增长，因为在这个过程中企业会构建分析模型，以通过释放数据来优化商业成果。

批数据处理仍然是大多数企业采取的做法，互联网的速度保证了信息能够实时传输。庞大的数据仓库依旧是数据整合的驱动力，但是它遭遇了其他成本节约方式的挑战，例如数据集市和企业信息集成（EII）。[25]企业可以不采用在一个仓库内管理企业数据的方式，而是通过域或者上下文（如销售或营销）进行管理，通过应用数据集市和在线分析处理（OLAP）工具降低复杂性。数据标准化仍然是大多数企业的挑战。由于没有可执行的行业标准协议，不同的企业间依然存在完全不同的传统系统和商业系统的约束。

构建实时业务智能包括特定领域的分析和集成企业数字仪表板。

移动网络和社交计算

不管你是苹果手机的粉丝还是黑莓手机的粉丝，除了新集成的语音和数据应用外，手机的其他新功能正在不断地向笔记本电脑看齐。采用英特尔Atom芯片的移动网络设备的成本低廉、节能高效，可实现快速的网页下载和视频浏览。[26]企业应用与短程无线电频率（RFID）手持设备正在共同持续发展。迅速采用下一代移动手持设备和电话催生了新的金融服务和支付手段，为移动商务的发展铺好了路。[27]智能卡片将包括安全交易处理、身份保护和业务追踪的功能。[28]移动网络的成长会使电信公司一直强大下去，并推动了无线和有线宽带服务的发展。但是，企业首先需要面对的挑战是改善网络电话（VOIP）的质量。网络的服务质量为完善的语音服务提供了保障，并且避免出现掉线的情况。

社交计算促进了在线技术（包括搜索引擎、博客和社区网络）的发展。新的信息共享渠道将会与协作应用一起进入市场。例如，推特（Twitter）成功地使用Web 2.0技术向数百万选民推送"微信息"，助奥巴马在美国总统大选中大获全胜。此外，商业领英（LinkedIn）社交网络已经筹集到了建设新功能的追加资金，即将扩张它的社交网络。

整合社交计算和移动网络可促使下一代计算机的诞生。

IT投资分类：4S分类模式

理解IT投资要求企业了解具体的IT支出类型以及它们之间不同或独特的属性。IT投资要与业务驱动力保持一致，这样的投资会得到更好的管理，也会得到重视。表1–1把IT投资分为4类，即4S，其中包括：

- 共享（Shared）—基础设施。
- 系统（Systems）—运营。
- 服务（Services）—利益相关者。
- 战略性（Strategic）—信息化。

共享—基础设施

在各个行业中，网络和计算基础设施建设仍然占据IT总支出的很大一部分，通常为50%～60%。[29]投资类别包括所有计算机、服务器、数据中心、操作系统、提供技术支持的帮助中心，以及数据、视频和语音网络设施。为了提高运营效率，企业需要通过一个通用的共享基础设施平台把IT计算技术与网络进行整合、集成和标准化，这已经在许多大企业中被证明是成功的战略。由于技术变得商品化，而且价格竞争也变得十分激烈，因此基础设施外包是一个成长行业。全职IT人员的增加滞后于整体IT预算的增长，这彰显出承包和外包的重要性。[30]

对于公司来说最关键的是，要充分利用现有投资，最大程度地减少"空置"运营成本，并尽可能提高公司的生产率。然而，共享基础设施受到公司扩张、交易或信息量的影响，以及技术更新和升级的要求，需要大量的新资金投入。因此，公司的总体投资战略应把重点放在降低拥有成本和运营成本，同时降低运营风险上。

表1-1　IT投资分类——4S分类模式

IT投资——4S分类模式	不同或独特的属性	主要业务驱动力
共享—基础设施		**现有投资**
● 电信和网络 ● 有线网络和无线网络 ● 计算机服务器、存储和数据中心 ● 软件操作语言 ● 台式机/笔记本电脑 ● 生产力工具（MS） ● 帮助台 ● 硬件维护和支持 ● 添加、移动和变更 ● 网络操作中心（NOC）	● 基础通信、计算和生产力工具 ● 企业内共享 ● 容量敏感 ● 标准化并经过了整合 ● 基础设施外包 ● 升级和刷新 ● 补丁管理 ● 供应商采购	● 运营成本 　－空置 　－营商成本 ● 生产力 ● 成本 **新投资** ● 成本合理性论证 ● 拥有成本 ● 降低成本 ● 减缓风险
系统—运营		**现有投资**
● 应用程序设计和开发 ● 供应商应用程序和合同 ● 供应链管理（SCM） ● 企业资源管理（ERM） ● 客户关系管理 ● 系统支持 ● 企业应用集成 ● 质量保证 ● 软件即服务	● 基本系统功能 ● 以交易为基础 ● 业务流程和工作流一致 ● 功能敏感 ● 非标准 ● 集成挑战 ● 应用程序合理化 ● 流程/应用程序外包 ● 功能增强 ● 版本控制 ● 供应商许可证	● 运营成本 　－企业维持 　－营商成本 ● 生产力 ● 净利润率 **新投资** ● 成本/利润合理性论证 ● 降低成本 ● 增加收入 ● 利润率提升 ● 业务流程改进 ● 客户/供应商/员工体验 ● 降低风险

IT投资——4S分类模式	不同或独特的属性	主要业务驱动力
服务—利益相关者		**现有投资**
● 托管服务 ● 社交和社区网络 ● 面向服务的架构 ● Web服务 ● 服务台 ● 呼叫中心 ● 项目管理办公室 ● 供应商管理 ● 资产管理 ● 采购管理 ● 警报和监控 ● 报表和汇报 ● 数字仪表板或计分卡 ● 协同计算 ● 文档成像 ● 内容管理 ● 信息安全	● 以服务为基础 ● 业务附加值 ● 利益相关者要求 ● 时间和精确性敏感 ● 协作和内容驱动 ● 信息安全和隐私暴露 ● 机会主义	● 运营成本 −附加值 ● 生产力 ● 服务级别协议或期望 **新投资** ● 新服务级别协议或期望 ● 成本优化 ● 利润率提升 ● 客户/供应商/员工体验 ● 利益相关者满意度 ● 风险降低
战略性—信息化		**现有投资**

● 企业战略举措
　只要能达成企业战略目标，以上任何一条都可以成为战略性内容，还包括以下内容：
● IT战略、架构、投资管理
● 业务智能和分析
● 在线分析处理
● 决策支持
● 预测数据库
● 数据挖掘
● 知识管理
● 企业信息集成
● 集成中间件
● 分布式计算
● 数据仓库
● 新技术或新兴技术（研发）
	● 基于战略性业务
	● 基于信息
	● 技术附加值（架构）
	● 竞争优势
	● 长期回报（3~5年）
	● 回报风险高
	● 失败概率更高
	● 成果（市场）不确定
	● 破坏性突破
	● 期权价值
		● 资本成本
		  −投资分配
		  −内部收益率
		● 投资管理
		
		新投资
		● 提高利润率
		● 新客户价值主张
		● 新市场渠道
		● 新产品或服务
		● 新收入
		● 新市场
		● 低成本模型
		● 业务敏捷性
		● 智力资本

系统—运营

IT系统在本质上是为交易服务的，它支持企业运营流程，并提供软件应用、质量保证和持续的支持。在支持业务流程的过程中，企业总遇到系统集成的问题，也就是如何将传统的、定制的和"现成"的应用程序无缝连接起来。版本控制和供应商许可证会产生兼容性问题和限制因素，从企业要求持续改进功能的角度看尤其如此。将应用程序合理化是简化基础系统功能的一种方式。

多个平台的集成性和可扩展性增加了IT复杂性，在全球并购的影响下更是如此。以较大规模的交易为基础的公司（如银行）面临的一个大问题是：现有的传统运营应用程序正在变得过时，跟不上变化的步伐，也赶不上新进入者采纳新虚拟应用技术的速度。美国国民银行（Citizen Bank）就是一个典型例子，该银行使用技术降低运营成本，并通过电话、个人电脑和互联网提供远程银行服务，以便建立零售分支机构时不会产生费用。[31]

现有的系统投资是为了维持企业运营，这是做生意的成本。然而，市场的瞬息万变决定了企业需要具有灵活性，也提醒企业要拥有更强大或丰富的功能。论证新投资合理性的依据通常是企业一年的回报情况。新投资的驱动因素是通过改善流程或增强客户体验而增加的收入或降低的成本。关键的IT战略应该涉及过程和系统简化，以促成最佳实践并降低交易成本。

服务—利益相关者

随着IT组织发展成面向服务的机构，基于服务的IT投资不断涌现。IT正从业务支持者和实现者转变为服务和业务驱动者，即从幕后走向舞台。技术已融入企业的各个方面，为利益相关者提供更高的附加值。无论是通过新形式的客户互动（例如社交网络），还是通过促进企业内部使用实时计分卡，IT服务的地位都在提升。帮助中心、警告和报告使底层系统或基础设施具有了价值，它们还通过提供详细了解企业的工具（数字仪表板、内容管理或信息安全）来扩大价值。

现有投资提供运营附加值，促进生产率的提高，并支持服务级别协议。随着企业内部和外部都出现了IT服务的新需求，IT投资将越来越多地带动利润率的增加。利益相关者的期望和满意度是新投资的主要驱动力。

战略性—信息化

企业战略将决定战略性IT投资，它可以延伸到基础设施、系统或服务的投资。企业战略有针对IT自身的战略性方案，还包括长期的IT方向（架构蓝图、投资管理和集成中间件）。表1-2是战略性IT投资的特点。战略性IT投资有其独特性，这些特点将其很清晰地与其他IT投资区分开来，因此企业必须对其采用不同的评估方法。战略性投资必须对企业未来的收入和股东价值做出贡献。通常情况下，这些投资会占用2~3年的时间，而且不太可能在几个月内就实现收益，获得收益往往是几年后的事情。在技术、市场、行业和监管方面存在不确定性的时候，实现价值的周期越长，投资的风险就越高。战略性投资失败的概率为50%。因此，企业应对现有或已分配投资进行严格的管理，以确保它们在实施阶段仍然有效或经得起论证。

表1-2　战略性IT投资的特点

战略性IT投资示例	属性	转变目标	股东价值
客户关系管理	专注于客户服务 交叉销售 追加销售 客户分析	新客户服务流程 新销售流程	增加收入 增加市场份额
供应链管理	专注于供应商 采购效率 减少供应商	新供应流程 新订单流程	降低运营成本 经济利润

续表

战略性IT投资示例	属性	转变目标	股东价值
企业资源规划（ERP）	专注于人力资本 员工满意度 财务控制	新人力资源流程 改进的财务流程和控制	提升净收入 提升经济利润
电子商务	专注于在线交易 交易效率 跻身国际市场	新电子商务模式	增量收入 增加市场份额 降低运营成本
业务分析	专注于业务知识 创新	新营销流程 新市场和产品	增量收入 创新（新产品 和市场）
应用程序合理化	专注于应用程序标准 中间件连接 重用和对象编码	新应用程序支持流程 流程和应用程序精简化	降低运营成本
基础设施优化	专注于IT运营 一个共同的标准 拥有成本 互操作性	新IT运营支持流程 计算和网络精简化	降低运营成本
信息安全	专注于客户和公司保护 降低风险 法规遵从	新信息安全和隐私流程 新操作风险流程	资本减少 风险降低
IT投资管理	专注于IT投资 均衡企业中的投资	新IT投资和组合管理流程	经济利润
供应商管理	专注于IT供应商 采购效率 减少IT供应商	IT采购	降低运营成本 经济利润
外包	专注于IT合作伙伴 减少内部采购 重点放在核心能力	新IT供给和支持模式	降低运营成本 和净成本

　　战略性IT投资也可以由信息驱动，它支持管理决策、业务智能和知识管理。企业可以将业务分析与基础设施数据的存储和挖掘结合起来，并利用所捕获数据的潜力。预测数据库和分析软件使企业拥有成熟的营销和服务战略，有助于增加客户钱包占有率（增加客户在一家企业上的花费）。

　　战略性IT投资有助于改善竞争环境，提供多元化服务，以及确定新的市场渠道。[32]这方面的案例有很多。电话银行的零售交易额占比已经从1995年的1%增长到了1998年的10%。[33]亿创公司（E*Trade）是最大的也是最盈利的只在网上经营的银行之一，其资产低至120亿美元，极具竞争力。英国第一直通银行（First Direct）是英国最领先的无分支的金融机构，虽只有28年的历史，却已占据了2%的市场份额。[34]

业务部门的战略性IT投资越来越多，其更紧密的控制和灵活性能够使新的客户价值主张、产品介绍和市场机会成为未来的收益增长因素。业务部门内的战略性IT投资有利于控制未来的成功关键因素。但是，这些战略性IT投资很可能会失败，并且几年内都不见成效。[35]而且，某些战略性IT投资可能仅停留在首席信息官的控制范围内，因为它们针对的是IT组织。这些战略性IT投资包括外包、信息安全、应用合理化或集成，以及基础设施的整合和集中化。

未来的IT投资

为了使新的IT投资切实服务于未来的收益，企业应当把重点放在确定企业战略方向上。从本质上说，IT需要被整合到业务中去，而不仅仅是服务于未来收益。但未来是不可预测的，预计的回报和成果也是不确定的，因此未来的IT投资必须灵活且能够适应变化。企业必须建立敏捷的平台来适应未知情况，这要求企业对风险和情景规划进行详实的投资审查，并确定备选的IT投资的价值。这些参考因素的设定需要企业能够深入了解目前状态下的运营和架构，并对未来状态和过渡计划有清晰的认识。在现实中这很难实现，但对其缺乏理解将导致企业做出基于短期理由的、不断改进的项目，以及单个的或孤立的意见的投资。

战略方向

成功的企业能使IT投资与企业战略目标一致。企业的最终目标是将IT战略融入企业中，然后对其进行有效部署，从而实现可量化的回报。然而，卡特联盟（Cutter Consortium）发现，39%的企业没有正式的IT战略。[36]此外，即使IT战略存在，企业也不能保证它会实现预期的回报。要取得战略性IT投资的成功，企业必须对组织动态和复杂性进行有效管理。文化、政治、经验和权利-行为影响力都会波及企业的决策。随后，战略自然会神秘地出现和发展，而不是被精心策划和制定出来。研究表明，即使做了详细的规划，企业也只启动了24%的战略规划。[37]

安永公司（Ernst and Young）宣称战略性IT投资的阻碍包括：

■ 在推动企业进行IT投资的过程中，缺乏商业领导力和对收入的承诺。

■ 重点放在IT短期回报上，这影响净利润和股东价值的度量标准。

■ 经营规模太小，无法重新调整资金分配，以获取创造价值的机会。

■ 企业和IT伙伴关系的有效性。

■ 优质资源的可用性。

■ 技术变革的步伐和真正的开放的架构。

■ 数据交换标准的程度。

■ 法规限制、电子商务活动以及信息共享。[38]

经证明，建立面向新渠道、新服务和新客户价值主张的战略性IT投资困难重重。例如，银行业难以从互联网渠道谋取利润，因为银行无法衡量投资回报率（ROI）。确定和分离渠道成本和收入流是一件困难的事，但也有做得好的例子。

网上银行的领导者之一富国银行（Wells Fargo，其客户群的30％使用网上银行）已经能够获得稳定的利润（按作业成本法计算）。[39]美国银行集团（Bank of America Corp.）通过将客户成本和收入进行关联的方式，已经成功地推行了通过渠道盈利的思想。客户高度评价美国银行的在线服务项目，该项目能够为客户提供增值服务，如账户整合、账单支付和在线支票影像。[40]

如今，要实现公司的战略目标，IT投资必须完全融入其战略目标中，而不仅仅是与战略相一致。

敏捷性考虑

随着业务下滑并开始转向新市场或面临行业挑战，公司也在转变。业务模式可能会被重新审视，业务流程也可能会被重新设计，公司可能会进入一个全新的市场，子公司会被出售——公司战略也在演化。随着变革的步伐加快，IT管理人员经常遭到其业务伙伴的批评，因为IT是自治的、独立于业务部门的，它无法与公司一起转变。首席信息官必须要能够更积极地预见到公司在网络上的发展方向。

如果公司战略建立在敏捷性和灵活性的基础上，那么它的IT花费通常要比行业平均水平高10％～25％。我们可以参考戴尔公司（Dell Inc.）的战略以及它在电子商务和供应链管理方面的巨额IT投资。与此同时，如果公司战略建立在维持公司运营和降低成本的基础上，那么其在IT上的花费就会比行业平均水平低10％～20％。[41]

新的IT投资应该能使平台更具灵活性，但这建立在企业拥有最佳业务流程的基础上。无论是投资于基础设施还是系统，企业都应尽量建立开放的架构和标准。"普通的"（非个性化的）应用程序因其定制内容最小而降低了系统拥有成本，并使将来的系统升级不那么复杂。然而，这取决于业务流程的标准化，这是一个企业首先需要关注的问题。除非企业的竞争优势可以证明某种独特的做法正确，否则首席信息官就应该遵循行业标准流程并成为最佳监督者。

IT投资必须具备敏捷性和灵活性，以适应市场的迅速发展，在不确定的情况下更是如此。

风险管理

风险管理是一个宽泛的话题，但如果把它应用到IT投资中，企业就应该注意现有和新IT投资有无可控风险和不可控风险。

可控风险包括成本风险（投入、成本变量）、效益风险（产出、回报变量）、操作风险（可用性）、组织风险（人力资源变动）、项目风险（在规定的时间和预算内完成项目）和技术风险（可靠性和性能）。现有投资要求企业对操作、技术漏洞或故障进行风险评估。无论是旧系统出现故障，还是信息出现安全问题，企业都应对当前的IT投资或资产进行审计和评估，以了解其可能承担的风险。这些风险的总量决定了追加投资的金额。多数情况下，追加投资是不可避免，也是最优先的。典型的IT追加投资本质上与风险和回报有关（相对于时间）。企业可采用成本/收益分析法，来分析不同风险发生的概率并计算出对应的贴现值。如果投资方案通过，企业就要进行项目管理和风险管理。

不可控风险包括财务风险（利率、资本成本）、法律风险（制裁、约束）、市场风险（价格、需求）、行业风险（转行）和竞争风险（新进入者、分化）。在确定进行战略性IT投资后，企业必须要尽早了解不可控变量。这就要求IT执行高管要深知相关法律和企业的竞争定位，并且了解有可能出现兼并和收购的企业发展过程。

战略性IT投资的失败率很高，因为商业环境是不断变化的，尤其是当不可控变量普遍存在时。调节变量（如产业部门）和干预变量（如政府和竞争情况）是实施战略性IT投资风险管理的关键因素。例如，具体的银行监管对IT投资有很大的影响。企业可以参考《巴塞尔协议》（*Basel Accord*），它要求企业分配资本以对冲风险。由于银行需要分配资本以抵消经营风险，因此这将减少可用的投资基金。此外，在过去的几年中，美国加强了隐私法，因为它们与金融服务关系密切。

对各个行业来说，干预变量是很普遍的，它们包括与企业和战略性IT投资相关的各种法律。新法律[如1996年的《健康保险隐私及责任法案》（HIPPA）、1998年的《儿童在线隐私权保护法》（COPPA）和1999年的《格雷姆-里奇-比利雷法案》（*Gramm-Leach-Bliley Act*）]都要求企业有全面的保障措施来保护非金融数据的安全性和机密性，以及个人病历和儿童在互联网上的隐私。不断发展的立法必然会对以下几个方面产生越来越大的影响：电子现金； 个人电脑/网上银行；书写要求；数字签名和电子金融交易的安全性；文件成像和存储。[42]

IT投资应被视为一个价值选项，企业要量化其风险和回报主张。

过渡计划

规划未来的IT战略和架构需要企业主动向战略性业务计划或任务看齐。然而，实施新投资项目需要企业对当前IT状态有敏锐的认识。企业应将现有的共享基础设施、系统、服务和项目投资详细地分配到当前状态的IT架构中，以确定业务依存条件和驱动因素。资产、流程、系统和项目的清单应包括总体拥有成本、预期寿命、技术标准和约束。了解IT投资组合的当前状态是进入新IT状态的起点，企业必须做出权衡来达到短期目标和长期目标。IT投资组合的设计应该符合企业独特的战略目标；随着企业适应未来，这将标志着企业将会全面利用其未释放的隐藏价值。[43]

从当前状态过渡到未来状态可能需要多年时间，这要求企业兼顾短期目标和长期目标并对其进行规划。企业最好考虑所需的新技术架构，该架构不可避免地会向更短期的业务需求和资本约束妥协。投资时，企业还要考虑资产折旧的情况，以确保基本的基础设施或操作系统不会因投资不足而致使运营难以维持。外包或者托管服务能确保提供便捷、省钱且能随时更新的IT能力，它们只须通过运营成本按需支付。由于技术的生命周期缩短，因此企业应将重点放在开放的架构和互操作性上，以使设计和选择都具有灵活性。为了对IT投资情况进行全面的检查，企业需要对过渡计划每季度或每半年进行一次监控，以便认识到其他投资选项或根据需求进行定向调整。

IT投资应被视为一个投资组合，它通过过渡性的变化保持平衡。

运营管理

企业在技术、人员和流程方面的投资决定了其当前的经营和战略水平。未来或新的IT投资在很大程度上取决于企业当前的运营能力。新IT投资或项目的设计、开发和实施的成功均高度依赖于现有IT流程、IT资源和技术工具。通常情况下，IT运营能力不足会限制或阻碍新投资的进度。但许多企业将新IT投资完全独立于现有系统，这是不对的。IT运营管理必须支持新IT投资并为其目标服务。

完整的IT投资价值取决于基础的IT运营能力，而不仅仅取决于对增量、项目或战略性投资的管理。

第1章深入研究了IT投资的历史和本质。在后面的章节中，将会应用IT投资的4S分类模式，把每种类型IT投资的特点与恰当的评估方法对应起来。未来IT投资的参考因素也会为适当的IT价值网络管理提供背景或环境。第2章我们的注意力将转到IT投资尚未完全实现价值的原因上。尽管IT投资持续增长了60年，但其价值仍值得怀疑。

注释

1. *The Financial Express* (2008, June). "Gartner sees 2.5% global IT spend growth." *The Financial Express, Infotech.* Retrieved June 26, 2008, from http://www.financialexpress.com/old/print latest. php?content id=103929

2. Retrieved June 26, 2008, from http://www.ideasmerchant.com/go/useful/factsquotes. Also from *The Quotations Page.* http://www.quotationspage.com and from *Wisdom Quotes* http://www.wisdomquotes.com/ cat computers.html

3. Microsoft (2008, June). "Sixty years of world's first modern computer." *MSN Technology.* Retrieved June 29, 2008, from http://computing.in.msn.com/ articles/article.aspx?cp−documentid−1501063

4. 见注释2。

5. Jonathan Fildes (2008, June). "One tonne 'baby' marks its birth." BBC news. Retrieved June 29, 2008, from http://newsvote.bbc.co.uk/mpapps/pagetools/ print/news.bbc.co.uk/1/hi/technology/746511

6. 见注释2。

7. 见注释2。

8. Jaques, R. (2007, October). "Global IT spend to top \$3tn in 2007." *Vnunet.* Retrieved June 26, 2008, from http://www.vnunet.com/vnunet/news/ 2200735/2007−global−spend−set−top−3tn

9. Kaplan, R., and Norton, D. (2001). *The Strategy-Focused Organization.* Boston: Harvard Business School Press.

10. Brynjolfsson, E., and Yang, S. (1998). "The intangible benefits and costs of investments: Evidence from financial markets." Massachusetts Institute of Technology, Sloan School of Management, 147 – 166.

11. Marchand, D., Davenport, T., and Dickson, T. (2000). *Mastering Information Management.* Upper Saddle River, NJ: Prentice Hall.

12. Ross, J., and Beath, C. (2002, Winter). "Beyond the business case: New approaches to IT investments." *MIT Sloan Management Review,* 51 – 59.

13. Phillips, C., and Rathman, R. (2002, December). "Morgan Stanley CIO survey series: Release 3.8." Morgan Stanley Retrieved January 21, 2003, from Morgan Stanley Inc. Web Site: http://www. morganstanley.com/mrchuck

14. Porter, M. (1990). *The Competitive Advantage of Nations.* New York: The Free Press.

15. Homann, U., Rill, M., and Wimmer, A. (2004). "New architectures for financial services: Flexible value structures in banking." *Communications of the ACM,* 47, 34–36.

16. *The Banker* (2004, August). "FSIs to up external spend." Retrieved June 26, 2008, from www. thebanker.com

17. Ferguson S., and Preimesberger, C. (2008, April 21). "Virtualizing the client." *Eweek,* 14.

18. Burrows, P. (2008, April 21). "Amazon takes on IBM, Oracle, and HP." *Eweek,* 9.

19. Pallatto, J., and Boulton C (2008, April 21). "An on−demand partnership." *Eweek,* 22.

20. Pohlmann, T. (2003, February). "Benchmarking North America." *Forrester Research Inc., Technographics Research.*

21. Cap Gemini. (2001, October). "Global financial services: Paths to differentiation." *2001 Special*

Report on the Financial Services Industry (10th ed.). Toronto: Cap Gemini Ernst & Young, Canada.

22. Dandapani, K. (2004). "New architectures for financial services: Success and failure in web-based financial services." *Communications of the ACM*, 47(5), 31–33.

23. Cawthon, R. (2001, July). "Creating IT harmony for Bank One: The bank's new CTO composes a score for bringing an ensemble of systems into accord." *Bank Technology News*, 14, 8–13.

24. May, D. (2003, March). "Getting the most from technology: Keys to better decision-making." *American Banker*, 168, 7–8.

25. Pan A., and Vina, A. (2004). "New architectures for financial services: An alternative architecture for financial data integration." *Communications of the ACM*, 47, 37–40.

26. Donston, D. (2008, June 2). "5 ways the desktop will be different." *Eweek*, 2008, 32 – 37.

27. Mallat, N., Rossi, M., and Tuunainen, V. (2004). "New architectures for financial services: Mobile banking services." *Communications of the ACM*, 47, 42–46.

28. Slewe, T., and Hoogenboom, M. (2004). "New architectures for financial services: Who will rob you on the digital highway?" *Communications of the ACM*, 47, 56 – 60.

29. Weill, P., and Broadbent, M. (1998). *Leveraging the Infrastructure*. Boston: Harvard Business School Press.

30. 见注释17。

31. 见注释21。

32. Batiz-Lazo, B., and Wood, D. (2003). "Strategy, competition, and diversification in European and Mexican banking." *International Journal of Bank Marketing*, 21, 202 – 216.

33. McKinsey and Company. (1998, September). *The Changing Landscape for Canadian Financial Services: Research Paper Prepared for the Task Force on the Future of the Canadian Financial Services Sector.* (Publication No. BT22-61/3-1998E-1). Ottawa, ON: Canadian Department of Finance.

34. 见注释21。

35. 见注释28。

36. Slater, D. (2002, June). "Strategic planning don'ts and do's." *CIO Magazine*. Retrieved June 23, 2003, from http://www.cio.com/archive/060102/donts.html

37. Hackney, R., Burn, J., and Dhillon, G. (2000, April). "Challenging assumptions for strategic information system planning: Theoretical perspectives." *Communications of the Association for Information Systems (AIS)*, 3(9), 1 – 23.

38. Ernst & Young. (1998, September). *Canadian Financial Institutions and Their Adoption of New Technologies: Research Paper Prepared for the Task Force on the Future of the Canadian Financial Services Sector* (Publication No. BT22-61/3-1998E-5). Ottawa, ON: Canadian Department of Finance.

39. Hoffman, K. (March, 2020). "E.banking online banking aligns practices." *Bank Technology News*, 15, 3.

40. Bills, S. (2002, April). "Online banking: B of A makes its case." *American Banker*, 167, 69.

41. 见注释29。

42. 见注释38。

43. Benko, C., and McFarlan, W. (2003). *Connecting the Dots: Aligning Projects and Objectives in Unpredictable Times*. Boston: Harvard Business School Press.

02 传统的IT评估方法

财务底线

　　从21世纪初的经济低迷期到目前的经济衰退期，IT支出在过去8年内持续增长。关于IT投资的争论一直存在，争论的焦点是这些IT投资是否使企业获得了预期的价值。在市场持续恶化的情况下，更高一级的管理难度在于寻找一种能评估和界定IT投资中股东价值的方法。在当前的经济环境下，IT投资倾向于把重点放在短期盈利上。由于担心出现通货紧缩的情况，IT投资的增长被迫放缓。但是，那些成功的企业不会错过未来宝贵的商机，以及实现长期增长和股东经济价值的机会。对未来实现IT价值充满信心会增加现有投资的可能性。无论是向上规划还是向下规划，企业都需要针对计划、投资、价值实现以及IT投资治理制定和实现技术改良方案。不良的IT投资决策的成本很高，并且可能会导致项目失败、损失收入、信息安全和隐私暴露，或者是运营效率低下。

IT项目的失败可能会消耗公司数百万元的资金。2004年，斯坦迪集团（Standish Group）的CHAOS报告称，在美国项目总共支出的2 550亿美元中，浪费的资金达到了550亿美元，其中包括380亿美元的损失和170亿美元的超支成本。项目的成功率近些年来有所提高，但还维持在较低的水平上，成功的项目只占全部项目的1/3。[1]然而，这意味着自1994年的首份CHAOS报告发布以来，项目的成功率增加了一倍。尽管经过多年的发展，企业的项目管理日趋成熟，但企业在业务案例合理性判断、价值追踪和价值实现方面仍然很滞后。

从21世纪初的经济低迷期到目前的经济衰退期，IT支出在过去8年内持续增长，但能否从这些IT投资中获得预期价值仍然存在疑问。

对IT能否创造价值、提升生产力存在质疑是由于企业缺少IT投资的衡量标准和相关的应用技巧。[2]据《首席信息官杂志》（*CIO Magazine*）的年度调查显示，首席信息官并没有按照首席执行官的意愿，使用正确的评估IT价值和成功的标准。首席信息官应评估客户满意度（CSAT），计算预算与实际支出的差额并衡量IT员工的工作效率，而不是把重点放在IT投资的业务能力和经济价值上。[3]另一项研究显示，只有32%的IT专业人士会衡量IT投资对企业绩效的影响。[4]当IT经理感觉自己的高级管理IT能力退步时，其所做出的IT投资决策会进一步遭受质疑。卡尔发现，这是加拿大所有行业都有的问题。[5]此外，与以资产为基础的传统IT基础设施和系统相比，企业对信息价值和智力资本的重视程度远远不够，这将使IT价值进一步被搁置。

本章探讨了IT投资未能实现其全部价值的原因。传统的IT资产评估方法存在缺陷，无法准确衡量和实现股东价值。本章审视了常规的基于组织的IT投资评估方法，以及基于财务的传统IT投资评估方法，并且确定了企业需要关注的问题和后续具有挑战性的规范。本章最后还对IT投资价值损失进行了探讨。

将股东价值最大化

　　传统观念认为，公司的首要目标是，通过抬高股票价格或者支付股利来尽可能地增加股东财富。股东价值被定义为未来现金流的累积净现值（NPV）加上剩余价值并减去债务后的价值。因此，股东价值和股票价格可以被定义为预估的总投资经济价值，也就是资本成本贴现的现金流总和再加上投资的剩余价值。为使股东价值和股票价格上升，追加投资应使资本投资者的资金回报率高于在其他风险相当的可选投资方案中所获得的回报率。当长期的股东价值得到最大化，而且公司的中期绩效能够支持可持续竞争优势时，股东回报的最大化才会实现。[6]IT性能的有力证明是IT投资对公司净利润和/或股票价格做出的贡献，而其所面临的挑战是，企业会将IT投资直接或间接地与净利润和/或股票绩效联系起来。

　　　　"我们随处可看见计算机，但是无法从生产力数据上见到它。"

　　　　　　　　——诺贝尔经济学奖得主、经济学家罗伯特·索洛（Robert Solow）[7]

　　20世纪80年代，罗伯特·索洛和加里·拉夫曼（Gary Loveman）根据政府公布数据开展的一项研究表明，IT投资和生产率之间没有关系，这就是所谓的"计算机悖论"。在分析了更多私营部门的精确数据后，斯特拉斯曼的研究则更进了一步，他指出IT支出和盈利能力之间没有关系，这一观点是对格劳希法则（Grosch's Law）的反驳。格劳希法则认为，计算机能力的增长与成本的平方呈正比，因此很可能产生规模经济效益。[8]1994年，斯特拉斯曼评估了468家企业的财务绩效报告和计算机支出情况，得出的结论是：IT支出与企业的盈利能力、资产回报率（ROA）、投资回报率或技术强度（即每一美元的收入所需的IT支出）没有相关性。但是，人们认识到了计算机会对效率、竞争活力和价值创造做出贡献。

　　麦肯锡咨询公司（McKinsey and Co.）认为，1995—1999年，它们取得的任何生产率进步都源于管理方法和技术创新带来的基础运营能力的提高，而不是因为IT投资。[9]一项研究表明，IT投资速度的加快（在许多行业部门内）使生产力增长变得更缓慢，甚至停滞不前，因此IT投资速度的加快和生产力的提高之间的关系并不确定。1996年，高德纳公司宣称，1985—1995年，IT投资的净平均回报率只有1%。[10]

银行业使用了1/3以上的美国公司处理能力，为"计算机悖论"提供了杰出的案例。20世纪90年代中期到末期，银行业的IT支出实现了两位数的增长。[11]在这个时期，全世界的IT市场以每年10%的增长率增长，接近世界上国内生产总值增长率的两倍。[12]在美国的零售银行业中，IT投资的增长率从1987—1995年的11.4%增加到1995—1999年的16.8%，然而，员工的生产率的增长率却从前一个时期的5.5%下降到后一个时期的4.1%。[13]

但也有相反的观点，主要来自埃里克·布林约尔松（Eric Brynjolfsson）和洛林·伊特（Lorin Hitt）。他们宣称，自1991年以来，IT投资提高了生产率。一项对759家银行的研究显示，IT降低了总成本，并且IT资本每增加10%，银行总成本就会下降1.9%。[14]当IT与其他促成投资的因素（如新战略、新业务流程和新组织）相结合的时候，其最大价值就会实现。[15]一项对367家公司的研究表明，1987—1991年，IT投资中平均毛边际产量（MP）的占比是81%。[16]然而，斯特拉斯曼却声称，如果对这个研究应用柯布-道格拉斯（Cobb-Douglas）生产函数方程和假设进行计算的话，就会发现该结论是有问题的。[17]例如，信息和知识不适合这个框架，因为它们不能作为商品和服务的成本。经重新计算后，布林约尔松和伊特的结论是IT投资的平均总回报率下降到了56%~68%。这个数据表明，一半的超额收益应该得益于企业的特有影响，另一半得益于行业的特有影响。然而，布林约尔松和伊特宣称他们的研究产生了高标准误差，因此需要为超额收益寻求额外解释。[18]

基于1985—2002年的50多项实证研究的文献综述得出的结论是："生产率悖

论"实际上已被否定，在企业层面和国家层面都是如此。此外，美国的经济顾问委员会（CEA）发现，1995—1999年，IT投资密集的行业生产率的增幅要比以前高4倍（4.18%对比1.05%）。[19]经济顾问委员会的研究表明，企业内部IT绩效不尽相同，这说明组织资本方面的补充投资造成了生产率的不同。这些补充投资将集中于分权决策系统、自我导向的团队、岗位培训和业务流程的改善。[20]技术经常被描述为企业绩效的推动者，它需要通过业务驱动的变化来实现股东价值。换言之，企业需要确定战略目标和举措，这些目标和举措最终将促使企业产生业务流程变革、组织变革、活动或体积变化，或者采用新的经营方式。

研究似乎越来越支持IT投资确实会促进生产率增长的观点，但是生产率增长取决于企业对组织资本的补充投资，如决策的分散化、组织变革、岗位培训和业务流程的改善。研究表明，下列因素可以解释"计算机生产率悖论"：不佳的评估方法、因学习导致的滞后、从投资到价值捕获所需的时间、储蓄的重新分配以及IT的管理不善。早期研究中的"生产率悖论"是建立在小型案例和有限数据基础上的；而最近的研究已经使用了更好的数据库和大型案例，并包含了时间序列数据。如果公司提高了生产力水平，就应超越竞争对手，具备更高的盈利能力。然而，生产力水平与公司盈利能力之间并没有直接的关联，因为由生产力提高带来的收益可通过更低的价格传递给客户。我们需要开发更好的数据采集和测量方法，以说明IT投资与企业盈利能力之间的相关性。[21]

许多经济学家和商业研究人员已经成功地使用股票市场价值作为衡量经营绩效的有效手段，但是，很少有人研究IT和股票价格之间的关系。布林约尔松和杨（Yang）开展了一项研究，分析与评估了美国超过1 000家企业8年的数据。他们发现，每投入1美元计算机资本，会使相应企业的股票价格增长10美元。经验证表明，高达9/10的IT成本和效益是嵌入无形资产中的。[22]这些企业的模式表明，通过

IT、员工培训以及组织或业务转型而产生的无形资产，可能会带来更高市场价值的超额收益。类似的调查证实了这个结论，其中计算机资产在具有某些组织特征的企业中有更高的价值，这些组织特征包括更多的应用团队、更大的决策机关以及培训。然而，IT支出和公司盈利能力的关系仍然没有定论，也没有证据证明IT能直接影响股东价值。

区分长时间的IT投资的来源和效果很困难，这会对IT生产率的增长情况提供互相矛盾的证据。制定IT投资决策通常使用的是探索法，原因是我们很难用严格的会计成本/收益分析法计算IT投资带来的利润。[23]最近，人们已转向研究如何衡量IT投资的无形贡献并实现其完整的股东价值。IT投资本身不会使股东价值最大化，因为股东价值依赖于企业战略、流程和组织变革。从根本上说，IT投资的先决条件是释放和实现全部股东价值所需要的补充性企业投资。

IT投资可以提高生产率，但是鲜有研究证明IT投资与公司的盈利能力和股东价值有关。

常规资产估值

目前似乎没有被普遍采用的IT投资评估或评定方法，[24]但是已出现了数百种不同的应用到IT价值中的价值评估措施和方法。这些措施和方法可以分为两种核心方法：基于财务的评估方法和基于组织的评估方法。每种方法中都有常规的和新兴的方法和工具。常规的方法纯粹将IT投资视为一种资产，而新兴的方法则以更广阔的角度对待价值。本章的重点是介绍常规的基于组织的评估方法和传统的基于财务的评估方法。后续章节将会重点探讨新兴的方法。

IT投资评估的常规方法围绕资产展开，并涉及不同行业的战略规划、传统会计和金融IT投资测量等方面的大量支持性研究。对IT投资用途和应用的最新研究表明，排名前十的措施中，财务指标和组织指标平分秋色。[25]具体来说，财务指标包括净现值、内部收益率（IRR）、平均收益率（ARR）、投资回收率和预算；组织指标包括战略规划、企业目标、竞争定位、决策支持和项目规划。这些指标的定义在第4章中会详细说明。

IT投资评估的常规方法是围绕资产展开的，且具有历史性，但缺少对未来的不确定性和智力资本的考虑。

常规的基于组织的评估方法

常规战略规划使新IT投资与企业的战略目标保持一致，随后开展的项目规划和管理实现了预期业务收益。某观点认为，如果IT投资能够与企业的战略目标保持一致，并得到有效执行，那么实现投资价值的概率会显著增加。企业会从业务和IT的战略一致中获益，获得合适的管理支持和透明度，确立预期收益的问责制，并根据效益论证的结果不断应用正式采购流程。[26]IT计划应该在业务计划中发挥重大的作用；IT能力范围应根据业务目标进行调整；IT项目要实现预期价值。要优化IT投资的价值，企业应确定合适的项目，在规定的时间和预算标准内完成项目，使项目符合业务和质量规范，同时降低客户、运营、财务、技术和监管风险。

战略规划是由20世纪60年代中期的预算规划演化而来的。然而，值得注意的是，在2 000多年前，孙子（Sun Tzu）的《孙子兵法》（*The Art of War*）曾向指挥者们介绍了战略规划，态势评估是《孙子兵法》的主旋律。[27]在战略规划方面，亨利·明茨伯格（Henry Mintzberg）引用了10家思想流派的观点。[28]他设计的流派是第一个将战略规划落实了的思想流派，其直到现在仍然被使用，也就是大众熟知的

SWOT分析方法，即优势、劣势、机会和威胁分析。该思想流派的支持者着眼于将内部资源能力和外部机会战略性地结合。然而，这种理性的方法没有考虑到组织动态的多样性和复杂性。[29]

此后出现的思想流派倾向于更加结构化和机械的方法，如提出梯级决策流程的安索夫模型（Ansoff model）。波特为战略焦点定义了五种市场力量——新进入者、采购商、供应商、替代品和竞争对手。战略规划在20世纪70年代中期达到顶峰，在随后的10年里逐渐没落。如今，战略规划更加追求平衡，它能根据企业环境提供一个条理清晰的流程。战略规划把更多的注意力放在了规划陷阱上，这主要来源于企业对控制的痴迷。[30]

企业实施行动规划时通常需要借助项目管理方法、项目管理或治理办公室。项目管理方法用于分析业务案例中可实现的收益，它拥有一套严格的流程来校核业务案例的变化。绩效考核将贯穿整个项目生命周期。在项目的阶段性评估中，企业应做出取消、变更、暂停或继续实施一个项目的决定。评估时，企业还应该考虑项目进展的总体表现。因为事实上，交付时间、部署成本和结果的变更都会对业务案例以及总体业务计划产生实质性的影响。项目完成后或开始获得收益时，企业通常要对价值实现情况进行跟踪。多种计算机辅助软件工程（CASE）工具可用于项目管理中，还可以使用Gant和PERT/CPM技术。这些工具可以帮助企业实现项目活动和资源的优化。[31]

传统的基于财务的评估方法

基于财务的技术通常用于评估资本资产的投资，它能够根据标准的公式推导出资本支出的回报。成本效益分析法是一种传统的方法，它涉及结构化模型、收支平衡分析、成本置换、省时和/或工作价值等技术。[32]企业可以利用成本效益分析法最终计算出的投资回报率或贴现现金流（DCF），以进行投资评估。这些评估方法是通俗易懂的，也是可以转化为实际财务指标的，至少对财务专业人员来说是这样。

　　传统的资本、资产绩效评估方法具有一定的优越性，它建立在会计原则和经证实的财务管理模型的基础上。本质上，良好的资本投资才能产生利润，因此投资回报率是衡量IT投资表现的一个常用指标。此外，经风险调整的贴现现金流会给财务经理带来安慰，因为它使财务经理知道投资将产生现金流的现值。然而贴现现金流并不常用。一项研究表明，仅有50％的公司使用净现值和内部收益率等贴现现金流技术进行项目评估。[33]

　　如今，制定预算和资本计划是管理IT投资的主要方法。根据财政约束或绩效指标，我们需要在考虑投资时，制订资金使用计划。应用到运营预算的技术包括协同预测、滚动预测和基于绩效的预算制定。通过有效地协调预算和对选择或情景进行评估，我们可以创建一个稳固的企业计划。通常情况下，IT运营的运转率取决于销售的财务百分比、销售成本和/或管理成本，有时它肩负削减成本的任务。如果商业环境在一年内发生变化，管理者还是会继续坚持执行之前的预算计划，但该计划已经无效了。由于制定预算是基于公司管理角度的要求，因此，执行滚动的和协同的预算制定流程很重要，这可以反映不断变化的业务环境。从IT部门到业务部门的拒绝支付机制和成本中心可以帮助企业认识到商业环境的变化情况，同时也会增加涉及IT项目和成本的业务安排。但是，这种方法不足以管理总体预算。[34]

　　IT投资的价值通常由业务案例与投资审查委员会来确定和论证。企业一般采用投资回报率和/或贴现现金流来做项目论证和比选，使用内部收益率或单独的资金成本进行风险分析。在业务案例中，最大的挑战是确定收益，尤其是无形价值。业务案例与业务计划的目标通常是一致的，它具有清晰的营收和利润预期额及目标的上限和下限。企业必须时常对业务案例和业务计划进行验证，以确保实现潜在假设的货币收益并监测环境条件的任何变化。为确保业务案例的执行，企业通常必须制订项目计划。正常情况下，大型投资项目的投资审查委员会或者较小项目的高层管理人员，要完成投资的优化排序和选择工作，即依据业务计划、业务目标和预期收益来批准、否决或修改业务案例。

挑战常规规范

公司会根据投资资本和一次性费用来投资IT项目。在当今的信息世界中，IT投资有更广泛和更多样化的定义，它超越了传统的资本投资（如电脑硬件和软件资产）的内容。现在有多种形式的软件，我们可以通过购买、租赁或交易型服务的方式获取它们。此外，越来越多的公司花钱购买外包或托管服务，这使得IT投资的主要支出从资产负债表中转移了出去。与设计、构建和测试相关的咨询、承包及内部劳务成本可计为资本，并为公司最终产品的资产提供附加值。然而，大多数人力成本都是运营费用，并没有被资本化。

通常情况下，IT支出的最大部分在员工上。例如在银行业，员工总数的近1/5是IT专业人士，在所有行业中占比最大。[35]项目管理成本可以被纳入IT基础设施的基础投入中，或是被分离出来作为边缘项目。在实现收益的方面，IT投资正在通过改善以下几个方面来创造更多的无形资产价值：客户服务质量、应用程序互操作性、员工认知、供应链完善、业务流程的效率，以及业务周期。[36]因此，IT投资在现今的环境下变得更为复杂，而且远远超出资本评估模型的范围。

如今，IT投资决策更加复杂，由于IT投资的费用超过了资本性支出，因此它对资本评估模型提出了挑战。

财务与会计评估

管理和评估IT投资的传统措施和方法似乎不是很有效。斯特拉斯曼对传统的IT资本效率/生产率衡量方法提出了质疑。[37]企业将投资回报率应用到新投资中可能会导致资源分配不合理。与经济价值不同，投资回报率包括之前未折旧的投资，但不包括新投资在预测期之后的剩余价值。剩余价值通常可以占一个公司市场价值的50%以上。投资回报率的本质是一个基于权责发生制会计的回报，用其来对比资本成本的经济回报是不恰当的。[38]贴现现金流更适用于运营性或交易性IT投资，但是不适用于战略性投资。[39]企业实施战略性IT投资时，要将无数种可能的结果计算在内，这些结果发生的概率各不相同。[40]现在人们逐渐引入了更为复杂的评估模型，但调查表明其中仅有8%超过了计算投资回报率的范畴。[41]

现行的会计准则不包含核算IT成本和投资的标准，因此IT企业的开支不为公众所知。这就使企业不能持续衡量IT投资对生产力或企业股东价值产生的影响。[42]在不同的公司，IT投资的界定、分类，以及IT投资和支出水平的核算都存在差异。因此在行业内部或不同部门之间，只有有限的比较基准化IT的方法。资本折旧率也会有所不同，这取决于公司对投资周期的看法。如果不区分风险概况而采用单一现金流贴现率来计算所有的成本和收益，那么IT会计实践在不同的公司内也会有差别。

组织需要建立一种新的管理系统，以衡量其创造的价值。只关注IT价值评估的财务或会计核算方法说明公司只关注短期价值，而且这些方法在时间上比较滞后。[43]传统的资本绩效评估措施和方法通常也可以应用到IT投资中，主要用于评估已经完成的IT投资。这些措施和方法是建立在资本评估模型的基础上的，其曾经用于一系列投资中，包括制造工厂、房地产和机器。但是，IT成本管理的核心是评估未来而不是现在。[44]

虽然传统的资本绩效评估措施和方法通常也可以应用到IT投资中，但是其无法对已完成投资进行不合逻辑的评估，而且也没有涉及对公司市场价值贡献巨大的未来剩余价值。

预算规划

预算是管理IT投资的主要方法，包括经营预算和资本预算。制定预算的问题是，预算规划的流程通常是根据前一年企业的运转率做出的，而IT的运转率总是基于销售额的百分比、销售和/或管理成本。[45]预算的成本通常滞后于任何销售缺口，且会导致利润减少。这就使企业内出现掩盖成本和不良会计的行为：将成本移入其他账目，以实现可能不合理的当前承诺。随后，企业会有不合理配置和过度消费IT资源的倾向。[46]

很多时候，预算要求会被人为抬高，以应对各种任务处理或预算削减的情况。有时，企业会按年制订预算计划、按年支出预算，而不考虑绩效的变化，这会导致企业的管理因使用无效的绩效衡量指标而表现不佳。这样造成的结果是预算决定业务而不是业务决定预算。此外，部门预算难以给股东带来回报，因为措施还没有得到持续的落实，而且企业难以判断哪些支出可以使股东价值最大化。一个首席信息官的支出调查表明，现在是改变旧的预算习惯，加快投资审批流程的时候了。[47]

斯特拉斯曼建议，IT预算应等于基础设施的基本成本加上销售、一般费用及行政管理费（SG＆A）系数，再加上税后利润系数、台式机系数、知识员工系数，并减去官员系数后的值。根据斯特拉斯曼的研究，这些因素和其相应的系数或权重是决定IT支出的因素。此外，斯特拉斯曼认为，IT预算和计划的新投资应涉及IT资产（即硬件、软件、技术开发和培训）的价值，包括总生命周期成本和剩余价值（除预期寿命以外）；[48]另外，也应涉及零和预算，它仅包括实现季度销售预测的成本和投资，且完全只与客户附加价值有关。基于交易量和活动的要求，企业需要维持清晰的运营成本或者基线成本。然而，不良的业务流程管理可能会导致运营效率低下，使支持IT的成本上涨，这又相应地增加了销售成本或销售支持的费用。保持预算计划的现状是不可接受的，而且它会带来不良的成本管理。

保持预算计划的现状是不可接受的，它会带来不良的成本管理，特别是当成本落后于任何收入缺口且消耗利润的时候。

IT战略规划

常规理论认为，组织的目标决定战略，战略决定组织的业务目标，业务目标需要预算支持，计划需要根据预算来制订，这是一个组织内一连串自上而下的规划流程。然而在实际工作中，由于动机和激励措施不同，管理行为可能有很大差别。经常出现的情况是公司制定预算时不关注战略目标，因为战略目标本身可能相互矛盾。而且，方案的制定很可能会符合政治目的而不是公司战略目标，这样创建出来的项目不属于正式规划流程的一部分。在缺少规划和健全的治理流程时，公司可能会允许采用项目和预算决定战略。卡普兰和诺顿强调，必须要使预算和战略相关联，使它们具有一致性，以推动延伸目标并应用滚动预测。[49]最终，目标和预算的层次结构应与绩效控制相关，而战略和方案的层次结构应与行动计划相关。[50]

在1999年的《财富》（*Fortune*）的一期封面故事中，大约七成的首席信息官的失败案例与拙劣的战略执行相关，而不是因为他们没有远见。评估IT战略的工具无法满足创造价值的要求。企业应制订一个整合了IT的战略性业务计划，以获得可实现的股东价值。然而，从传统意义上讲，IT仅仅被视作提供支持的组织，或者至多是一个保证实现业务目标的因素。因此，通常情况下，企业战略应是在进行IT规划前就制定好的、紧跟企业发展方向的战略。成功的企业应确保让首席信息官更早介入，并且经常参与制定公司战略，是参与其中，而不仅仅是事后配合。对于一家渴望改变其供应链业务模式的公司，尽管可以先确定业务流程然后再考虑合适的系统方案，但更为有效的办法应是努力实现这二者的结合，以产生"最合适"的系统战略。如果公司引入了最佳实践的模式，创建了一个"普通"的行业解决方案，且只在竞争优势出现争议的地方进行个性化定制，那么其投放市场的速度会加快，利润也就增加。

通常情况下，企业战略应是在进行IT规划前就制定好的、紧跟企业发展方向的战略。

风险与不确定性

由于技术的快速发展和经济条件的不断变化，以及市场环境的时常波动，IT投资和项目本身对风险极为敏感。IT项目具有风险是由一些独特的因素造成的，因而IT项目风险是非系统性的或分散的。许多研究者对使用传统的资本投资和财务手段表示怀疑，因为这些方法没有涉及不确定性、灵活性和可能出现的滞后。[51]依靠传统财务手段（如计算贴现现金流和投资回报率）并不能计算出投资结果不确定的IT项目中管理灵活性的价值。[52]投资结果的不确定性越高，管理灵活性的价值就越高，因此IT嵌入式期权的价值也就越高。有了灵活性，企业才更有可能彰显优势，同时规避劣势。[53]衡量IT投资的价值需要更有效的风险管理工具。

新兴技术（如实物期权法）似乎获得了强有力的支持，当IT投资被认为更具有战略性、盈利潜力、更强的不确定性并且会产生间接回报的时候更为如此。[54]"实物期权"是指在物质和人力资产上的投资，它使企业能抓住未来的机会，并为企业提供更高的未来价值。从本质上讲，实物期权分析法提供了一个理论平台，使企业能够在不确定的条件下通过启发法创建替代选择。实物期权法这种技术已被建议用于制定资本预算和战略决策，因为它能在环境不确定的情况下使未来极具灵活性。[55]

除了采取传统的会计和财务方法、手段外，企业还应对战略性IT投资和评估采取新的基于价值的多维方法。企业应防止未来的不利情况，并保留利用IT创造战略选择以获得向上收益的能力。决策支持系统可以和传统的财务手段共同使用，以消除决策的风险，在评估不确定情况下的IT投资选择和风险时更是如此。[56]新兴的财务管理工具（如实物期权）也是衡量IT投资价值所必需的工具。第19章会进一步讨论实物和价值选项。

传统的资本投资和财务手段无法使企业在结果不确定且具有隐含期权的IT项目中获得敏捷性和灵活性。

价值损失

管理IT投资不只包括满足预算和按时交付项目，它还应包括提高公司股票价格或市场估值。论证和评估IT的因素应该包括股票价格影响以及明确的流程，该流程应能产生合适的、经风险调整的经济附加值（EVA）。这超越了传统的贴现现金流、投资回报率、成本节约或低拥有成本的商业理由。[57]此外，常规方法无法捕获到无形价值的全部收益。经常做出不良的投资决策无疑会使价值移位或是被搁置，企业必须要获取利益相关者的全部价值。很显然，传统的会计手段和IT投资管理与评估方法需要改进，其应包含与利益相关者更多经济"价值"模型相关的内容，以弥补单纯依赖财务手段的缺陷。

收益实现

确定IT投资的直接甚至间接收益往往是一个挑战，对共享基础设施来说更是如此。区分一段时间内的IT投资的效果和原因是一个更大的挑战，在收益还事关其他活动或投资时更是如此。哪种能力可以产生价值？技术、流程，还是人员？答案肯定是三者兼而有之。但是当争取投资的时候，你可能会认为某个因素在产生价值方面优于另一个。技术经常被描述为促成因素，它需要通过一个业务驱动的变化（如业务流程变革、组织变革、活动或量的变化，以及开展业务的新方式）来实现价值。由于衡量效益时有困难，因此企业制定IT投资决策时常采用启发法。IT投资决策是在未抓住全部商业价值的情况下做出的，所以事实上企业可能会高估它们的价值。

确定IT收益的方法有很多种，其中最简单的一种是从一个综合解决方案（将对所需人员和流程的投资考虑在内）中将收益分离出来。其他方法有鱼骨或因果分析法、净现值/概率树。Thorp和DMR[58]提出了一个确定收益的方式，其中非直接关系可以通过转换流程建立联系。一项IT投资的设计和开发最初会转变为IT资产，在随后的使用过程中，IT资产会对组织绩效产生影响。通过一系列IT投资的贡献和小的成绩，IT资产发生了转变，同时也推动了公司股票价格的上涨。例如，IT客户关系管理投资可转变为收入的增加。

雷门尼（Remenyi）和舍伍德·史密斯（Sherword Smith）提出了积极的收益实现（ABR）模型，它定义了"结果空间"，描述了因IT投资可获得的更广泛的商业收益。IT投资具有以下特征：自动性（提高效率）、信息化（改善信息以更好地制定决策并提高效率）和变革性（改变经营方式，推动实现更好的流程、产品或市场）。成本/收益分析法可以应用于不同类型的IT投资中。确定性（单点估计）或随机性（估计范围）措施可用于评估。随机性措施或风险分析方法可在不确定性更大时使用。[59]

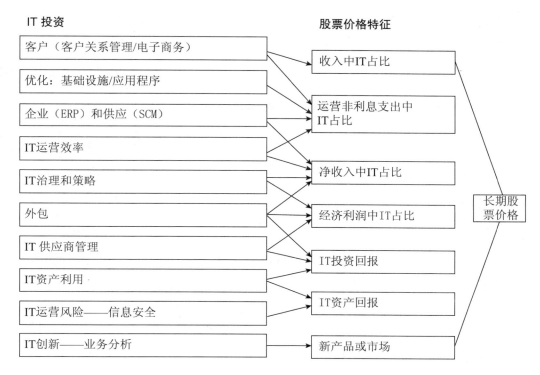

图2.1 股票价格特征

　　收益成果与股票驱动因素结合得越紧密，IT投资的价值越高。股票价格的工厂衡量方法会提升股东价值。图2.1提供了一个定义IT投资的股票价格特征的方法，该方法通过使用金融手段并参照行业标准对价值进行三角量化。假设企业在衡量IT支出时使用更一致的会计方法，那么确定IT支出与销售成本、总成本、行政成本以及信息工作人员的比率基准会是衡量IT价值和绩效的好方法。作为IT估值方式的股票价格特征更好地反映了IT对企业更长远的股票价格或市值的贡献。

　　由于在衡量收益时容易出现问题，导致企业夸大价值或者未认识到价值，因此企业可使用启发法制定IT投资决策。

智力资本

　　管理和衡量信息战略的工具还无法创造智力资本。从传统角度来说，IT价值一直体现在有形的成本和收益上。然而研究表明，如今无形资产创造了85% ~ 90%的股东价值，这些无形资产主要集中于基于知识的战略，包括信息和内容管理、业务智能和合作。[60]IT投资极大地影响着无形资产价值或智力资本，这得到了经验性证据的支持——高达90%的计算机成本和收益嵌入了无形资产中。[61]无形资产由IT、培训和组织转型而产生，它能使企业获得超额收益，并产生较高的市场估值。然而，目前无形价值还是没有被纳入IT投资价值评估中。

　　以客户关系管理投资的价值捕获为例，它已经超越了交叉销售或追加销售的业务价值和支出比重，并包含了现今存在的社会价值或关系的网络价值。让我们现在开始提倡客户网络管理（CNM）吧。更进一步来说，以VOIP（一种以2P电话为主，并推出相应的增值业务的技术）为例，考虑到有关IT基础设施投资的限制性思维，企业往往以较少的IT基础设施投资来获得降低拥有成本和运营收益。语音和数据的集成超越了运营价值的范畴，例如移动网络以及通过Facebook和MySpace而实现虚拟社区整合的价值。

　　随着IT投资不断推动智力资本的形成，信息管理变得越来越重要。此外，信息安全和隐私暴露是众所周知的问题，它们对大型企业造成了数百万美元的损失。数据损失、浪费时间、生产力下降，以及因业务不可用和负面声誉而造成的收入损失，是非常普遍的。传统的网络安全解决方案（例如防火墙和防病毒程序）只可以成功抵御恶意代码的渗透。新出现的、复杂的自动入侵或攻击正将目标对准网络化应用程序，其数量占到了所有恶意攻击的75%。[62]

　　由于关系到公司的声誉，很多公司不报告漏洞，但其损失难以计算。然而，美国的犯罪现场调查（CSI）和联邦调查局（FBI）的网络犯罪年度报告显示，将近一半的财务损失来自访问未经授权的信息和被窃取专有信息，平均每次破坏造成的经济损失达到20.3万美元。例如冲击波病毒（MS Blaster）使企业平均花费47.5万美元进行补救，而大型企业需要花费400多万美元，[63]小型和中型企业可能因此洋洋得意。一项研究表明，被调查公司中有1/3的公司在过去3年内至少被攻击了4次。[64]我们必须使用新的IT评估技术来证明公司应当进行信息管理和信息安全/隐私的投资。

管理的焦点应该更多地放在衡量IT的无形价值上，以获得充分的股东经济价值。在信息时代，智力资本占据主导地位，它比工业时代的传统生产力更为重要。因此，企业需要新的衡量IT价值的方法，需要通过更多的研究来确定IT投资和企业股票价格之间的间接关系，以计算出从IT投资中获取的无形收益。

IT资本的大部分成本和收益嵌入了无形资产和智力资本中。在信息时代，无形资产和智力资本需要被量化，它们超越了反映工业时代的传统生产力指标的范畴。

总体拥有成本

总体拥有成本的概念由高德纳公司于20世纪80年代引入，它被用来确定个人电脑的总成本。部署计算机每年需要花费1万美元，公司对于在内部部署计算机这一问题拥有截然不同的观点。[65]总体拥有成本一直被忽视，这是因为成本分析具有复杂性，而缺少标准的计算公式增加了这一复杂性。因此，降低总体拥有成本则顶多成为IT组织事后才考虑的问题。资本和一次性项目的相关成本决定了投资，而持续支持和维护成本决定了运营成本。然而，有些相关成本通常没有包括在内，例如技术和用户培训、中断成本、性能降低以及安全性破坏、灾难恢复和能源消耗所花费的成本。了解与技术决策相关的全部成本，不仅是企业研究新投资业务案例的需要，也是决定运营基线成本的需要。但是，IT总成本一直没能被全部获取。

当前，共享基础设施和系统正在随着时间的推移而发展，其中新投资可能会与首要的架构蓝图（如果该蓝图存在）相整合，或对它进行补充，或独立于它而存在。尽管传统系统可能已完全老旧过时，但企业运营所使用的通常都是传统系统，这些系统会因为需要维护或更换而产生极大的支持成本。同样，当现有的应用程序需要高度定制且其发布管理落后于当前版本时，运行成本也会很高。此外，对计算或网络基础设施投资不足也会增加额外的支持成本，并影响生产力，导致IT运营基线成本远高于行业基准，从而使企业变得缺乏竞争力。随后，IT的价值会随着时间的推移而消失，同时运营成本会不断上升。

当前，企业应根据行业基准对IT架构进行评估，盘点标的资产和预测全生命周期拥有成本。未来架构的路线图可提供与业务方向相一致的最终规划蓝图。架构的转变过程需要多管齐下，它要求各方面相互依赖，并根据时间安排按顺序更换。确定使用开放的架构可以使企业实现互操作性和无缝连接，并降低整个IT部门的总体拥有成本。但是，其前提是IT流程和战略经过了有效的设计和部署，员工能力到位，而且IT战略和业务目标一致；如果不考虑技术决定因素，总体拥有成本将会增加。

总体拥有成本一直被忽视，这缘于成本分析的复杂性，而缺少标准的计算公式增加了这一复杂性。因此，论证IT投资的合理性时总成本的计算并不准确。

业务案例

业务案例通常被用来作为确定和证明新IT投资价值的证据。在建立和审查业务案例时，看起来似乎合乎逻辑且谨慎的内容，事实上往往问题重重。这些问题首先出在对项目的完整投资组合的调查工作不够尽职上，而这是成功执行业务计划的必要条件。通常情况下，业务案例的选择过程是分离且独立的，企业在选择业务案例时极少为了计划的成功而考虑项目之间的相互依存关系。企业常常在不考虑外部因素，或者依赖执行负责人的信念和激情的情况下甄选业务案例。直觉往往是识别业务案例的主要驱动因素，企业会通过"权力游戏"推进日程。随后，经过挑选的、前后不一致的数据和措施就会被用来判断项目是否合理。仅靠业务案例无法确定一个平衡的IT投资组合中所需的必要的权衡和最优价值。因为平衡的IT投资组合会涉及IT投资的短期盈利能力、长期增长及整个组织的能力。[66]我们将在第7章进一步讨论投资组合管理。

业务案例中的挑战是确定收益，尤其是无形价值。[67]通常情况下，企业计算收益和贴现时不考虑不确定性因素，而且总是忽视成本。福雷斯特研究公司（Forester Research）估计，与实现企业系统相关联的非IT成本可能是IT成本的4倍。[68]为成本、收入和资本所收集的数据可能是有选择性的、不精确的，并且并非能一致地应用到各种公式当中，这会形成导致错误决策的、有误导性的陈述。传统的投资回报率和贴现现金流的计算方法往往是不一致的，其应用的假设不能作为"呈堂证供"。论据常常根据基本原理和分析得出，而不是基于严谨的数值或财务计算。[69]

财务部门核算数据的依据往往是他们无法充分理解的业务条件。最终，公司的领导会对决策负责，并凭他们的能力去讨论和论证案例。如果强大的领导在资源有限的环境下讨论他们的案例，那么如何保证他们能在数据错误或不一致的情况下精准地确定业务案例的优先顺序？将所增加的成本花在哪里可以使股东获得最大的回报？业务案例的选择实现的是部门回报的优化或局部优化，而不是整个公司的回报或股东价值的优化。IT投资需要一致且独立的治理。

IT业务案例应包含股票价格影响和明确的流程，以确保投资能带来合理的、经风险调整的回报。这些要求超越了传统的通过贴现现金流、投资回报率、成本节约或低总体拥有成本来论证投资合理性的范畴。企业需要新的可创造价值或财富的业务案例，以着重于为股东带来价值并实现利益相关者的收益。企业在研究业务案例时，应重视核心价值驱动力、比较基准、风险调整和收益实现过程。此外，企业还应该具有良好的数据收集和监测能力以捕获价值。我们可以考虑经济附加值方法。[70]我们需要新的以价值为基础的多维IT投资和评估方法，这些方法不局限于传统的会计和财务方面。[71]

业务案例投资决策通常是在不考虑外部因素的情况下，或者是根据行政主管的信念和激情做出的。因此，成本和效益不准确、不一致，并且没有经风险调整，这可能会引发导致错误决策的误导性言论。

项目管理

我们在前面提过，失败的项目浪费了数百万美元。造成项目失败的原因有很多，但是通常情况下是因为业务案例本身不合理、需求定义不充分，或者仅仅是因为项目规划和管理不当。未能恰当揣摩业务案例和定义正确的实现方法都是很普遍的现象；[72]不能一直获得高层支持、无法找到称职的项目经理的情况也屡见不鲜；没有纳入开放的反馈系统以对业务案例进行项目审核和验证的情况也并不少见。[73]变化和风险管理通常都无法获得充足的投资。当这些情况都出现在项目绩效的评估中时，结果可能会以维护个人私利为导向，而不是与项目章程或业务案例相一致。随后，当IT项目绩效不佳时，仅有50%的公司会进行实施后审查。[74]最终，价值既未被跟踪，也没有实现。最好的结果是没人知道此事，最坏的结果是对股东价值造成负面影响。

项目评估指标无效通常是因为，企业在确定正确的项目评估方法、收集和客观分析正确的数据时遇到了问题。项目评估需要大量的资源和时间，且需要用到业务、技术和流程指标。[75]与非IT项目相比，IT项目具有更大的不可逆性，因为它会影响客户关系、内部关系和知识管理，这是IT项目的复杂性。[76]如果公司针对业务案例执行一套严格的项目滑动审查流程，并发现无法达到目标，那么其常常会尽早取消项目。取消的项目的比例高达项目总量的40%。[77]因此，IT管理需要审查目前的项目评估手段和方法。引入项目或计划管理办公室（PMO）可以使公司拥有强大的独立投资和项目治理能力。有关项目管理的更多详细内容请参见第12章。

项目评估指标无效的原因往往是：在确定正确的项目评估方法、随后收集和客观分析正确的数据时遇到问题。

变更管理

我们已经发现，对公司组织资本进行IT补充投资会给绩效表现带来很大的不同。这些投资包括分散决策系统、自我导向的团队、岗位培训、组织设计（OD）、业务流程改善和内部沟通。[78]当以更广阔的视角来看待IT对公司绩效所做的贡献时，变更管理的投资就变得至关重要。研究表明，IT变更计划的成功率只有20%～50%，这凸显出公司纳入变更管理考量的重要性。[79]例如，培训和教育在技术应用和使用中是必不可少的内容，否则价值就会沦为次优级别，甚至出现更糟的情况——无法实现价值。如果一家公司更多地使用团队、决策部门规模更大，并且提供培训，那么计算机资产的价值将尤为突出。

在组织资本中进行IT补充投资会给绩效和价值产出带来很大的不同。

利益相关者经济价值

利益相关者经济价值要求企业一直保持竞争优势或网络优势。由于传统的财务手段片面地追求股东价值，因此仅依靠它会被误导。这种手段无法在业务价值体系和价值网络中捕获到利益相关者的感知价值和可实现价值的范围。

确定利益相关者经济价值是一门科学，也是一门艺术。对IT价值进行三角量化需要运用多学科的知识。决策制定是根据直觉或者最佳猜测做出的，而不仅仅是依据财务方法，因此IT人员应具备更高水平的信息交换和沟通能力。提炼财务数据仍然很重要，此外企业还需要通过焦点小组座谈、调查、审查和听取汇报来获取观点和意见。业务目标和战略可提供方向，但未必会涉及不同时间点管理层的个人喜好和工作优先顺序。关键的利益相关者渴望从基础技术中获取服务和能力，以满足企业的短期和长期需要。为所确定的重要利益相关者提供完整的投资组合视图，使其可以按功能、区域或具体业务部门查看，需要IT部门连接IT客户端并使用价值管理流程。

企业不能忘记普通员工对实现利益相关者经济价值的影响，也必须了解客户满意度评价和他们的价值观。在与合作伙伴、盟友、供应商和客户对话时，企业还需要积极了解并扩展业务网络价值。总之，如果利益相关者没有根据其需求和期望获取和交付价值，那么IT价值将大受影响。因此，企业必须确保对IT价值主张进行有效的调整和沟通。第19章会讨论如何使利益相关者获得最大的经济价值。

在追求股东价值的过程中，如果企业仅使用传统的财务手段，则无法捕获整个业务价值体系和网络中关键利益相关者的感知价值和可实现价值的范围。但这些对持续的竞争优势或网络优势是必需的。

本章指出，常规的IT资产评估方法无法完全确定和捕获IT投资价值。第3章将进一步介绍IT评估在银行业中遭遇的困境。本章还审视了IT评估的观察结果，以进一步吸取经验教训。本章的结论是企业需要利用新的评估和管理方法实现股东的经济价值。我们希望IT价值网络方法能够提供有效的评估方法，这一点在第二部分中会进一步介绍。

注释

1. *Software Mag*.com (2004, January). "Standish: Project success rates improve over 10

years." *Software Mag*.com. Retrieved July 25, 2008, from http://WWW. softwaremag.com/ L.cfm?doc=newsletter/2004–01–15/Standish

2. Brynjolfsson, E. (1993, December). "The productivity paradox of information technology." *Communications of the ACM*, 36, 67 – 76.

3. CIO. (2003, December). "Maximizing value from IT vendors, part 11." CIO Research Report. *CIO Magazine*. Retrieved January 16, 2004, from http://www.cio.com/research/surveyreport.cfm?id=66

4. Seddon, P., Graeser, V., and Willcocks, L. (2002). "Measuring organizational IS effectiveness: An overview and update of senior management perspectives." *The DATA BASE for Advances in Information Systems*, 33, 11 – 28.

5. Carr, P. (January, 2003). "Third annual Canadian IT issues study." Athabasca University, Canada. Retrieved January 21, 2003, from Athabasca University Web site: http://www.mba.athabascau.ca

6. Rappaport, A. (1998). *Creating Shareholder Value*. New York: The Free Press.

7. Strassmann, P. (1997). *The Squandered Computer*. New Canaan, CT: Information Economics Press. 24.

8. 见注释7。

9. Lewis, W., Palmade, V., Regout B., and Webb, A. (2002). "What's right with the U.S. economy." *The McKinsey Quarterly*, 1, 31 – 40.

10. Thorp, J., and DMR's Center for Strategic Leadership. (1998). *The Information Paradox*. Toronto, ON, Canada: McGraw–Hill Ryerson Ltd. (Gartner citation).

11. Costanzo, C. (2003, January). "Web getting short shrift again in back–to–basics budget." *American Banker*. Retrieved January 24, 2003, from http://167.26.24.16/ IndustryWatch/factiva/web%20 Getting%20Short%20Shift.htm

12. Schwartz, S., and Zozaya–Gorostiza, C. (2003, January). "Investment under uncertainty in information technology: Acquisition and development projects." *Management Science*, 49, 57 – 70.

13. Olazabal, N. (2002). "Banking: The IT paradox." *The McKinsey Quarterly*, 2, 47 – 51.

14. Brynjolfsson, E., and Yang, S. (1996). "Information technology and productivity: A review of the literature." *Advances in Computers*, Academic Press, 43, 179 – 214.

15. Brynjolfsson, E., and Hitt, L. (1998, August). "Beyond the productivity paradox." *Communications of the ACM*, 41, 49 – 55.

16. Brynjolfsson, E., and Hitt, L. (1996, April). Paradox lost? Firm–level evidence on the returns to information systems spending. *Management Science*, 42, 541 – 558.

17. 见注释7。

18. 见注释15。

19. Dedrick, J., Gurbaxani, V., and Kraemer, K. (2003, March). "Information technology and economic performance: A critical review of the empirical evidence." *ACM Computing Surveys*, 35, 1 – 28.

20. Anderson, M., Banker R., and Ravindran, S. (2003, March). "The new productivity paradox." *Communications of the ACM*, 46, 91 – 94.

21. 见注释19。

22. Brynjolfsson, E., and Yang, S. (1998). "The intangible benefits and costs of investments: Evidence from financial markets." Massachussetts Institute of Technology, Sloan School of Management, 147 – 166.

23. 见注释2。

24. 见注释7。

25. 见注释4。

26. 见注释4。

27. Sai On Ko, A., and Lee, S. (2000). "Implementing the strategic formulation framework for the banking industry of Hong Kong." *Managerial Auditing Journal*, 15, 469 - 477.

28. Mintzberg, H. (1994). *The Rise and Fall of Strategic Planning*. New York, NY: The Free Press.

29. Hackney, R., Burn, J., and Dhillon, G. (2000, April). "Challenging assumptions for strategic information system planning: Theoretical perspectives." *Communications of the Association for Information Systems (AIS)*, 3(9), 1 - 23.

30. 见注释28。

31. Ahituv, N., Zviran, M., and Glezer, C. (1999, April). "Top management toolbox: For managing corporate IT." *Communications of the ACM*, 42, 93 - 99.

32. Sassone, P. (1988). "Cost benefit analysis of information systems: A survey of methodologies." *Communications of the ACM*, 126 - 133.

33. Weill, P., and Broadbent, M. (1998). *Leveraging the Infrastructure*. Boston: Harvard Business School Press.

34. 见注释31。

35. Meta Group. (2002). "2003 worldwide IT benchmarking report." META Group Inc.

36. 见注释30。

37. 见注释7。

38. 见注释6。

39. 见注释33。

40. Clemons, E. (1991, January). "Evaluation of strategic investments in information technology." *Communications of the ACM*, 34(1), 22 - 36.

41. Colkin, E. (2002, October). "Getting Tough on ROI." *InformationWeek.com*. Retrieved September 10, 2003, from http://www.informationweek.com/shared/ printableArticle.jhtml?articleID=6503764

42. 见注释20。

43. Kaplan, R., and Norton, D. (2001). *The Strategy-Focused Organization*. Boston: Harvard Business School Press.

44. Nokes, S. (2000). *Taking Control of IT Costs*. Upper Saddle River, NJ: Prentice Hall.

45. 见注释7。

46. 见注释2。

47. Alter, A. (2003, January). *Research: How bad is the bite in your budget?* CIO Insight.

48. 见注释7。

49. 见注释43。

50. 见注释28。

51. Chatterjee, D., and Ramesh, V. (1999). Real options for risk management in information technology projects. *IEEE, Proceedings of the 32nd Hawaii International Conference on System Science*, 6, 1 - 7.

52. Bowman, E. (2001, November). "Real options analysis and strategic decision making." *Organization Science*, 12, 772 - 777.

53. Huchzermeier A., and Loch, C. (2001, January). "Project management under risk: Using the real options approach to evaluate flexibility in R & D." *Management Science*, 47, 85 - 101.

54. Schwartz, S., and Zozaya-Gorostiza, C. (2003, January). "Investment under uncertainty in information technology: Acquisition and development projects." *Management Science*, 49, 57‒70.

55. 见注释52。

56. 见注释32。

57. Sommer, B. (2002, January). "A new kind of business case." *Optimize Magazine*. Retrieved January 13, 2003, from http://www.optimizemag.com/issue/ 003/roi.htm

58. 见注释10。

59. Remenyi, D., and Sherwood-Smith, M. (1997). *Achieving Maximum Value from Information Systems*. New York: John Wiley & Sons.

60. 见注释43。

61. 见注释22。

62. OWASP. (2007, January). Business justification for application security. *OWASP*. Retrieved July 25, 2008, from http://www.owasp.org.

63. *SecurityPark*. (2008, April). "Justification and return on investment of automated penetration testing." *SecurityPark*. Retrieved July 25, 2008, from http://www. securitypark.co.uk

64. Nichols, S. (2008, July). "McAfee: Small firms naïve about security." *SC Magazine*. Retrieved July 25, 2008, from http://www.scmagazineus.com

65. 12manage. (2008). "Total Cost of Ownership." *12manage‒ E-learning community on management*. Retrieved July 25, 2008, from http://www.12manage. com/methods tco.html

66. Ross, J., and Beath, C. (2002, Winter). "Beyond the business case: New approaches to IT investments." *MIT Sloan Management Review*, 51‒59.

67. 见注释4。

68. 见注释20。

69. 见注释40。

70. 见注释57。

71. 见注释66。

72. Visitacion, M. (2001, February). Selecting metrics and using then effectively (Issue Brief No. RPA-022001-00006). *Planning Assumption Update, Giga Information Group*.

73. 见注释41。

74. 见注释4。

75. 见注释72。

76. 见注释44。

77. 见注释41。

78. 见注释20。

79. Hackney, R., Burn, J., and Dhillon, G. (2000, April). "Challenging assumptions for strategic information system planning: Theoretical perspectives." *Communications of the Association for Information Systems (AIS)*, 3(9), 1‒23.

03 银行业价值

金融服务行业的全球IT投资

为了获得竞争优势，银行的规模不断扩大，并且推出了众多产品线和产品渠道。为了满足在国内外扩张的要求，并确保新渠道和新产品投入市场，金融服务业（特别是银行业）的IT支出在20世纪90年代中后期经历了两位数的增长。[1]1997—1999年，金融服务业的全球IT支出比例从11%增加到25%，尤其是人员和硬件成本的支出。[2]此时，全球IT市场正以每年10%的增长率增长，近乎是全球国内生产总值增长率的两倍。[3]当互联网业在2001—2003年急剧衰退时，全球金融服务业的IT支出增长也逐年放缓，其增长率降低到了每年4%~6%。即便如此，金融服务业IT支出在所有行业中仍高居榜首，达到了总收入的7.3%。[4]2003—2007年，全球金融服务业的IT支出增长率稳定在5.9%~8.7%，达到了3 421亿美元。[5]也许当今影响全球IT支出最重要的因素是，机构或批发银行业的经营状态和美国经济状况。而自2007年起，这两个因素都表现出了崩溃和衰退的迹象。[6]

　　本章主要探讨北美银行业的IT投资状况。了解北美银行业的概况将有助于我们理解银行业的竞争格局和其所面临的挑战。随后，本章还将探索IT投资模式，并对这些投资是否增加了利润提出疑问。除此之外，本章还对一家大型北美银行（匿名，称为NA银行）进行了更为深入的评估，以突出论述IT投资的情况。各种IT价值观察贯穿整章内容，可以说是全球银行业的写照，而不仅仅是北美银行业的写照。

　　自2007年起，机构或批发银行业的经营状态和美国经济状况出现了崩溃和衰退的迹象。这会对IT投资产生实质性的影响，并且会使银行业未来几年IT投资的增长速度降至个位数。

北美银行业

　　经过国会和各州议会的大范围争论后，美国在20世纪90年代中后期对零售银行业放松了管制，使之成为可以在全国范围内开展业务的行业。同样的情况也发生在包括加拿大在内的一些其他国家。1994年的《里格尔–尼尔洲际银行和分行效率法案》（*The Riegle–Neal Interstate Banking and Branching Efficiency Act*）的诞生标志着美国银行业并购时期的到来。该法案强调银行可以扩张到其他州。尽管到目前为止没有一家银行声称自己可以完全覆盖整个美国，但该法案的诞生是大型区域零售银行和国家零售银行开始出现的标志。

　　美国联邦储备委员会（以下简称美联储）的裁决也取消了对商业银行和投资银行的分隔限制。1999年的《金融服务现代化法案》（*The Financial Modernization Act*）和《格雷姆–里奇–比利雷法案》允许银行为客户提供一站式金融服务。如今，银行将并购的关注点转向证券行业和投资银行，并开始为个人投资者提供财富管理业务。1991—2001年，美国银行机构的数量降低了33%，市场增长和服务内容多样化迅速增强。1997—2000年短短3年的时间内，美国银行业的非利息收入增长了50%，达到了1 690亿美元，这些收入来自付费服务和资产证券化。[7]

美国是全球金融市场中最大的参与者，而加拿大是发达金融市场中最小的一个。1996年，美国占据了全世界股本市场的42.1%，而加拿大仅占了2.4%。但是，加拿大的银行利息的集中度更高。加拿大帝国商业银行（CIBC）、多伦多道明银行（TD）、加拿大皇家银行（RBC）、蒙特利尔银行（BMO）、加拿大丰业银行（ScotiaBank）和加拿大国民银行（the National Bank of Canada）掌控着86%（相当于7 760亿加元）的国内银行资产。加拿大其余46家第二类银行主要是外资银行，这类银行中没有哪家的资产超过国内银行总资产的3.1%。相比而言，美国的顶级银行仅仅控制了19%的国内银行资产，包括花旗银行（Gitibank，相当于花旗集团）、美国银行（Bank of America）、富国银行(Wells Fargo)和美国大通银行（Chase）。[8]现在，根据《金融服务现代化法案》规定，美国任何一家企业只要通过资格审查，都可以拥有零售银行特许经营执照。因此，2004年，美国境内有超过8 000家零售银行，它们的资产总和略高于7万亿美元，却支撑着7万家分行。外资银行占据美国银行总资产的24%。[9]

2007年末，美国发生次贷危机，此后全球金融市场产生严重动荡，此次事件的发生使全球的银行业都面临着严峻的挑战。房利美公司（Fannie Mae）和房地美公司（Freddie Mac）拥有或担保了11万亿美元住宅按揭市场的40%，[10]它们通过二级抵押市场成了机构贷款的关键环节。信贷动荡来势汹汹，这两家公司无法获取足够的流动资金，联邦政府不得不出手相救，在2008年9月接管了它们。此外，投资银行的情况也不容乐观，雷曼兄弟公司（Lehman Brothers）于2008年9月破产，而贝尔斯登公司（Bear Stearns）在2008年3月被摩根大通（J.P. Morgan）收购，这造成可用机构的信贷规模大幅减小，制约了贷款。由于股票价值的缩水，商家和业主难以寻找资金来维持生存。

投资银行由于受到全球金融危机的影响而损失惨重，零售银行也未能幸免。美国联邦储备银行不得不通过提供流动性和解冻信贷市场等方式进行干预，从国内银行购回了7亿美元的不良贷款。然而，做这些还远远不够。美国政府随后不得不购买银行股票以对这些机构进行资本重组。他们投入了2 500亿美元的美国国债（或纳税人的钱），但极有可能还需要采取更多的措施。这将导致某种形式的国有化，正如英国对苏格兰皇家银行（Royal Bank of Scotland）和劳埃德TSB集团（Lloyds TSB）的处理结果那样。

与此同时，美国规模较大的银行以超低的价格收购了陷入困境的银行，并且获得了可观的收益，例如收购了华盛顿互惠银行（Washington Mutual）和美联银行（Wachovia）。总体而言，加拿大银行比美国同行更有效地抵御了这场风暴，因为它们中有较少持有高波动贷款，不需要联邦支持，并能通过折价收购美国银行资产来获益的银行。随着信用动荡缓解、投资者重拾信心，人们将继续把注意力放在经济状况上。为刺激商业的再次繁荣和消费增长，并预防全球范围内经济的进一步衰退，全球范围内的利率已大幅降低。

北美金融服务业的IT支出超过了全球金融服务业IT支出的1/3。2007年，北美IT支出的增长率低于同期其他国家（北美的IT支出为4.8%，而同期其他国家为5.9%），但投入的金额仍达到了可观的1 168亿美元。[11]尽管受到金融危机的影响，但北美IT投资仍然保持在高水平上。由于金融服务业越来越复杂，因此投入IT的总资金也在持续增长，这样才能够管理巨大的信息和交易流。例如，美国银行业的业务处理能力超过美国所有企业总和的1/3。

规模很重要，像花旗集团、美国大通银行和美国银行这样的银行可以掌控它们自身和市场的命运。花旗集团是最大的跨国银行，在2002年拥有资产9 020亿美元，对IT的投入超过了20亿美元。[12]事实上，美国最顶尖的三大银行在1996年的IT支出达到了50亿美元。与此相比，加拿大整个银行业的IT总支出只有30亿美元。进行IT投资是保持竞争优势的必要条件。银行规模越大，IT支出就越大，这给较小的银行带来了极大的绩效压力。21世纪初，大型银行的IT支出占其非利息支出（NIE）的15%～21%；区域银行的IT支出所占比例达到了9%～17%；而小型社区银行的IT支出所占比例则是在4%～10%。[13]一般来说，银行的规模越大，IT便使其拥有更大的竞争力。

对IT的投资是保持竞争优势的必要条件。银行规模越大，IT支出越庞大。这给大多数银行带来了巨大的IT绩效压力。

北美银行业面临的市场挑战

当今全球银行业面临的主要挑战仍包括：监管改革势在必行、全球化竞争、复杂的客户需求、IT创新和不断高涨的股东期望。此外，银行的倒闭缩小了银行的可用资金规模，并引起了机构或批发银行间借贷市场的波动。传统零售银行业的市场份额和利润持续被蚕食，这使它们不得不将战略重点放在银行绩效和客户服务上。[14]对美国大型银行来说，零售银行的主要挑战仍然是整合并形成全国性全面服务提供商和进行全球扩张，但是经济疲软的状况使其兼并的步伐放缓。在这样的大背景下，我们仍然发现了例外情况，就是拥有强大资金基础的大型银行收购了在金融危机中处于困境的银行。表3-1对北美银行业所处的环境、面临的挑战和采取的战略做了详细的说明。

表3-1　北美银行业所处的环境、面临的挑战和采取的战略

所处的环境	面临的挑战	采取的战略
监管改革		
●《金融服务现代化法案》 ●《里格尔–尼尔洲际银行和分行效率法案》 ●《格雷姆–里奇–比利雷法案》 ●《萨班斯–奥克斯利法案》（*Sarbanes–Oxley Act*） ●《新巴塞尔资本协定》（*Basel II Accord*） ● 信用评级 ● 交易 ● 隐私	● 来自商业银行、投资银行和非金融机构的竞争 ● 跨州经营 ● 全面金融服务 ● 合规 ● 资本配置 ● 资本比率 ● 资产追踪 ● 信息保护	● 服务和渠道多样化、并购经纪公司和投资公司 ● 区域收购 ● 对全部金融服务项目提供一站式服务——并购经纪公司和投资公司 ● 治理——内部控制 ● 经营风险降低 ● 减少债额 ● 股票/基金控制 ● 信息政策
全球竞争		
● 区域性银行和全国性银行 ● 跨国银行	● 传统的区域性、全国性和跨国银行 ● 社区银行 ● 网上经纪公司收购自动取款机和分支机构 ● 非银行机构（如保险公司） ● 非金融机构（如微软和财捷集团）	● 兼并和收购 ● 客户服务 ● 个人服务 ● 提供全方位的服务和本地分支机构的服务
兼并和收购		
● 国内的 ● 国际的 ● 其他金融服务（如保险）	● 资产规模和市场/区域占有率 ● 产品和服务多样化	● 收购目标定位在区域性和全国性银行、非银行机构（保险）和财富管理公司
客户忠诚度		
● 兼并 ● 保留 ● 钱包份额	● 采购模式和背景 ● 客户体验 ● 市场细分	● 交叉销售和追加销售 ● 客户服务 ● 客户关系管理 ● 业务分析 ● 社交网络

续表

所处的环境	面临的挑战	采取的战略
新服务和渠道		
● 网上银行 ● 个人计算机银行业务 ● 电话银行 ● 信用卡 ● 抵押贷款 ● 移动交易业务	● 传统银行业市场的新进入者 ● 建立在节约成本和提供24小时服务的基础上的新市场渠道	● 收入多样化并提供全方位的服务——非利息性收入 ● 电子商务、网络渠道和移动电子商务 ● 分支机构更新 ● 渠道整合 ● 品牌识别
企业公民		
● 社区 ● 慈善	● 消费者竞争性选择 ● 支持当地社区	● 品牌识别 ● 政府关系联络和游说 ● 慈善和赞助
员工忠诚度		
● 招募 ● 留任 ● 发展	● 员工留任 ● 员工生产力	● 股票期权和大额奖金 ● 绩效评估和管理
技术创新		
● 面向服务的架构和Web 2.0 ● 虚拟化 ● 移动网络 ● 社交网络 ● 业务分析 ● 托管服务和外包	● 新渠道和服务 ● 大额投资 ● 投资回报率 ● 成本和绩效	● 新的互联网和无线平台——电子商务/移动电子商务 ● 战略性IT投资 ● 基础设施的整合和优化 ● 绩效评估
安全性		
● 信息安全、保护和隐私	● 欺诈、盗窃和未经授权的访问	● 信息安全策略和信贷清算
股东期望		
● 股票价格增长 ● 红利增长 ● 资本绩效 ● 经营绩效	● 12%~15%的利润增长空间 ● 红利增长 ● 资本收益 ● 成本（非利息支出）降低	● 动态增长 ● 收入来源多样化——非利息收入 ● 降低风险——资产证券化 ● 卓越的经营管理——直接处理 ● 外包

　　加拿大银行业不同于整体美国银行部门的地方在于，加拿大的六大银行已经遍及整个国家，而且具有多样化的投资组合。这其中包括覆盖广泛的财富管理（个人

经纪）服务。然而，加拿大银行业也受到了挑战：短期资产质量恶化；长期战略劣势——国内和全球扩张能力有限。其原因在于国家政府部门的控制和有限的资本规模。[15]

具体来说，根据Lum和Hilderbrand的调查，[16]加拿大银行业面临的七大主要挑战是：

- 行业竞争日趋激烈，尤其在大型银行间；外资银行被允许参与竞争，可设置分支机构，非银行金融机构（人寿保险公司、信用合作社和共同基金公司）以较低的资本化水平进入银行业市场。
- 受国家政府监管和股本规模方面的限制，银行扩张能力有限。
- 全球的竞争者在规模、覆盖面和多样化方面具有优势。
- 银行很难在战略性支出和成本管理之间找到平衡；在增长配置资源的同时，推动经营效率也是一个挑战。
- 银行的业务能力和对交叉销售的制约取决于其利用IT的能力和销售力量。
- 利用资本市场的收益投资扩张零售银行业存在高风险且成本高（例如安然事件的曝光）。
- 由银团贷款造成的信贷质量恶化的情况急需处理。

如今，银行业面临的主要问题仍是放松管制、全球化竞争、复杂的客户需求、IT创新和不断高涨的股东期望。然而，金融危机使人们将更多的注意力放在资本和运营绩效上。

银行监管的改革

迅速而广泛开展的银行业监管改革正在改变竞争的格局。自经济大萧条以来，特别是从20世纪50到80年代，银行业受到严格监管，目的是保护现有的全国性零售银行免于外部竞争。[17]自20世纪90年代中期，美国银行法律已经放开了对金融服务业的管制。这一时期诞生的法律有：1999年的《金融服务现代化法案》，1994年的《里格尔–尼尔洲际银行和分行效率法案》和1999年的《格雷姆–里奇–比利雷法案》。近期美国开始效仿英国的做法，其银行监管部门对银行业竞争采取中立的态度，并允许市场决定个人银行的生存问题。在美国和英国发生了一些以前从来没有发生过的事情，政府大范围干预和支持处于危机中的银行业。政府的立法或治理部门将改变态度，恢复对金融市场的信心。这会是一件很有趣的事情。

然而，在加拿大却没有发生什么实质性的改变。银行业仍然在公开竞争、政府管制或支持国内银行的做法之间寻求平衡。但最近，这种混合模式获得了国际好评。加拿大银行业仍然在政府的严格管控之下，其国内并购行为受到了严格的限制，但是政府放开了对银行提供全方位服务的限制。1994—2001年，银行实力得以增强，绩效得到了提升，这推动了标准普尔银行类股指的增长，其年复合增长率达到了12.7%。[18]但是为了保持竞争优势，加拿大银行仍应改变现有的银行管制策略，特别是要允许大型机构在国内市场进行兼并，从而通过交易量提升和资本杠杆来获得更多的经济利益。例如，英国的劳埃德银行和英国信托储蓄银行（TSB）合并后一度是世界上最具价值的银行（现为劳埃德TSB集团）。[19]

全球竞争

金融机构的全球化重新定义了竞争和监管环境，同时也扩大了客户的选择范围。全球化趋势引发了总部设在美国的跨国银行的激烈竞争。例如，世界上最大的银行——花旗集团，其在2007年就拥有22 000亿美元的资产。此外，它有约358 000名员工，还拥有全球100多个国家中的2亿多个客户账户。虽然近期并购增长有所放缓，但它仍具有很大的威慑力。摩根大通银行和第一银行（Bank One）的并购案例，以及最近美国银行、波士顿银行（Fleet Boston）和美信银行（MBNA）的并购案例都是明证。这些巨大的并购案例促成了市值仅次于花旗银行的美国第三大和第二大银行。例如，摩根大通银行和第一银行合并后，创造了1 300亿美元的总市值，资产规模达到了1.1万亿美元，这次并购所带来的规模经济和裁减1万员工的举措节约了高达220亿美元的成本。[20]国民银行（NationsBank），即今天的美国银行，利用其相当于账面价值5倍多的高股价收购了其他价值较低的银行，如水手银行（Boatmen's Bancshares），从而在实质上获得了更高的持股比例。[21]

与美国的情况相似，在加拿大的大型银行之中也开始兴起并购风潮，特别是在美国进行并购，加拿大银行倾向于有选择地扩张地区个人银行业务和财富管理业务。例如，1996年多伦多道明银行和沃特豪斯银行（Waterhouse）的合并，便发生在加拿大最大的零售银行与一家美国个人财富管理公司之间。相似的并购案也发生在加拿大帝国商业银行和美林证券（Merrill Lynch）的加拿大经纪公司之间。从根本上讲，加拿大银行正将他们的个人和商业银行业务扩张到美国（美国可以为这些银行的发展提供更多的机会），或通过收购财富管理或个人投资者的经纪业务来扩张。然而，自从1998年加拿大政府决定不允许大型全国性银行之间进行并购以来，加拿大银行在国内成长的能力被大大限制了。[22]

客户需求的复杂化

银行面临的挑战是适应更加细化的金融市场的需求，因为客户希望银行能够提供多产品线、多渠道的选择。客户越来越精明，并要求银行提供定制化的服务，拒绝一刀切式的服务。[23]越来越精明、越来越挑剔的客户要求银行为他们提供喜闻乐见的新服务，这给银行带来了新的服务障碍，并缩短了产品生命周期。[24]这一现象造成的结果是：很多银行花费大量的精力，希望通过确保购买其服务的客户获得收益来建立客户忠诚度。更富裕的客户正在把银行存款转移到证券投资上。现今，年轻的一代随时上网，乐于使用在线金融服务，他们希望能够24小时自由办理业务；年长的一代则希望能够更便捷地获得零售分支机构和自动柜员机（ATM）的服务。区域和国家的偏好仍然存在。客户流动性是另一个问题，需要银行通过提供跨国基金和服务来解决。

产品和服务的多样化在为客户提供更多选择、利用市场形象并形成规模经济等方面至关重要。加拿大六大银行已经在全国范围内推出了多条产品线，它们主导着传统的分行和自动柜员机服务，总共控制了超过50%的个人金融业务（包括抵押贷款、消费贷款、信用卡和存款）。此外，这六大银行拥有超过70%的加拿大投资银行和经纪业务。[25]如果银行能够根据不同的市场需求提供针对性的服务和产品组合，那么零售银行业将有机会获得当地或虚拟市场的青睐。美信银行（现在是美国银行的一部分）曾经把重点放在了美国的信用卡服务上，并成功地在短短5年内将市值增加到之前的7倍，在1997年达到3 200亿美元。[26]

另外一种建立客户忠诚度并使客户对产品保持热情的重要战略是利用第三方提供的产品，如利用加拿大飞行里程积点卡（AirMile programs）和沃尔玛信用卡。[27]例如，有的银行通过在线支付账单的增长实现了服务拓展。在为在线银行客户创建电子账单支付服务方面，加拿大远比美国先进。这种服务模式既推动了收入的增加，又大大节省了交易成本。加拿大的在线计费服务更加普遍，当地仅有16%的消费者仍倾向于通过纸质支票支付，这种情况和美国形成了鲜明的对比。在美国，70%的消费者仍使用纸质支票支付。此外，在加拿大，超过一半的在线消费者通过银行网站支付账单；而在美国，仅有10%的在线消费者通过银行网站支付账单，其余人宁愿使用支付站点。银行可以对账单进行汇总，并为客户提供一站式支付服务，以形成一个垄断市场。美国银行正在失去一个战略机遇，他们输给了支付网站，因而流失掉了很多有价值的客户。每个账单支付者每年可存款29美元，此外还有68美元的"关系深化"奖金，因此，银行可以从每个账单支付者手中获得至少97美元的利润。[28]

零售银行业受到了新的市场渠道和新的服务包的挑战。嘉信理财（Charles Schwab）的共同基金和亿创理财的折扣经纪正在逐渐变为"分销专家"，而其他银行则专注于其他服务项目，如承包抵押贷款。对银行来说，更多的挑战来自提供综合服务的新电子交易市场，即非金融公司，如财捷集团、微软和I-money。支持多个市场渠道的难度有所增加。银行目前的问题不是单纯地采用低成本渠道取代实体分支机构，而是客户加大了与银行互动的整体频率。一项最新研究表明，50%的客户更愿意使用实体分支机构，而不是通过其他渠道来获取服务；大约92%的客户在过去的1个月内曾经到实体分支机构办理业务。[29]这说明客户选择服务时并不以渠道为中心。正因为如此，银行正在检讨它们的战略，对分支机构进行升级，并削减对网络银行的投资。[30]金融资产的分解和重组依然是一项挑战。

客户关系受到损害的原因在于服务费用的增长，以及服务水平的下降。提供量身定制的客户服务是美国社区银行取得成功的最终原因，这使它从一个小规模的区域性机构走向繁荣。加利福尼亚州社区银行成功地利用了大型银行服务的不足之处，将服务重点放在了支持中小型企业上。客户服务和品牌是取得成功的重要战略，银行应该建立客户和品牌忠诚度。美国的第一联合银行（First Union）通过洲际并购提升了股东价值和客户服务水平。[31]

IT创新

IT是改变银行业最重要的因素之一，也是银行获取内部有机增长的重要条件。[32]迅速发展的技术和计算机水平正在提供新的发放机制，引起新的竞争。尽管银行立法有助于刺激行业的动态增长，但行业更进一步的增长却来自新进入者和新市场渠道。互联网出现后，人们可以利用网络技术进入更广阔的市场。除了传统的非分支自动柜员机网点外，银行还对个人电脑银行、网上银行、呼叫中心以及现在的无线银行进行了大量投资。在仅仅6年的时间里（1996—2002年），美国使用在线银行的客户超过了整个零售业务客户群的25%。[33]2004年，网上银行的交易额超过了2 400万美元（全球达到了5 000万美元），这一数字比2000年底增加了一倍。[34]

许多大银行（特别是经过并购而形成的大银行）在IT创新方面最大的问题是，传统系统的融合或更换。银行IT在共享基础设施方面取得了重大进展，整合和优化了网络和数据中心，但其操作系统的变化不大。使交易中重要的应用程序合理化，然后将其转移到开放的集成架构中并非首席信息官最关心的问题，他们对经营和职业生涯的风险感知能力过高。业务部门系统之间缺乏互相沟通，这给支持多产品线和多渠道带来了巨大的挑战。从战略发展的角度来看，IT投资已积极地投入各个应用领域（如客户关系管理、业务分析、分支更新和电子商务）中，但其仍很少用于替换业务交易系统的投资。

股东期望

尽管目前经济环境欠佳，但是股东们仍然期待获得可观的经济回报，所以他们将压力转移到了资本和运营绩效上。传统服务业务（如企业贷款、信用卡、抵押贷款和证券交易）的成本不断增加，利润率却不断降低，这使提高运营绩效变得更为艰难。规模和市场占有率是当前的制约因素，当加拿大银行和美国大型银行同台竞技的时候更是如此。美国银行市场占有范围广、运营成本低、服务产品全面并且可支配资本（包括联邦注入）高，因此在竞争中占尽优势。美国银行业有极大的上升空间，特别是它可以利用其在全球范围内规模大、市场占有率高的优势，在发展速度和市值方面，把加拿大银行远远甩在后面。在利润率微薄的情况下，银行效率非常关键。美国银行成功地将净利息支出（NIX）比率降低到60%以下，而加拿大银行有所落后，其净利息支出比率已经超过60%，甚至接近70%。工资和租金成本增长的速度一直高于收入的增长速度，这加大了银行获取经营利润的压力。[35]加拿大银行在面对具有更高生产力的美国银行时，发现自己很难保持竞争力，这使它们在国内银行业的主导地位受到了挑战。但是，加拿大银行也有自己的优势，它们拥有强大的国家银行体系、多元化的收入、合理的信贷质量以及高度的资本水平。[36]

金融资产的脱媒和证券化依旧是一个挑战，因为银行已将贷款证券化，并利用表外资产来获得更灵活的投资组合。然而，由于非利息收入变得稳定，这一方式的吸引力也有所下降。随着资本通过利息和非利息收入得到重建，股东将着眼于研究银行如何高效管理和利用资本，评估其如何部署剩余资本，并依据风险概况和控制评估管理资本绩效。如今，银行面临着并购减少和资本证券化程度降低的挑战。动态增长很有可能不得不"让位"给有机增长，因为有机增长是具有可靠的、以客户为中心的战略，它旨在重建客户和企业的信心。

银行业IT价值观察

纵观过去20年的IT投资情况，显然银行业对IT投入过度，但却没有从中获得期望的回报。IT支出一直以来都专注于战略而非盈亏情况，它将目标对准新客户，并希望更多地占有客户的"钱包份额"，但它没有对经营状况给予足够的重视。IT价值还没有得到充分实现，因此银行需要新的评估和绩效管理方法。

不成比例的投资和回报

21世纪初的经济挑战产生之后，银行的繁荣程度得到普遍提升。2007年出现的次级抵押贷款危机以及随后出现的信贷紧缩改变了这一局面，其主要的影响体现在资本可供性和银行间机构贷款（即批发银行业务）上。尽管抵押贷款违约和信贷紧缩等问题不断产生，但是北美零售银行业却相对稳定。然而，其收入只能和以前持平，这就使控制运营成本的压力不断加大。和过去20年一样，目前的IT支出仍在持续增加。这就引出了这样的疑问：银行是否已经从这些IT投资中获得了预期的价值？

在北美零售银行业中，IT投资在20世纪90年代取得了两位数的增长，21世纪最初的10年也保持了一位数的增长，处于中等到较高水平；而劳动者生产率增长率却下降到一位数，处于中等水平。[37]这似乎说明，IT投资和劳动者生产率之间最多只有微弱的联系，甚至没有任何联系。衡量银行的产出非常困难。[38]对于银行业的IT投资，投资主体无法在一个一致且有条理的框架中确定和选择，因此IT投资只能为股东提供次优价值。[39]银行业似乎并没有从IT投资中获得太多的回报。

零售银行业常常对IT投资过度。例如，1996—1999年，零售银行对每名员工在IT方面的支出达到了每年5 000美元，而对其余私营部门只有不到440美元。到2001年，金融服务行业的IT支出已经跃升到每名员工略低于27 000美元，2002年降低到略高于17 000美元，仍是除了保险和电信行业之外所有行业中最高的。[40]在商业银行中，IT成本可能占到了非利息支出的25%。20世纪90年代，美国商业银行累计总IT支出超过了2 000亿美元，比其股权资本的总和还要多。[41]我们必须找出这个问题的原因，因为作为一个IT密集型产业，尽管消费银行业长期进行巨额的IT投资，但其劳动者生产率却没有得到提高。[42]在金融服务公司中，有将近一半的内部业务客户不满意他们的IT组织价值。[43]

零售银行业一直对IT投资过度，但并没有看到相应的回报。

营收，而非利润

很多1995年后在零售银行业发起的IT投资的目的不是降低成本，而是增加收入。像销售和客户服务系统这些部门的投资价值更难计算和实现。[44]一项消费银行业研究试图间接衡量出基于IT的服务对银行绩效的影响，具体而言就是，通过评估IT对客户满意度和服务质量造成的间接影响来进行衡量。此项研究计算了IT投资对可感知的服务方面的影响——如可靠性、响应能力和保险性，然而还有其他的因果效应在相互作用（如流程重组），因此很难将IT造成的影响分开来看。[45]总之，项研究得出的结论是：通过IT投资能够获得更好的客户服务和更高的客户忠诚度，将及时地带来更大的回报。

IT使零售银行业获得了新的发展机遇，使它们提供的服务更加多样化，并改变了它们的竞争方式。[46]例如，现已成为汇丰银行（HSBC）子公司的米德兰银行（Midland Bank），曾在20世纪80年代引入了创新的电话银行业务，这一举措为它在10年的时间内吸引了100万以上的新客户。[47]目前，美国有超过3 000家传统的实体银行拥有交互式网上银行渠道。网上银行所占比重仍然相对较低，但在2004年，选择网上银行服务的美国家庭的数量比2000年增长了1倍。[48]此外，相对较晚进入金融市场的机构，如嘉信理财，在以网络为基础的经纪业务中占据了主导地位。在推出服务后短短3年时间内，这些机构就占据了美国折扣经纪市场40%的份额，并拥有超过300万的客户。[49]

现今，我们面临的挑战还是如何从非分支渠道中获得利润。目前，银行尚不能有效地衡量其他渠道的投资回报率。[50] 从本质上讲，网上银行是以客户为导向的，其重点不是降低成本。有些服务（例如统一账单支付和账户整合）会继续为客户增加价值，但它们无法产生足够的收入以抵消银行现行成本。网上银行的优势是：通过信息管理和业务分析，银行有机会准确定位目标客户的档案和他们的购买行为，从而推动可盈利的追加销售（增值）服务和交叉销售（广泛）服务。

最佳的绩效来自经营的有效性和资本杠杆作用。例如，尽管英国的劳埃德TSB集团不是世界上最大的银行，但直到现在，其股票回报率的收益增长率一直保持在30%以上，最高峰时其股票价格达到了账面价值的8倍。与此相反，没有一家加拿大银行的股票价格能达到账面价值的3倍以上。五三银行是美国最盈利的银行之一，其净利息支出的比率在1996年仅为48%，其市值与加拿大帝国商业银行相当，但资产要比其少85%。[51] 银行更加关注经营水平和成本降低，这会拉低效率比，且使利润率压力持续提高。

从传统角度看，零售银行对IT的投资集中在增加收入和提高客户服务质量上，这就使计算和实现IT价值更加困难。但是，如果它们把IT的投资放在降低运营成本方面，那么IT价值就可以计算出来，并体现在利润中。

新兴的绩效评估方法

在经济约束下，银行一直依赖财务绩效评估方法。研究表明，由于银行战略发展的不确定性，基于组织的或者非财务的手段正在成为银行业内更加流行的绩效评估方法。新兴的评估技术，例如平衡计分卡（BSC）、客户和市场调查、竞争标杆方法、情景分析、焦点小组座谈和决策支持系统等，除了能提供传统的财务评估指标外，还能更详细地反映绩效情况。然而，即便处于同样的经济环境，这些手段在不同的银行也很有可能存在很大的差别。侯赛因和霍克指出了在银行业中设计和使用非财务绩效评估方法的各种影响因素，[52]包括：

- 经济约束和不确定性：包括银行的财务状况、信用可用性、市场波动和消费者需求。

- 竞争：国际性和全国性的竞争参与者整合，外加新的市场进入者。

- 最佳实践：将组织设计、结构和战略与控制联系起来。

- 监管控制：为保护国家利益、加强治理和提高客户信心所做的改变。

- 会计标准和金融立法：会计原则（GAAP）和国际会计准则（IAS）规定国家会计法规，这些法规决定成本计算方法和绩效评估方法。

- 来自社会经济和政治机构的压力：联合国（UN）、世界贸易组织（WTO）和国际标准化组织（ISO）等机构将对国际标准和绩效评估产生影响。

- 专家和顾问：促进标准、规范和价值标准的确立。

- 高层管理人员和企业文化：反映高层管理人员的价值观、驱动组织行为的规范。

- 组织的战略导向：取决于组织愿景、使命和战略的措施。

- 组织的特点：由企业的规模、性质和类型决定，并影响绩效评估系统。

侯赛因和霍克所进行的银行业研究表明，非财务绩效评估方法的影响力在不同的银行中各不相同，经济约束在决定基于组织的衡量实践行为方面起到了重要作用。竞争环境越激烈，就会有越多的管理人员将注意力放在基于组织的绩效评估方法上，这样可以更好地追踪客户满意度、产品和服务质量及银行所占的市场份额。

但是，银行仍然依赖传统的财务方法来评估绩效。

尽管会出现次优IT价值，并且未来具有不确定性，但银行仍然依赖传统的财务方法来评估绩效。但在激烈的竞争环境下，它们也考虑了新兴的组织绩效评估方法。

NA银行案例：IT投资观察

对NA银行的案例研究分为两个部分，其依据是Read & Associates公司在2002—2003年与客户互动数据的统计结果。本章涉及的是第一部分，主要是对2002年初提出的IT投资价值的观点进行总结。第15章将主要讨论客户建议，以及NA银行应用的IT价值网络实践。出于保护隐私的考虑，本书修改了实际数据，但是支持IT投资的观点和主张的数据是真实可靠的。

NA银行是北美规模最大的、可提供全方位服务的金融机构之一。2002年，它的平均资产超过了1 000亿美元。该银行员工超过2万人，主要网点在北美地区，但是其在欧洲和亚洲也有分支机构。NA银行的收益超过了40亿美元，财务报告显示其年盈利大概是2.5亿美元。但NA银行的股本回报率表现不佳，效益比率（银行非利息费用与销售量的比值）高于70%，这一数字在整个银行业中是很高的。NA银行向其利益相关者宣布，整体财务绩效令人无法接受，改革势在必行。

零售银行业务和个人财富管理业务状况良好，特别是信用卡业务和抵押贷款业务。然而，机构资本市场业务步履维艰，饱受来自被清算的投资的大量坏账的重创，这在北美的银行中并不少见。NA银行将其业务组合从资本和信贷市场中转移出来，并且更多地注重核心的零售银行业务和个人财富管理业务。此番举措主要是为了提升银行的绩效和经营效率，同时也为了使其更加以客户为中心。

IT支出

银行内部的IT部门和运营团队负责大部分IT投资。与此同时，IT组织正在向集中化运营模式转化，目的是降低成本。NA银行的业务部门的IT功能正在逐渐整合，其IT总年度支出超过了6亿美元，它们被分配给了各业务部门，有些基金被分配给了公司。NA银行将大约一半的总IT投资分配到了零售银行业务，目的是支撑零售银行多样化的产品和市场渠道。零售银行业务的IT支出占总收入的15%，相当于非利息支出的26%。也就是说，每获得1美元的零售银行业务的收入，就有15美分花费在IT上。虽然数据可能不具有可比性，但是NA银行的零售银行业务IT支出约是其同行业平均水平7%（即每1美元的收入中有7美分用于IT）的2倍。[53]然而，如果将所有业务都计算在内，该银行的IT支出将占总收入的17%，处于大型银行IT支出（相当于非利息支出）15%～21%的正常范围内。[54]不过，如前所述，NA银行的总净利息支出很高，其效率比率超过了70%。零售银行业务高额的IT支出中有一些部分可以被解释为大型分支机构将IT投资项目重新进行自动化。但是这引发了一个新的问题：其IT支出的全部金额是多少？另外，没有证据可以证明我们能完全确定IT投资的业务价值。

银行基线调查

为了评估组织绩效，NA银行的IT职能部门想要了解其内部客户对满意度和价值的看法。因此，在Read & Associates公司的协助下，NA银行在整个公司内进行了4个等级的调查，包括以下内容：

- 一般满意度调查：在所有员工中进行，时间跨度是4个季度，每一季度调查5 000名员工，重点调查基本IT和运营服务。

- 事件调查：服务台或帮助台问询得到解答后，以及问题结束或解决后进行，每周在多个服务台对数百名员工进行快速的满意度评估。

- 项目调查和总结：项目结束后进行，重点放在项目成功和项目管理的有效性上。

- 高管调查和访谈：在高管层（副总裁及以上级别）进行，关注点是业务部门协调以及服务满意度和价值。

最后两项调查尤其和IT投资估值相关。NA银行在2002年9月进行的一次高管调查的结果，为感知的业务满意度和价值建立了IT基线。在此次高管调查的260名目标中有114人回复，回复率达到了约44%。同样，通过对29个已完成项目的调查和从不同利益相关者角度所做的116份调查，NA银行确立了战略性IT项目和项目管理的满意度基线水平。

IT投资管理观察

从这些调查中发现的最大问题是：该银行既缺乏战略性IT计划，又缺少业务价值评估指标。IT组织被认为更侧重于运营，并且可以提供良好的服务，但是，它们缺少积极主动的技术领导。IT战略规划在传统的IT评估中是中心主题，它需要IT投资能够和战略性业务目标保持一致。调查还发现，该银行对IT支出和投资的治理和所负的财政责任不到位，所获得的业务价值也有问题，这在评估战略性IT项目时尤为突出。因此，该银行需要把整合IT业务战略置于最高优先级。在整个IT投资组合中，把业务驱动因素和IT投资更加紧密地联系在一起很有必要。此外，该银行需要制订新的IT战略规划和绩效评估流程，从而使业务部门可以按季度更多地参与其中。

　　单个业务部门战略包含在整体的IT运营计划内。银行内部没有正式的或企业级的IT战略规划流程。IT运营计划取决于年化运营预算制定流程、资本（项目）预算制定流程和业务部门年需求或明确的关键成功因素（CSF）。更宽泛的战略规划流程只针对具体的业务部门，其中，IT是制定预算完成的事后考虑因素。因此，IT规划更多地侧重于战术或者运营，着重于"以更低的成本提供更好的服务"。这一理念是由四个运营业务驱动因素构成的：节约成本、控制管理、提供优质服务以及满足业务部门需求。IT目标和关键举措体现了运营方向，且着重于优化成本、重视财政责任以及提供卓越的服务。在许多方面，这反映了IT在方向上有了积极变化，即IT从关注营收增长转变为关注利润效率，但是在支持或配合零售客户中心战略时，它没有涉及客户支持计划（如客户关系管理）。

　　NA银行的总体项目方案和组合投资管理聊胜于无，它们被默认只涉及单个项目的绩效。在NA银行中，各业务部门负责各自的IT绩效，商业项目办公室负责追踪每一个单独项目的绩效，但是，没有中心项目管理办公室来负责总体的项目绩效管理。NA银行使用的是传统的项目管理评估指标，如预算、日程表、范围、里程碑以及关键成功因素。它们会确定有形价值的来源，尽可能地衡量进步程度。此外，它们还构建了绩效仪表板，并将偏差报告给业务投资审查委员会。如果中期审核显示超过100万美元的项目出现的不利偏差超过20%，那么这个项目需要重建和重审。

　　NA银行的项目投资的合理化和优先等级是根据四个类别确定的：强制性的要求（法律和监管）、高回报的战略性投资、低回报的战略性投资、高回报的战术投资。资本和支出预算流程提供了投资能力窗口或包络线，可以对优先顺序加以调整。审计合规性和风险缓解的要求证明了强制性的战略性IT投资是合理的，并为其排列了优先级别。战略性IT投资最终由业务投资审查委员会进行排序和批准。可衡量的战略性业务目标是在平衡计分卡中确定的,它能呈现有形的项目结果和优先顺序。但是调查表明,银行有必要改进投资绩效指标,并确保这些评估措施和手段是与业务相关的。这一点尤其体现在战略性IT项目的评估上。

NA银行的主要投资理由论证的根据是使用传统会计和财务方法的业务案例。这些方法的标准具体包括投资回报率、净现值、内部收益率、贴现现金流和投资回收期。价值50万美元以上的项目必须符合这些标准,价值较低的项目只需要符合其中一些。还有一些别的方法可根据投资的类型和等级进行取舍。主要的业务驱动因素和评估方法关注的是项目能否节约成本、降低风险和增加收入。然而,无形的价值评估方法很少被使用。NA银行尝试将市场份额、新产品的引入和新市场机会转化为有形的评估方法。例如,新产品和新市场机会被转化为带有期望投资回报率的收益流,但是这种转化方式并不严谨。

由于不同的项目办公室之间缺少标准流程和衡量指标,因此项目管理部门接收到的是不一致的评估结果。此外,NA银行中还存在项目里程碑交付不畅和对业务案例监督不足的情况。项目管理的最佳实践表明,风险管理和交付内容的质量是关键成功因素,其中成本和时间管理是可变因素。为了应对战略性IT项目的调查,利益相关者选择了及时执行而非风险管理作为成功关键因素之一。它们认为,对于项目交付和公司运营而言,及时开工比规避风险更重要。

价值实现包括项目交付半年后的一次性事后审核。项目完成后,NA银行未进行审计工作,也没有衡量完整的投资价值实现情况,因为该银行假设这些利润会被未来的经营预算吸收。通过对2001—2003年整个银行91个完整的战略性IT项目的调查发现,40%的项目用了3年以上的时间完成,这些项目占项目总投资的50%。整体而言,很多战略性IT项目和投资在其3年的项目生命周期中处于不确定的情况,这使得项目成功和价值捕获处于风险之中。3年的项目生命周期也表明,项目完成后获得收益的时间线很长。在评估战略性IT项目时，我们应该考虑对风险更敏感的评估方法，特别是在面对不确定的情况或者项目生命周期超过2年时。在这3年的时间内，每6个月进行一次审计将确保价值能够完全获得和实现。

根据Read & Associates公司的IT投资管理观察，NA银行招募了一位高管来负责IT战略执行和确保卓越服务。他创建了一项IT公司战略规划，并建立了配套的IT投资和绩效管理流程。第15章会讨论NA银行应用IT价值网络的后续实现情况及其成果。

本章回顾了银行业的IT投资和价值情况，重点放在了北美地区。正如我们前面所讨论的那样，IT价值的常规评估方法仍然有缺陷。尽管IT支出有所增加，但在银行业内IT价值仍被怀疑。本书的第二部分会探讨更有效的IT价值评估和管理方法，应用这些方法很有可能会增加IT投资的可实现价值。第15章将继续研究NA银行，阐述其应用IT价值网络实践解决IT投资观察的方式，并重新定位IT投资的方向以提高价值捕获能力。

注释

1. Costanzo, C. (2003, January). "Web getting short shrift again in back-to-basics budget." *American Banker*. Retrieved January 24, 2003, from http://167.26.24.16/ IndustryWatch/factiva/web%20 Getting%20Short%20Shift.htm

2. Cap Gemini. (2001, October). "Global financial services: Paths to differentiation." *2001 Special Report on the Financial Services Industry* (10th ed.). Toronto: Cap Gemini Ernst and Young, Canada.

3. Schwartz, S., and Zozaya-Gorostiza, C. (2003, January). "Investment under uncertainty in information technology: Acquisition and development projects." *Management Science*, 49, 57–70.

4. Pohlmann, T. (2003, February). "Benchmarking North America." *Forrester Research Inc., Technographics Research*.

5. Jegher, J. (2007, December). "IT spending in financial services: A global perspective." *Celent*. Retrieved July 24, 2008, from http://www.celent.com

6. Forrester. (2007). "US IT spend hits $761bn next year; global IT spending to surpass $2 trillion

mark." *Metrics2.0*. Retrieved July 24, 2008, from http://www.metrics2.com

7. Lund, V., Watson, I., Raposo, J., and Maver, C. (2002, September). "Optimizing distribution channels: The next generation of value creation." *Directions: Executive Briefings*, *11*, 1‒7.

8. McKinsey and Company. (1998, September). *The Changing Landscape for Canadian Financial Services: Research Paper Prepared for the Task Force on the Future of the Canadian Financial Services Sector* (Publication No. BT22‒61/3‒1998E‒1). Ottawa, ON: Canadian Department of Finance.

9. Kroeger, B. (2004). "Banking continuing prosperity." *Ernst and Young Cross Currents Special Report, 8–11.*

10. Coy, P. (2008, July 16). "The Future of Fannie and Freddie." *Business Week*.

11. 见注释5。

12. Lum, B., and Hildebrand, R. (2002, April). "Canadian banking in the 21ˢᵗ century, strategic differentiation." *Dominion Bond Rating Services Ltd. (DBRS), Annual Review of the Canadian Banking Sector.*

13. 见注释8。

14. 见注释2。

15. 见注释12。

16. 见注释12。

17. Holland, C., and Westwood, J. (2001). "Product‒market and technology: Strategies in banking." *Communications of the ACM*, *44*, 53‒57.

18. 见注释7。

19. 见注释8。

20. *Potomac* (2004, January). "Bank One/JPMorgan Chase, Bank of America/Fleet mergers raise questions." *Potomac*, *15*, 1.

21. 见注释8。

22. 见注释12。

23. 见注释7。

24. 见注释8。

25. 见注释8。

26. 见注释8。

27. 见注释8。

28. Graeber, C. (2003, January). "Want to get more online bill payers?" *TechStrategy Research*. Forrester Research Inc.

29. 见注释7。

30. Hoffman, K. (2002, March). "E.banking online banking aligns practices." *Bank Technology News*, *15*, 3.

31. 见注释8。

32. 见注释7。

33. 见注释7。

34. Dandapani, K. (2004). "New architectures for financial services: Success and failure in web‒based financial services." *Communications of the ACM*, *47*(5), 31‒33.

35. 见注释9。

36. 见注释7。

37. Olazabal, N. (2002). "Banking: The IT paradox." *The McKinsey Quarterly*, 2, 47‑51.

38. Dedrick, J., Gurbaxani, V., and Kraemer, K. (2003, March). "Information technology and economic performance: A critical review of the empirical evidence." *ACM Computing Surveys*, 35, 1‑28.

39. Strassmann, P. (1997). *The Squandered Computer*. New Canaan, CT: The Information Economics Press.

40. Meta Group. (2002). 2003 worldwide IT benchmarking report. META Group Inc.

41. 见注释40。

42. 见注释40。

43. 见注释4。

44. 见注释39。

45. Zhu, F., Wymer, W., and Chen, I. (2002). "IT‑based services and service quality in consumer banking." *International Journal of Service Industry Management*, 13, 69‑90

46. Batiz‑Lazo, B., and Wood, D. (2003). "Strategy, competition, and diversification in European and Mexican banking." *The International Journal of Bank Marketing*, 21, 202‑216.

47. 见注释7。

48. 见注释9。

49. 见注释7。

50. Bills, S. (2002, April). "Online banking: B of A makes its case." *American Banker*, 167, 69.

51. 见注释8。

52. Hussan, M., and Hoque, Z. (2002). "Understanding non‑financial performance measurement practices in Japanese banks." *Accounting, Auditing and Accountability Journal*, 15, 162‑183.

53. 见注释40。

54. 见注释8。

第二部分

将价值进行三角量化
——揭开谜团

三角量化是一种寻找相对于某实体的坐标并计算与其相对距离（如船舶距海岸线的距离）的方法。它具体是指利用正弦定律，通过三角形的两个参考点计算出另一个点的位置。全球定位系统（GPS）和无线电波便是利用三角量化确定位置的例子。三角量化在地震检测、预测病毒发展趋势、测绘、天文学和火箭技术方面被广泛应用。三角量化本质上是一个合成多来源数据的问题解决方法。通过将多学科方法应用到数据分析和IT投资评估中，我们可使用三角量化成功地确定IT价值。在IT投资过程中，我们可以尝试使用多种价值评估方法，而不是只依赖于财务评估方法（如第1章所讨论的投资回报率，我们发现这种方法会产生误导且很不可靠）。如果数据是从多种渠道获取的，那么无论是定性数据还是定量数据，都可以在证实价值的过程中，克服仅利用单一评估方法而导致的特定问题。

对IT价值进行三角量化通常需要选择2～4个合适的方法，这取决于IT投资的类型（4S分类模式）。本书第一部分探讨了IT投资的类型，并对传统的或常规的IT价值评估方法或技术提出了质疑。本部分将应用IT价值网络指数，对更广泛的更有效的技术和方法进行探讨。

第4章将提出一个IT投资评估框架，并确定投资评估的6个阶段；随后，从大量跨学科领域中提取出IT投资评估方法，并将它们分为两类。第5章探讨来自决策支持、财务和会计的基于财务的评估方法。第6章探讨来自常规规划、组织管理和信息经济学的基于组织的评估方法。

财务方法建立在严格的公式和假设基础之上，因此其结构更严谨。组织技术则更多地由流程驱动，因此缺乏明确性。当企业以综合或互补的方式使用这两种方法时，投资决策的质量将有望提高。针对常规规划、传统会计和金融的IT投资评估方法的研究不在少数。然而，新兴评估方法却只有最低限度的实证研究，因此它还处在发展阶段。表Ⅱ-1对IT投资评估技术和方法进行了概述。

第7章为IT投资价值的三角量化提供了IT价值网络指数模型，其基本前提基于评估的4个价值维度，包括战略价值维度、运营价值维度、利益相关者价值维度和敏捷性价值维度。这些重点领域对各种合适的IT投资价值评估方法进行了三角量化。本部分末尾会提出一个IT价值组合模型。该模型可确定IT投资的"星星"和"黑洞"，并为实现更高效的IT投资治理和价值捕获提供企业视图。

表 II-1 IT投资评估技术和方法

评估方法	评估技术	传统评估方法	新兴评估方法
基于财务	财务和会计	● 投资回报率/贴现现金流/净现值/内部收益率 ● 制定预算 ● 业务案例——成本/收益分析法 ● 投资审查委员会 ● 审计	● 经济附加值 ● 股票价格特征 ● 价值创造业务案例 ● 总体拥有成本
	决策支持	——	● 决策树 ● 实物期权 ● IT风险管理
基于组织	常规规划	● 战略规划 ● 运营规划 ● 项目群和项目管理	——
	组织管理	——	● IT治理 ● 关键成功因素 ● IT平衡计分卡 ● 基准比较 ● 服务级别协议 ● 调查
	信息经济学	——	● IT投资管理 ● IT投资组合管理 ● 情景规划

04 IT价值网络评估

组织需要一种新的IT投资评估方法,这种方法可以专门用于衡量业务网络的IT价值创造能力。只看重财务或会计价值指标,是只注重短期行为的表现,只能得到滞后指标;而只专注于评估公司生产力,则无助于揭示投资所产生的无形价值。新兴的决策支持方法(如实物期权法)应作为传统财务评估方法的补充,另外,公司还应使用基于组织的方法(如平衡计分卡和投资组合管理)对战略性IT投资进行管理和评估,主要的IT绩效指标和竞争力基准也可以用于对IT评估进行三角量化。大多数当代文献会引用一个或多个IT投资评估技术或方法,但是很少将它们放在一起讨论,其实将它们放在一起有助于形成一种跨多学科的方法。而且,大多数讨论都未谈及利益相关者或网络价值观点。

组织需要一种新的IT投资评估方法,专门用于评估业务网络的IT价值创造能力。

在评估新IT投资的价值方面,我们建议企业采用6个评估阶段,并在此过程中应用某些技术或评估方法。表4-1将说明IT投资评估的各个阶段,以及相应的评估技术或方法。这些技术或方法会在第5章和第6章详细探讨。IT投资在每个阶段都应被评估，这需要企业应用一个或多个首要或次要的评估技术或方法。IT投资评估的阶段包括：

- 确定。

- 合理性论证。

- 优先级排序。

- 选择。

- 执行。

- 实现。

表4-1　IT投资评估的各个阶段

评估方法或技术	确定	合理性论证	优先级排序	选择	执行	实现
基于财务的12种评估方法或措施						
投资回报率/贴现现金流/净现值/内部收益率						
制定预算						
业务案例——成本/收益分析法						
投资审查委员会						
审计						
经济附加值						
股票价格特征						
价值创造业务案例						
总体拥有成本						
决策树						
实物期权						
IT风险管理						
基于组织的12种评估技术或方法						
战略规划						
运营规划						
项目群和项目管理						

续表

评估方法或技术	确定	合理性论证	优先级排序	选择	执行	实现
IT治理	■		■	■	■	■
关键成功因素	■	▨	■	▨	■	■
IT平衡计分卡	■	▨	■	▨	■	■
基准比较	▨	▨				▨
调查	▨		▨		■	▨
服务级别协议					■	■
IT投资管理			■	■	■	■
IT组合管理		▨	▨	■	■	■
情景规划	▨	▨	▨			

注： ■ 主要方法　　▨ 次要方法

确定投资

确定IT投资的前提是有机会或需求。企业应根据战略和运营的需求，制定一套严格的流程来确定IT投资。这样做目的是确定投资的方向，并对投资进行必要调整，以使企业获得最大的价值。企业可以采用基于组织的技术，具体包括战略和运营规划、关键成功因素以及IT平衡计分卡。

论证投资合理性

通常情况下，IT投资的合理性是通过由财务指标支持的业务案例来论证的。合理性论证目的是根据投资的信心或精确度来确定投资的预期价值；主要的技术和评估方法是基于财务的方法，具体包括价值创造业务案例或成本/收益分析法（使用净现值、内部收益率、经济附加值和总体拥有成本来计算）。在不确定的条件下，实物期权和IT风险管理是很好的补充。

投资优先级排序

当投资经过合理性论证且公司对总投资有限制时，就会产生如何采用主观或客观的评估方法对IT投资进行优先级排序的问题。排序的目的是确定收益平衡组合，将公司利益最大化，同时考虑公司的长期和短期需要；主要技术是基于财务和基于组织的技术，具体包括由投资审查委员会、IT投资管理团队和公司治理团队负责监督的战略和运营规划、关键成功因素和IT平衡计分卡。投资决策的依据是价值创造业务案例、经济附加值、股票价格特征和实物期权。

选择投资

投资项目将基于批准流程来进行选择和执行。这样做的目的是，使所选的投资能够满足利益相关者的一系列要求，确保公司拥有能够提供有效的优化价值的折中决策方案的治理模式；主要技术是基于组织的技术，具体包括由投资审查委员会、IT投资管理团队、IT投资组合管理团队和企业治理团队监管的战略和运营规划。

投资绩效

在投资项目的整个生命周期中，公司必须执行一个持续的绩效评估流程，以确保在成本支出与效益获取方面实现预期的结果。投资绩效的目的是确保已批准的投资能够实施，并实现利益相关者的利益。如果不能做到这些，公司则需要进行适当的管理。投资绩效的主要技术是基于组织的技术，具体包括运营规划、计划/项目管理、关键成功因素、IT平衡计分卡、IT治理、基准比较、调查、服务级别协议和投资/投资组合管理，以及与投资审查委员会一起制定预算和进行财务IT风险管理。

从投资中实现价值

最后，公司应该使用一种方法来确保投资的预期价值能够得以获得和实现，并使其在账面上得以体现。此外，公司还应该从投资的管理和执行经验中吸取教训。这样做的目的是将价值进行记录，并提高制定新投资决策的能力；主要技术是基于组织的技术，具体包括公司或IT治理、关键成功因素、IT平衡计分卡、服务级别协议、投资/投资组合管理和财务预算。

IT价值网络的评估方法即在正确的时间为正确的投资类型选择合适的评估方法。IT投资评估阶段提供了时间框架。第5章和第6章会针对不同类型的投资的每种评估阶段给出合适的评估方法，并论述每种方法的优势和劣势。

05 IT价值网络评估方法：基于财务的评估方法

本章对基于财务的IT投资评估方法或技术进行了定义。第2章对传统的基于财务的IT投资价值评估手段和论证方式的准则提出了挑战，指出传统方法因其潜在的不准确性和不足之处会导致价值损失。尽管传统的评估方法或技术漏洞百出，并且会产生误导性的结果，但它们依然大受青睐。因此，为了弥补常规思维的不足，人们再次提出了新兴的财务和决策支持技术和措施。本章主要探讨了按4S分类模式划分的基于财务的评估方法（如第1章所定义），以及在每个IT投资评估阶段（如第4章所述）的评估方法，并分析了每种方法的优劣势。

尽管传统财务和会计技术漏洞百出，但在现阶段它们仍然被广泛使用。这一现状导致了新兴的基于财务的评估方法（如使用决策支持方法进行更有效的投资合理性论证）的出现。

传统的财务和会计技术

大多数组织都使用传统的财务和会计技术来衡量或评估IT投资。

投资回报率

投资回报率是一个财务指标，被用来确定和比较投资的收益和损失（相对于每项投资、资本或资产的规模）。就其简单的形式及其本身而言，投资回报率无法帮助人们了解投资期限或投资持续时间。因此，它一般被描述为年度或年化回报率，与资产回报率十分类似。将投资回报率应用到新投资中的问题是，它可能会导致资源配置不当。尽管投资回报率将过去未折旧投资考虑在内，但它并没有包含预测期之后进行的新投资所产生的剩余价值。投资回报率本质上是权责发生制的会计回报，将其与资本成本的经济回报相比较是不恰当的。[1]

- 定义：净收益或净损失与投资之比，用百分比表示。
- 举例：如果企业从10万美元的IT投资中获得1万美元的利润，那么投资回报率就是10%。
- 优势：快速、简单的IT价值衡量指标；

  投资审核的第一关容易通过，但在进一步分析前要经受严格的考查。
- 劣势：收益和损失的估计往往不准确（常常通过启发性和历史性方法做出）；

  未考虑货币成本中的时间因素；

  未考虑收益和损失的风险；

  未全盘考虑投资；

权责发生制的会计回报；

未考虑投资的剩余价值。

- IT投资：通常作为论证投资合理性的前期指标，在对IT投资进行优先级排序和选择的时候用作次要方法。

投资回收期

投资回收期是一个商业和经济的术语。它指的是一个投资项目收回初始投资所需要的时间。对于一个投资项目来说，最好的情况是能够缩短回收期，以降低长期支出的风险。这一点对IT投资尤为重要，因为企业通常的做法就是将IT投资分成几部分，以便更快地实施和获得收益。回收期也经常用于维护共享基础设施投资，以降低一段时间内的拥有成本。

- 定义：累积的净收益与初始投资持平或超出初始投资的年份（单位为年）。
- 举例：一项10万美元的IT投资项目，利润是1万美元，那么它的投资回收期是10年。
- 优势：快速而直接的投资回收指标；

  投资审核的第一关容易通过，但在进一步分析前要经受严格的考查。
- 劣势：收益和损失的估计往往不准确（常常通过启发性和历史性方法做出）；

  未考虑货币成本中的时间因素；

  未考虑收益和损失的风险；

  未全盘考虑投资。
- IT投资：通常作为论证投资合理性的前期指标，在对IT投资进行优先级排序和选择的时候用作次要方法；

更适用于共享基础设施投资。

净现值

净现值是一种资本投资衡量手段，用于根据某项投资所贡献的价值来确定公司的价值，具体是指对一段时间内产生的收益或损失的现金流求和。这是评估长期投资项目的标准方法，即用贴现率表示一段时间内的资金成本，以得出投资回报的现值。与贴现现金流类似，净现值的贴现率等于投资贷款的利息率。如果某个IT投资项目的净现值小于零，那么企业应该放弃这个投资项目。

- 定义：$NPV = \sum P/(1+r)^t - P_0$，其中，$P$为每年净现金流，$P_0$为初始投资，$r$为贴现率，$t$为时间。

- 优势：一定时期内预期回报的强指标；

  在资金成本基础上创造价值；

  在假设应用合适的折现率的前提下，可用于项目比较。

- 劣势：收益和损失的估计往往不准确（常常通过启发性和历史性方法做出）；

  未全盘考虑投资；

  使用的是单一的贴现率［通常指的是加权后的平均资本成本（税后）］；

  未考虑来自收益或损失流中的可变风险和一定时期内的复合可变风险（即收益率曲线）；

  未考虑因未采纳另类投资而损失的机会成本。

- IT投资：通常在论证投资合理性时用作主要方法，在对IT投资进行优先级排序和选择的时候用作次要方法；

更适用于共享基础设施和系统投资。

内部收益率

内部收益率是衡量资本投资状况的一种方法，它可以体现投资的效率或收益率，用于计算复合回报率。如果内部收益率大于其他潜在的另类投资项目，那么无论这些投资项目是来自企业内部（即员工投资）还是外部（即资金市场），都值得考虑，因为它们可以增加企业的价值。通常情况下，资金成本是最低的资本回报率，而新投资必须超过这个最低要求。

定义：当净现值等于零时的百分比折现率，用公式表示为 $\sum P_t / (1+r)^t - P_0 = 0$，其中 P_t 为每年的净现金流；t 为计算年期；r 为内部收益率；P_0 为初始投资。

- 优势：一定时期内预期回报的强指标；

  提供超过资本成本的内部收益率；

  在金融业从业者中很流行。

- 劣势：收益和损失的估计往往不准确（常常通过启发性和历史性方法做出）；

  通常情况下未考虑收益和损失流的风险，或者即便将其考虑在内，也只是通过单一折现率计算得出；

  未全盘考虑投资；

  不适用于互斥项目的比较（净现值更适合）。

- IT投资：通常在论证投资合理性时用作主要评估方法，在对IT投资进行优先级排序和选择时作为次要方法；

  更适用于共享基础设施和系统投资的分析论证。

成本/收益分析法

大约50年前，成本/收益分析法起源于政府机构，主要用于论证或评估大型项目。该方法是指将与投资相关的所有成本和收益相加，同时考虑替代方案，并做出最佳选择。该方法会将无形回报定义为货币价值，或者用货币价值衡量风险（如公共关系的影响）。用于该评估方法的公式可以由内部收益率和净现值来补充。

- 定义：初始投资和一次性支出可以用预期回报（减去一定时期内的持续支出）来抵消。

- 优势：一定时期内预期回报的强指标；

    综合考虑成本和收益；

    将无形因素考虑在内；

    将选项或备选方案考虑在内。

- 劣势：收益或损失的估计往往不准确（常常通过启发性和历史性方法做出）；

    通常情况下未考虑收益和损失流的风险，或者即便将其考虑在内，也只是通过单一折现率计算得出。

- IT投资：通常在论证投资合理性时用作主要方法，在对IT投资进行优先级排序和选择时用作次要方法；

    适用于共享基础设施、系统、服务和战略性投资。

制定预算

制定预算包括规划支出和收入，以支持公司年度业务和财务目标。制定预算的流程和运营规划关系密切，并且（在更小的程度上）也与战略规划有关。它提供了一种可预测现实情况的评估方法。创建预算情景的根据是替代战略、活动或者计划。年度预算可用于记录可实现的投资回报，每个季度或每年重置预算可以反映节省的成本或增加的收入。总之，预算将提供关于公司能否盈利的深入见解。

- ■　定义：与功能、流程、活动、项目和/或投资有关的所有预期的和实际的成本和收入。
- ■　优势：季度或年度绩效的强指标；

　　　　提供差异分析；

　　　　会计管理技术易于理解；

　　　　推行问责制；

　　　　从重置的预算中获得利润。

- ■　劣势：建立在历史数据的基础上；

　　　　夸大和保护作用；

　　　　成本滞后于收入或公司的变化；

　　　　未全盘考虑投资。

- ■　IT投资：通常是反映投资绩效和公司账面价值实现情况的主要方法，也是选择投资的次要方法；

　　　　　　适用于共享基础设施、系统、服务和战略性投资。

投资审查委员会

投资审查委员会是一个治理机构，它对公司的各项投资进行监管，以确保恰当的优先级排序、投资选择和绩效评估。该委员会应由公司的董事会成员主持，并由公司的执行成员和非执行成员共同组成。这样，在保持客观性的同时，投资审查委员会又能提供与主题相关的专业技术。该委员会的目标是让股东获得最大的价值，并确保投资项目在短期和长期内都有助于增加公司的价值。投资审查委员会在确定的投资包络线中必须做出权衡。

- ■ 定义：针对所有建议的、承诺的投资制定预测性和实际的资本预算。
- ■ 优势：由股东驱动；

    客观评估和投资选择；

    季度和年度资本绩效的强指标；

    差异分析；

    推行问责制。
- ■ 劣势：往往不是在董事会层面进行；

    受管理层的偏见和情感影响；

    数据不准确且评估时间不足；

    未全盘考虑投资。
- ■ IT投资：通常用作优先级排序、选择和绩效的主要方法，而在投资项目价值实现方面用作次要方法；

    适用于共享基础设施、系统、服务和战略性投资，但主要用于大型投资项目的治理。

审计

审计通常在企业财务和内部控制部门内进行，但是有时它也在组织、人员、系统、流程和项目层面开展。遵循ISO 9001标准的质量审计也被用来评估质量管理体系。审计会对信息的有效性和可靠性进行评估，但通常会受到时间的限制。因此，审计只能在一定程度上确保结果没有实质性错误。企业通过审计内部控制和系统或基础设施（即信息安全）的风险评估来确定IT投资。此外，进行项目后期审计可以确保企业实现投资价值。与外部审计师一样，内部审计人员必须是独立的，他们向董事会或高级管理层汇报工作。

■　定义：采用合理的方法确保流程、系统和项目控制的有效性和可靠性。

■　优势：受到企业治理和内部控制的驱动；

　　　　评估客观且基于事实；

　　　　推荐纠正措施；

　　　　确保项目后期账面价值的实现。

■　劣势：评估时间不足；

　　　　只能提供建议，管理者可能会改变或推迟审计行为；

　　　　与内部控制不同，系统、项目和流程的审计在通常情况下是可选行为。

■　IT投资：通常用作投资实现的主要方法，但在确定和选择投资项目方面则用作次要方法；

　　　　适用于共享基础设施、系统、服务和战略性投资，但主要用于内部控制和风险评估。

新兴财务技术

尽管新兴财务技术已成为热议的话题，但这些技术在商业中很少被使用，因为人们通常认为它们过于复杂。事实上，这些技术可以增加IT投资评估和论证的严谨性。

经济附加值

经济附加值是一个财务评估方法，用于确定高于权益资本的机会成本的股东价值。只有当增加的收益直接实现时，企业才应该支持增加IT支出。降低IT成本可增加收益和经济附加值。与投资回报率不同，经济价值能够将预测期后新投资的剩余价值考虑在内，剩余价值一般占企业市场价值的50%以上。该方法重点关注股东价值。

■　定义：经济附加值等于从投资中获得的利润减去股本（不包括少数股东权益和过剩资本），然后再乘以资本成本。或者说，它等于投资产生的税后净营业利润，减去资本的货币（实际数量）成本。

■　优势：一定时期内预期回报的强指标；

显示高于权益资本成本的投资所得；

优化股东回报；

将投资的机会成本考虑在内。

■　劣势：反映资本市场的波动，而不是具体的企业绩效；

以股东为中心，未考虑其他利益相关者的利益；

未全盘考虑投资。

■　IT投资：通常作为投资合理性论证和优先级排序的主要方法，作为选择投资的次要方法；

适用于共享基础设施、系统、服务和战略性投资，但主要用于新投资。

股票价格特征

IT投资合理性论证不仅应包括股票价格的影响或特征，还应包括必要的评估流程。这将确保投资项目会产生适当的、经风险调整的经济附加值。一些可供选择的经济框架可应用于IT评估，这些框架包括对投资回报率模型的扩展。投资回报率模型使人们能够了解企业如何产生利润，以及如何利用资产产生销售额，最终获得超过总资产的净利润。在投资回报率模型的基础上，IT评估也应把其他衡量财富创造的指标包括在内，如股票价格、竞争优势、客户保留和市场估值。

IT估值模型应将股票价值、账面价值和现时盈余包括在内。[2]股票价值等于股票价格乘以股票数量；账面价值等于一个企业的净投资资本；现时盈余指的是一年内产生的利润。图2.1用一个示例阐述了在IT投资中企业定义股票价格特征的方法，即用财务手段和行业基准将价值进行三角量化。在IT支出中采用更为一致的会计方法，将IT支出与销售及行政成本之间的比率基准化，或者将IT支出与信息员工之间的比率基准化，是一个很好的IT绩效评估方法。[3]该方法更好地反映了其对企业的长期市场价值的贡献。

- ■ 定义：与一项投资的直接和间接股票价格相关的财务评估方法，它可以描述企业的长期市场价值，使企业向行业基准看齐。
- ■ 优势：将不同的财务评估方法计算出的一定时期内的预期回报进行三角量化；

  优化股东的长期回报；

  考虑投资的机会成本。
- ■ 劣势：以股东为中心，不考虑其他利益相关者的利益；

  未全盘考虑投资；

  时间更长、更为复杂；

基准数据的准确性和可比性是值得思考的问题。

■ IT投资：通常被用作论证投资合理性和进行优先级排序的主要方法，是选择投资的次要方法；

适用于共享基础设施、系统、服务和战略性投资，但主要用于新战略性投资。

总体拥有成本

总体拥有成本是一种完全成本核算方法。20世纪80年代末，它在高德纳公司的推动下获得普及。这种方法可以展现整个投资生命周期内所有直接和间接的成本。成本不仅要包括初始投资和一次性项目成本，还要包括所有进行中的维护、支持、业务中断、安全隐患、电力、灾难恢复、房地产和其他相关成本。现在有许多方法和软件工具可用于计算和监测成本。总体拥有成本应纳入投资回报率、内部收益率、净现值和经济附加值的计算中，以确保企业在对投资的经济价值和投资可行性的演算中已经考虑到全部成本。

■ 定义：与投资周期有关的所有直接和间接成本。

■ 优势：将所有已知成本考虑在内，从而确定真正的投资可行性；

说明投资项目生命周期内的直接和间接成本。

■ 劣势：以成本为中心，未考虑利益相关者的收益；

时间更长、更为复杂；

在分离间接成本和分摊支持费用问题上会遇到挑战。

■ IT投资：通常被用作支持论证投资合理性的主要方法，在确定投资、对投资进行优先级排序和选择时则是次要方法；

适用于共享基础设施、系统和战略性投资，但主要用于新基础设施和系统投资。

新兴的决策支持技术

很多决策支持研究人员都在质疑传统的资本投资评估方法，他们认为这些评估方法没有考虑到不确定性、灵活性和延迟的可能性。决策支持系统使用了数学模型，可用于IT投资评估。[4]运用管理科学和管理信息系统（MIS）工具解决结构化或定义明确的常规商业问题的例子非常多，其中就包括财务管理和预算分析。在非结构化或复杂的流程中没有单一的解决方案，企业通常默认利用人类的直觉来解决问题。企业应考虑一下新的IT发展或战略性增长投资。

总之，我们可以将IT投资评估看作半结构化问题。此问题缺少能轻易应用于商业的简单解决方案，且其方方面面都可以从决策支持系统和执行信息系统（业务智能）中获益。例如，企业可以通过使用实物期权来改善财务评估方法的质量。由于实物期权涉及了投资期权或风险敏感的替代方案，因此非常具有灵活性。更为复杂的评估模式正在引入过程中，但是一项调查显示，仅仅有8%的企业采用了除投资回报率计算以外的其他计算方法。[5]

IT风险管理

由于技术快速发展、经济条件不断变化、市场环境常有波动，因此IT投资和项目本身对风险比较敏感。IT项目的风险源于自身独特的因素，它的风险是非系统性的或可分散的。风险管理是一种结构化的、管理不确定性的技术，它指的是通过确定、定位、分析、量化和缓解风险来管理风险。风险管理的目标是将预期结果的风险降到最低。由于风险管理和IT投资相关联，且可能将预期收益和成本分解成因子或贴现，因此风险管理能在不确定的情况下为企业提供一种更严格的成本/收益分析法。

传统的财务和会计评估方法（如净现值）没有抓住结果不确定的IT项目的管理灵活性的价值。[6]净现值通常使用单一的、经风险调整的贴现率来计算风险的利（积极结果）与弊（消极结果）。而且，如果投资不可逆转、具有不确定性，或者项目有可能拖延时，净现值给出的决策考虑事项并不充分。净现值适用于经营性或交易性IT投资，但是并不适用于战略性投资。[7]实施战略性IT投资需要考虑众多可能的结果，每一种结果发生的概率都不同。[8]

- ■ 定义：对风险进行量化，将预期成本和收益考虑在内。方法是：风险识别，使用来源或问题进行分析；映射关系和依赖性；对严重性或可能性进行分析；量化为概率或贴现因素；重新计算初始净现值；最后，减少风险发生的可能性。

- ■ 优势：在净现值的基础上更加精确；

  根据未来的不确定性将成本和收益流考虑在内；

  允许将多样的贴现率应用到不同的收益流中；

  允许将多个通货膨胀率或贴现率应用到不同的成本流中。

- ■ 劣势：时间更长、更为复杂；

  风险分析的成本大于业务案例的价值增长。

- ■ IT投资：通常被用作论证投资合理性和评估一段时间内绩效的主要方法，是对投资进行优先级排序、选择和实现的次要方法；

  适用于共享基础设施、系统和战略性投资，但主要用于新的战略性投资。

决策树

在决策分析中，决策树通常用于勾勒出各个决策及其可能结果。它是一种有效的可视分析技术，被用来比较不同选项或替代方案的预期价值或效用。如果将决策树应用到投资中，那么它可以创建最优成本收益模型，并显示与不同决策有关的、经风险调整的（概率）成本和收益情况。例如，一项系统部署投资可以包括，也可以不包括试用的过程，决策树可以比较该系统具有或不具有试用过程的情况下的成本和收益，以选出最优回报。

■ 定义：优化针对投资的成本/收益分析法。在投资范围内，从各种备选方案中选择经风险调整的、预期回报最高的投资方案。

■ 优势：优化初始投资范围；

根据结果的可能性将成本和收益分解成因子；

能以可视化的形式说明投资范围内各个选项。

■ 劣势：时间更长、更为复杂；

分析的成本大于业务案例的价值增长；

不能将管理的灵活性视作单独的、可衡量的价值，只能把它视作决策节点的一部分。

■ IT投资：通常被用作论证投资合理性、对投资进行优先级排序和选择的主要方法；

适用于共享基础设施、系统和战略性投资。

实物期权

人们在进行IT评估时似乎都很支持实物期权，当IT投资在本质上更具有战略性、优势潜力大、不确定性高且能带来间接或无形回报的时候更是如此。实物期权的使用实际上已经超出了业务案例的范围，它将重点放在企业本身，从而实行评估机会、获得期权、培育期权、中止或持有期权等一系列行为，并在时机合适时捕获价值。虽然实物期权或战略期权没有取代传统的会计和财务评估技术，但是它们肯定是可以互补的。当成本和收益不确定或不稳定时，建议企业在投入资源之前等待更多的信息，这样能够增加信心或降低风险，并且能够确定期权价值。[9]实物期权能够在不确定的情况下对IT投资项目进行更严格的评估。

采用实物期权技术的成本/收益分析法的示例会扩展决策树分析和净现值模型。传统的或"被动的"净现值忽略了管理灵活性的价值，即期权带来的无形现金流；而实物期权技术则将期权特殊对待，通过给被动净现值增加期权价值来产生"积极"净现值。[10]决策制定者可以更系统地考虑投资行动或期权的多个结果的不确定性。决策者对风险的态度使他们可能会应用风险和敏感性分析法，即用概率决策或随机决策来判断各种情况发生的概率。[11]结果的不确定性可以通过评估成功的可能性或最高附加值的概率而得到。第19章会对实物期权进行更详细的探讨。

- 定义：当用成本/收益分析法推导嵌入式期权价值时，现金流（有形和无形）主观概率应该用固定或合理的期权概率来代替，期权的价值应该用无风险（而非经风险调整的）利率贴现。期权价值会随时间发生变化，即可能会在某个时间点加速、推迟或终止。
- 优势：考虑到了无形价值；

  在不同的成本收益流中，针对不同的风险期权进行多重贴现调整；

对一定时期内的投资期权进行了敏感性分析；

在不确定的情况下，对预期回报的评估的准确性更高。

- 劣势：时间更长、更为复杂；

分析成本超过业务案例的价值增长；

很难为管理灵活性找到一个合适的无风险贴现率。

- IT投资：通常被用作论证投资合理性、对投资进行优先级排序的主要方法，是确定、选择和实施投资的次要方法；

适用于共享基础设施、系统和战略性投资，但主要用于新战略性投资。

价值创造业务案例

构建一个最佳的业务案例或成本/收益分析法需要时间，它们常被视为奢侈品。但是，如果做得好，它们将使企业准确地获得投资的完整价值。索默[12]提出了一个创造财富的业务案例，该业务案例除了能提供投资回报率外，还能显著影响股票价格。该业务案例可以解决以下四个问题：

- 增加关键的金融和非金融企业资产。

- 减少企业的资本需求。

- 增加营收和利润绩效的机会。

- 提供改善现金流和释放营运资本的方法。

在我们此前讨论过的一些基于财务的评估方法或技术的基础上，根据投资规模和时间安排，价值创造业务案例或成本/收益分析法应考虑以下方法：

- 在可衡量和审计价值方面，企业应明确规定有形收益，并明确误差范围：
  - ➢ 增加的收入；
  - ➢ 成本节约额增量；
  - ➢ 减少的资本成本。
- 无形收益需要在以下方面进行量化：
  - ➢ 客户满意度/忠诚度/信任；
  - ➢ 风险缓解；
  - ➢ 新产品、服务和市场；
  - ➢ 提高的生产力；
  - ➢ 竞争优势；
  - ➢ 法规遵从；
  - ➢ 企业的声誉和形象；
  - ➢ 灵活性和敏捷性、上市速度及利润。
- 无形收益应该转换成一种货币价值，即在允许的误差范围内还没实现的机会成本。企业应考虑保守的无风险估计方法。主观意见可与本领域专家的意见结合，或者可以设定行业基准。无形收益可以被定义为一个嵌入标的资产或投资中的无风险期权。投资回报的不确定性越高，管理灵活性的价值就越大，嵌入式实物期权的价值也就越大。
- 进行IT投资时，企业需要考虑到所有的成本，并明确误差范围：
  - ➢ 资本总额或总折旧和剩余价值；
  - ➢ 计划或项目的一次性费用；

- ➢ 投资运营和持续成本；

- ➢ 视情况而定的（按比例的）补充投资；

- ➢ 其他运营成本，即停机时间和降低的生产力；

- ➢ 冗余或更换的设备，以及应用成本；

- ➢ 资本成本。

- ■ 为了完全实现投资价值，企业应根据IT投资的折旧周期或者按照业务案例的持续时间，将成本、有形收益和无风险的无形收益具体定义为现金流。这样就为应用经风险和货币成本调整的净现值算法奠定了基础。

- ■ 构建决策树（可选的）来显示一定时期内结果之间相互依存的关系，并确定每类成本和收益的风险复合概率。有许多风险评估方法可以帮助企业确定概率，这与主观判断的方法是不同的。多属性的风险评估工具越来越受欢迎。优化配置时，企业可能需要将一系列级联（复合）期权嵌入IT投资中，以平衡多重价值和风险概况。我们可以参考盖斯克复合或嵌套序列期权评估方法来评估连续的IT投资。另外，我们还可以考虑马格拉布交换期权，即将一个有风险的资产与另一个进行交换。

- ■ 在计划的项目生命周期内，每项收益和成本都应按照风险的复合概率分别进行调整。根据备选方案，企业可应用不同的概率，或者可将不同的概率应用到高误差和低误差的情况中。请注意，对于不同概率，贴现率也有所不同。

- ■ 净现值现金流可根据标准通货膨胀率或贴现率计算。

- ■ 通过计算内部收益率和/或经济附加值范围来进行成本/收益分析。

此流程涉及许多工作。但是，对于大型的投资或项目，这一流程是值得的。一旦创建了模型，企业就可以重复使用。企业应将重点放在关键的价值驱动因素、风险评估和良好的数据收集和监测上。但是，一个单独的业务案例无法为一个平衡的IT投资组合确定必要的投资取舍。平衡的IT投资组合应既能解决短期盈利能力问题，又能解决长期增长或提升组织能力问题。这一点将在第7章讨论。[13]

构建价值创造业务案例或综合的成本/收益分析法需要时间，它们常常被视为奢侈的做法。但是，如果做得好，它们将能够使企业准确地获得完整的投资价值。

本章的重点是定义和应用正确的、基于财务的方法，并在IT评估的6个阶段中用这些方法衡量具体的IT投资类型。关键在于，企业不仅要依赖传统的财务和会计评估方法，而且要考虑新兴的财务和决策支持技术，并应用基于组织的方法。这一点将于第6章讨论。

注释

1. Rappaport, A. (1998). *Creating Shareholder Value*. New York: The Free Press.

2. Anderson, M., Banker R., and Ravindran, S. (2003, March). "The new productivity paradox." Communications of the ACM, 46, 91–94.

3. Strassmann, P. (1997). *The Squandered Computer*. New Canaan, CT: Information Economics Press.

4. Turban, E., and Aronson, J. (2001). *Decision Support Systems and Intelligent Systems* (6th ed.). Upper Saddle River, NJ: Prentice Hall.

5. Colkin, E. (2002, October). "Getting Tough on ROI." *InformationWeek.com*. Retrieved September 10, 2003, from http://www.informationweek.com/shared/ printableArticle.jhtml?articleID=6503764

6. Huchzermeier A., and Loch, C. (2001, January). "Project management under risk: Using the real options approach to evaluate flexibility in R and D." *Management Science*, 47, 85–101.

7. Weill, P., and Broadbent, M. (1998). *Leveraging the Infrastructure*. Boston: Harvard Business School Press.

8. Clemons, E. (1991, January). "Evaluation of strategic investments in information technology." *Communications of the ACM*, 34(1), 22–36.

9. Schwartz, S., and Zozaya–Gorostiza, C. (2003, January). "Investment under uncertainty in information technology: Acquisition and development projects." *Management Science*, 49, 57–70.

10. Benaroch, M., and Kauffman, R. (2000, June). "Justifying electronic banking network expansion

using real options analysis." *MIS Quarterly*, 24(2), 197 – 230.

11. 见注释4。

12. Sommer, B. (2002, January). "A new kind of business case." *Optimize Magazine.* Retrieved January 13, 2003, from http://www.optimizemag.com/ issue/003/roi.htm

13. Ross, J., and Beath, C. (2002, Winter). "Beyond the business case: New approaches to IT investments." *MIT Sloan Management Review*, 51 – 59.

06 IT价值网络评估方法：基于组织的评估方法

本章将定义基于组织的IT投资评估方法或技术。第2章对一些传统的基于组织的IT投资价值衡量和评估方法的准则提出了挑战，重点介绍了因方法潜力不足和执行不当而导致的价值损失。与传统的基于财务的方法一样，尽管这些评估方法得出的评估结果是无效的，但目前依然很受青睐。1999年，《财富》杂志的一期封面故事提到，首席执行官的失败与战略执行不力（而不是缺乏远见）有关。[1]衡量战略和投资的工具已无法用于创造利益相关者经济价值，以及保持持续的竞争优势或网络优势。

企业需要更有效的方式和评估方法来释放和实现IT价值。因此，作为对传统观点的补充，我们在这里将回顾一些组织管理方面的进展，包括关键成功因素、平衡计分卡和信息经济学（情景规划、投资组合管理和投资管理）。本章将探讨合适的基于组织的评估方法在各投资类型（第1章定义的4S分类模式）和IT投资评估阶段（如第4章所讨论的）中的应用及其优劣势。

基于组织的传统IT投资评估方法存在不足之处，因此企业需要使用更先进的新

兴组织管理技术和信息经济学技术。

常规的规划方法

常规的规划方法是组织内部的规范，无论其形式如何，也无论是在战略、运营，还是项目层面上，情况都是如此。但是，常规规划方法的执行质量在不同的公司之间存在着极大的差异。

战略规划

战略规划定义企业的发展战略，它决定着企业应如何对资源进行分配，以实现目标。战略规划来自预算规划，自20世纪60年代中期被应用到商业领域后，出现了多种思想流派。然而，需要注意的是，"战略规划师"——孙子在他的《孙子兵法》中就提到了战略规划。设计学派是世界上第一个战略规划方法，至今仍在被沿用，它主张使用SWOT分析法。当时还有一种模式，叫作PEST（政治、经济、社会和技术）分析法。战略规划在20世纪70年代中期达到了辉煌的顶峰，但在接下来的10年里逐渐走向没落。目前，战略规划主张采用一种更加平衡的模式，它会根据企业的环境或背景，提供一个严格的流程；另外，它把更多的关注度放在了规避危机上，这种做法主要来源于企业对控制的痴迷。IT投资和规划应与业务战略融合，而不应仅仅配合业务战略，并且其应着眼于实现企业的战略目标。

■ 定义：战略规划着眼于长期规划。它有很多方法，企业选择哪种方法取决于其对现在和未来状态的内部和外部情况分析（即SWOT分析法、PEST分析法）。战略规划能确定企业的远景和期许、任务和价值，设定可衡量的目标、宗旨，描绘或确定实现这些目标的途径，并建立控制机制。

- 优势：由股东和利益相关者驱动；

  明确了企业的投资方向；

  提出了高级别的、可衡量的目标。

- 劣势：高管会有偏见和情绪问题；

  尽管给出了方向，但并不明确，缺乏细节；

  根据市场条件会出现变动；

  企业控制通常有限或不稳定。

- IT投资：通常是确定投资、对投资进行优先级排序和选择的主要方法，是论证投资合理性、实施和实现投资的次要方法；

  适用于共享基础设施、系统、服务和战略性投资，但主要用于战略性投资。

运营规划

运营规划可使企业根据战略规划来设法支付短期到中期的里程碑。一般而言，运营规划会对企业1～2年的年度预算的合理性进行论证。此外，运营规划还会确定IT投资的主要功能或流程方案以及活动，并在财务预算的范围内分配资源。已有的IT投资应该根据经营目标进行再次检查；而新投资的目标应着眼于提高运营规划的业务能力。

- 定义：重点放在战略规划的短期到中期的执行情况——确定目标、确定各项举措或活动、提供资源（人员和财务）、建立时间表、设定质量标准和预期成果并对进展进行监控。

- 优势：由股东和利益相关者驱动；

    能够对企业的短期投资进行分配；

    提供可衡量的目标；

    企业能对绩效实施更严格的控制。

- 劣势：高管会有偏见和情绪问题；

    需要处理功能或流程优先级的权衡问题；

    会出现争夺资源的情况；

    由于季度计划重置，投资分配会产生变动；

    企业的长期项目可能会受到挑战。

- IT投资：通常是确定投资、对投资进行优先级排序、选择和实施投资的主要方法，是论证投资合理性和实现投资的次要方法；

    适用于共享基础设施、系统和服务投资。

项目群和项目管理

项目群由许多独立但又相互依存的项目构成。企业需要将这些项目视作一个整体来进行管理，以保证总体项目群的成功。IT项目可能脱胎于战略性计划，也可能是为了满足更短期的运营或基础设施需要而建立。项目规划是一门注重细节的学科，它能够对预算、时间、范围、资源、质量和风险进行严格的管理。重要里程碑、资源和任务的依存性会由时间确定。绩效评估应该被纳入项目规划中，并在里程碑审核中实施。绩效评估包括评估结果质量和业务案例的当前有效性。关键成功因素和商业风险应该在确定项目时就考虑到。一旦项目完成，企业应该马上捕获价值或对价值进行审计。获得项目收益可能需要几年的时间，因此，企业需要在项目结束后的审计工作中进行更多的尽职调查。

要确保投入的资源能实现所定的业务案例目标，并在项目执行阶段被适时地跟踪，确定项目成功的标准和指标非常重要。这些标准和指标应包含各个利益相关者的见解，因为他们的目标优先级或对项目成功的定义可能不同。因此，除了财务评估方法和所制订的计划以外，企业还需要将其他措施包含在内，如风险缓解、变更（范围）管理、团队合作和满意度、基准比较、技术质量目标、流程合规和项目经理审查。[2]

- ■ 定义：执行由战略或运营规划确定的业务方案，管理所分配的预算、时间表、资源、范围、质量结果和风险。

- ■ 优势：拥有战略性计划和运营性计划的执行和交付机制；

  标准流程和绩效控制；

  能够在项目结束时交付业务价值。

- ■ 劣势：可能因业务案例、项目成功标准（PSC）或指标不足而失败；

  变更管理不善；

  会出现资源争夺和依赖性；

  风险缓解不充分；

  项目结束后才会跟踪价值的实现情况。

- ■ IT投资：通常被用作评估资本绩效的主要方法，对于实现项目价值来说，是次要方法；

  适用于共享基础设施、系统、服务和战略性投资。

新兴的组织管理方法

随着新战略的演化，绩效正在传统财务指标的支持下，通过非财务方法得到评估。但是，常规规划对利益相关者广泛的利益网络（包括客户驱动力、员工敬业度、供应商价值链、合作伙伴协作、投资者预期和执行积极性）的关注度不足。新兴的基于组织的评估方法或技术（包括关键成功因素、平衡计分卡、基准比较、调查服务级别协议和IT治理）正在被纳入企业评估指标中，它能使利益相关者更深刻地了解相关情况。[3]例如，SWOT分析法和战略规划的一般优势已经与新兴的基于组织的评估方法（如平衡计分卡）有效地结合起来，以推动计划的执行。[4]

关键成功因素

关键成功因素之前就被用来协助制订商业规划，但直到最近，才被应用到IT领域。关键成功因素帮助公司将IT投资和项目映射为利益相关者的要求。佩弗斯和吉恩格勒提出了关键成功链（CSC）的概念，在关键成功链中，由利益相关者确定的系统属性来定义关键成功因素。这些关键成功因素一旦被满足，公司的目标也会达到。[5]关键成功因素包括现金流、客户获取能力和客户满意度、合作伙伴协作、产品质量、服务和产品开发、智力资本、战略关系、运营可持续性、吸引人才的能力、员工的稳定性以及生产力。一个应用关键成功因素的案例将涉及集客式营销体系储存客户偏好的能力。某些曾经在项目优先级排序过程中被隐藏或排除在外的重要IT项目，现在因为与利益相关者的关键成功因素相符而脱颖而出。

- ■　*定义：利益相关者期望的绩效标准和系统/流程预期。关键成功因素将对*

实现公司目标产生最深远的影响。

■ 优势：由利益相关者驱动，不受财务限制；

　　　　可确定投资、项目范围和主要推动力；

　　　　能够把投资转化成预期的、可衡量的成果；

　　　　专注于绩效评估和收益实现。

■ 劣势：利益相关者的利益和优先级顺序会冲突；

　　　　难以把控范围；

　　　　缺乏严格的财务论证；

　　　　会孤立IT投资价值，将其视为系统或流程变化的一部分。

■ IT投资：通常被用作确定投资、对投资进行优先级排序、项目实施和实现的主要方法，是对投资进行合理性论证和选择的次要方法；

　　　　　适用于共享基础设施、系统、服务和战略性投资，但主要用于系统和服务投资。

IT平衡计分卡

为了使期望的行为支持IT战略方向，我们需要在公司上下建立一种"事事都可评估"的文化以及相应的绩效奖励制度。评估和奖励制度中不仅仅应包括衡量财务的指标，还应包括与战略目标一致的关键绩效指标（KPI）。为了协助组织建立绩效管理的企业文化，并将战略与执行行为联系起来，席曼和林格尔[6]提出了以下四个阶段：

■ 定义——战略和目标。

■ 设计——可靠的评估方法和目标。

■ 级联——一致的评估方法。

■ 嵌入——集成的管理流程。

评估方法必须有效、可靠、可快速响应变化、易于理解、可低成本地收集数据，并且能够保持平衡。关键在于，我们要把组织上下一致的目标、评估方法和自体问责串联起来。

平衡计分卡由卡普兰和诺顿提出，在10多年的时间里被成功地运用到了200多家公司中，帮助它们调整和实施各种战略。[7]从根本上说，平衡计分卡建立在传统的战略规划方法的基础之上，它提供了一个将公司上下的战略目标和评估方法串联起来的工具。尽管平衡计分卡可推动公司战略转化为运营指标，但高管层必须通过积极和强化的绩效管理系统来监督它。除了财务评估方法外，公司的绩效评估还应包括对客户满意度、内部流程和创新能力的评估。绩效评估要混合使用领先和落后的指标，因此当前的绩效指标（如盈利能力）应与衡量公司未来能否成功的指标（如客户忠诚度和产品创新）一起使用。战略地图是一个很好的视觉工具，可用于追踪公司的关键主题、相关衡量标准、目标和计划。

常规的IT平衡计分卡可能包括：

■ 从主要的利益相关者角度出发（IT内部和外部客户），对IT服务的满意度进行衡量。

■ 从公司运营的角度出发（系统和共享基础设施），衡量IT交付过程。

■ 从公司未来发展的角度出发，衡量人力和技术资源的基本能力和创新能力，并使它们与公司战略保持一致。

■ 从公司角度出发，衡量其从IT中获得的财务和经济附加值。

需要重点指出的是，使用平衡计分卡是一个持续改善的过程，而不是为取得战略性成功，而采取的一劳永逸的"高招"。[8]将平衡计分卡应用到IT领域的主要挑战是：确保平衡计分卡与总体业务战略保持一致，并使其使用方法变得相对简单。[9]

"平衡计分卡可用于评估一切投资，包括IT。"

——威尔和布劳德本特，1998年[10]

- 定义：根据公司的战略目标，IT平衡计分卡可帮助公司从以下几个角度对关键绩效指标的分布情况进行定位：利益相关者的角度——服务；公司运营的角度——系统和共享基础设施；未来发展的角度——战略和敏捷性；公司的角度——财务和经济附加值收益。

- 优势：由利益相关者驱动，不受财务限制；

  对关键绩效指标进行了定义；

  从战略规划到运营具有一致性；

  在组织内对优先级进行自上而下的排列；

  对预期和绩效目标进行管理。

- 劣势：利益相关者的利益和优先级顺序会冲突；

  主要客户默认的观点是从利益相关者角度出发的；

  应用的权重可能会导致公司方向错误、重点偏移；

  级联评估方法可能在组织上下作用不大或没有意义。

- IT投资：通常被用作确定投资、对投资进行优先级排序、实施和实现的主要方法，是论证投资合理性和选择投资的次要方法；

  适用于共享基础设施、系统、服务和战略性投资。

基准比较

　　基准比较是指将公司目前的流程与行业内和行业间已确定的最佳实践相比较。基准比较由兰克施乐公司（Rank Xerox）为提高流程质量和绩效而推出，其目标是挑战传统规范，并能较客观地评估公司目前的状态。对于IT投资，最佳实践基准比较可用于比较评估流程或方法，而财务基准比较有助于竞争性支出和绩效的对比。

- 定义：将当前状态的流程或财务情况与行业最佳实践相比较。
- 优势：定义了关键绩效指标；

  是客观的、有竞争力的绩效评估；

  提供了趋向指标。
- 劣势：行业数据没有可比性（有些是风马牛不相及的比较）；

  评估方法不一致；

  未确定中间变量和唯一变量，导致比较产生误导。
- IT投资：通常被用作评估投资实施情况的主要方法，是确定投资、对投资合理性进行论证以及实现投资价值的次要方法；

  适用于共享基础设施、系统、服务和战略性投资。

调查

　　调查的应用范围很广，从人口普查到市场调研等各个方面都要进行调查。调查也用于使用定量和定性方法的数据收集和分析中。通常情况下，定性问卷被用来协助企业确定IT投资价值，比如，利益相关者需求评估、利益相关者对IT服务的满意度或对投资价值的意见，以及项目结论评估。由于使用了在线软件，执行调查、对数据进行分析和报告这一过程变得更加简单。在线软件可以将各种调查问卷分发到组织内部和整个企业网络的不同目标利益相关者手中。

- 定义：利益相关者的调查问卷，用于确定意见和观点。
- 优势：由利益相关者驱动；

  可确定期望值；

  提供应优先关注的焦点和方向性观点；

  强有力的绩效指标；

  能够定义关键绩效指标和关键成功因素。
- 劣势：利益相关者的利益和优先级顺序会冲突；

  只在某个时间点有效，可能会受到近期发生的事件的影响，或由于近期事件产生偏见；

  对问题有不同解释；

  驱动预期，但预期可能无法实现。
- IT投资：通常被用作评估投资实施情况的主要方法，是确定投资、对投资进行优先级排序和实现投资的次要方法；

  适用于共享基础设施、系统、服务和战略性投资。

服务级别协议

从根本上说，服务级别协议是指服务供应商和具体客户之间的服务合同。服务级别协议使服务合同各方就所需达到的服务级别达成共识。它定义了服务的内容和可用性、运营支持、服务台响应时间、责任、不履行的后果（惩罚），以及问题管理。计算和电信服务提供商在它们与客户之间部署服务级别协议的情况最为常见，而公司在内部的IT部门和主要利益相关者之间部署服务级别协议的情况也越来越多。内部服务级别协议让IT预算和资源与所商定的服务条款保持一致，这样可保证质量，以及公司能够客观衡量绩效，且能更好地管理利益相关者预期。与可能采取的外包给外部服务提供商的做法相比，内部服务级别协议还可以被用来定义投资支出和价值的基准。我们应该明确定义可衡量的服务级别目标。

■　定义：在IT部门和主要的利益相关者或商业伙伴之间签订的服务合同。

■　优势：由利益相关者驱动；

　　　　管理预期；

　　　　服务绩效的强指标；

　　　　可实现的绩效价值；

　　　　把预算和资源、容量及能力统一起来。

■　劣势：可能太严格、不灵活；

　　　　可能会暴露IT所提供的内部服务缺乏竞争力这一不足；

　　　　对于共享基础设施，利益相关者可能对服务有不同的需求和预期，

　　并准备为不同级别的服务买单（或制定预算），而这一点是无法管理的。

■　IT投资：通常被用作评估投资实施和实现的主要方法；

　　　　适用于共享基础设施、系统和服务投资。

IT治理

　　董事会监管存在的目的是，通过监督与公司方向、管理和控制有关的关键流程和政策，来保护利益相关者的利益（主要是股东利益）。对于公开上市的美国公司而言，2002年《萨班斯–奥克斯利法案》则是政府对会计丑闻，特别是那些因安然

公司（Enron）、泰科国际公司（Tyco International）和世通公司（WorldCom.）引发
的丑闻，做出的立法回应。更大规模的公司的治理和内部管控的目的是树立投资者
的信心。IT投资和风险的持续增长，迫使公司要求董事会深入促进IT作用的发挥，
并进行IT治理。董事会的IT治理应超越审计合规性和信息安全与隐私的范围，并将
投资价值管理包含在内。高层IT治理应报告整个公司的IT投资和投资组合观点，针
对风险和预期结果向管理层提出警告，并根据公司的关键绩效指标对利润实现情况
进行追踪。IT治理应成为项目管理办公室或IT战略办公室的一部分。

- 定义：在整个公司范围内，对IT投资组合进行风险和回报评估，根据关键
  绩效指标进行收益跟踪，监控建议和执行的全部IT投资和支出。此外，还
  要进行传统的与IT相关的对内部控制的合规性审计。

- 优势：由股东利益驱动；

  独立的投资风险和回报评估；

  对投资选择进行了监管；

  衡量公司季度和年度IT投资和支出绩效的强指标；

  对内部控制进行监管；

  实现收益。

- 劣势：数据和距离不准确、评估时间不足；

  未全盘考虑投资；

  缺乏级联流程，并且报告不一致；

  追踪收益实现时会遇到业务挑战。

- IT投资：通常被用作对投资优先级进行排序、选择投资、执行投资以及实
  现投资价值的主要方法，是确定投资的次要方法；

适用于共享基础设施、系统、服务和战略性投资，但主要用于大型投资和风险的治理。

新兴的信息经济学技术

基于组织的技术包括信息经济学的内容，如情景规划、投资组合管理和投资管理模型。信息经济学兴起于20世纪80年代末期的IBM，是从一项信息系统（IS）销售计划的信息战略衍生而来的。随后，Oracle开发了这一战略方法，并将其转化为一个IT投资决策模型。[11]从本质上讲，加权和评分系统是基于各种项目或投资，并根据项目或投资各自的收益（有形和无形）和风险进行评估的，而成功概率和权重与估算结果息息相关，被选中的项目或投资为得分最高者。然而，判断投资成功的指标取决于高管层的主观意见和共识。这样做虽然能更好地获得政治上的支持，但却降低了财务评估的严格性和投资选择的客观独立性。此外，单一的内部收益率或风险调整资本的成本不会涉及变量复杂性或相互作用。毫无疑问，出于以上这些原因，以及科学技术的不断发展，与信息经济学相关的方法未能在大多数公司中积极有效地实施。但是，在下面的章节中，我们将详细介绍一些成功应用信息经济学的示例。

IT投资管理

投资管理通常用于金融业和保险业，其目的是获得最大的收益，同时减小或规避风险。美国政府问责局（the U.S. Government Accountability office，前身为美国审计署）的会计和信息管理部门开发了IT投资管理框架，它被用来评估和改善各个联邦机构内的IT投资流程的成熟度。[12]该框架建立在一个不间断流程的基础上，包括三个步骤：

- 选择：筛选、排名和选择，意在知道自己是否选择了正确的方案。
- 控制：监控进度，并采取纠正措施，意在确保项目能够实现价值。
- 评估：进行审查、做出调整并吸取经验教训，意在确定已交付的项目实现了预期价值。

该框架对IT投资的五个成熟度阶段进行了评估，其风格和卡内基梅隆大学（Garnegie Mellon University）设计的软件开发能力成熟度模型相似。该框架以层级为依据，随着关键流程变得越来越严格，IT投资的成熟度级别会越来越低。关键流程具有五个核心要素：目的、组织承诺、先决条件、活动以及绩效证据。每个核心要素都由一些关键的评估实践构成。IT投资管理是一个用于改善组织的通用框架，它能够为开发可靠的IT投资管理流程提供优质的路线图。IT投资管理可以结合投资审查委员会一起使用。

- 定义：选择、控制和评估IT投资的持续过程。
- 优势：由利益相关者驱动；

    评估和投资所选择的标准流程；

    季度和年度投资绩效的强指标；

    差异分析；

    具有成熟度基准比较能力；

    可使用投资审查委员会和项目管理办公室工具来治理投资。

■ 劣势：流程、评估和平衡计分卡较复杂；

　　　　对可变风险未给予足够的关注；

　　　　管理层可能有偏见和个人情绪问题；

　　　　数据不准确、评估时间不足。

■ IT投资：通常被用作对投资进行优先级排序、选择、实施和实现的主要方法；

　　　　适用于共享基础设施、系统、服务和战略性投资，但主要用于大型投资项目的治理。

IT投资组合管理

投资组合管理技术通常用于金融业和保险业，目的是通过管理混合的投资来实现利益多样化以及平衡风险和回报。当投资组合管理被应用到IT中时，可以让IT符合企业和业务部门的目标，从而有助于计划或项目选择的管理。股东价值优化可能会通过企业投资组合方法实现，而不是通过竞争的独立业务部门的局部优化方法实现。IT投资组合应根据企业独特的战略目标量身定制，它是企业当前和未来的货币或价值标志。[13]为了满足短期和长期目标，企业必须进行权衡。投资组合管理通常应配合投资审查委员会使用，或者在项目管理办公室内使用。第7章将会对投资组合管理进行更详细的介绍。

■ 定义：对当前和未来的企业IT投资和项目进行评估，方式是将企业作为投资组合进行调整、映射和衡量，使其符合短期和长期目标或价值观。

■ 优势：由利益相关者驱动；

　　　　评估和治理投资的标准流程；

以企业为核心，优化各业务部门的价值；

季度和年度投资绩效的强指标；

差异分析；

具备行业基准比较能力；

可使用投资审查委员会和项目管理办公室工具来治理投资。

- 劣势：评估和计分卡较复杂；

对可变风险未给予足够的关注；

管理层可能有偏见和个人情绪问题；

数据不准确、评估时间不足；

需要业务部门做出权衡。

- IT投资：通常被作为投资选择、实施和实现的主要方法；

适用于共享基础设施、系统、服务和战略性投资，但主要用于对较大投资项目的治理。

情景规划

情景规划最初在战争游戏中使用，后来被应用到石油业的商务部门。当时，壳牌公司成功地预测并模拟了1973年的石油危机。情景规划可确定一项决策及其参数和不可控变量。根据当前情形和一套不断发展的假设，所有可能出现的结果都会被纳入决策范围。企业可以用"假设"分析法开发情景模拟模型。在这一过程中企业可以使用决策树将财务和概率理论与事件发生率相结合，借此确定价值最大或成本最低的决策树分支，然后再执行。情景规划需要大量的时间和"专业"的知识。[14]在考虑情景的过程中，有些特质是很理想化的，它们应具有相关性（和企业的未来相关）、合理性（识别合理的未来结果）、一致性（和战略方向一致）和意外性（挑战已有的假设）。好的情景应由几个案例构成，它不受企业的影响，但与企业的环境有关。[15]
情景规划是企业制订灵活的长期规划和进行战略选择的良好工具。

- 定义：评估备选方案或所选择的长期规划流程，依据是已确定的问题、机会或决策、已知参数和不可控变量。

- 优势：由利益相关者驱动；

  是战略规划的补充；

  定义了合理投资选项和备选方案；

  可使用投资审查委员会和项目管理办公室工具来治理投资。

- 劣势：会花费大量的时间和成本；

  要进行详细分析，需要使用模拟工具；

  受不可控变量（即技术的发展步伐）的限制；

  执行所需的带宽过大。

- IT投资：通常被用作确定投资和对投资进行优先级排序的次要方法；

  适用于共享基础设施、系统、服务和战略性投资，但主要用于评估战略性投资。

获得IT评估的关键信息不仅要依赖财务或常规规划方法，也要使用新兴的组织管理技术和信息经济学技术，这样才能确定完整的IT价值。

在第5章的基础上，本章的重点是定义和应用正确的基于组织的评估方法，并在IT评估的六个阶段中衡量具体的IT投资类型。通过使用第7章将讨论的价值指数和价值维度，所有这些评估方法将被用来对IT投资价值进行三角量化。

注释

1. Kaplan, R., and Norton, D. (2001). *The Strategy-Focused Organization*. Boston: Harvard Business School Press.

2. Visitacion, M. (2001, February). "Selecting metrics and using then effectively" (Issue Brief No. RPA-022001-00006). *Planning Assumption Update, Giga Information Group*.

3. Hussan, M., and Hoque, Z. (2002). "Understanding non-financial performance measurement practices in Japanese banks." *Accounting, Auditing and Accountability Journal*, 15, 162 - 183.

4. Sai On Ko, A., and Lee, S. (2000). "Implementing the strategic formulation framework for the banking industry of Hong Kong." *Managerial Auditing Journal*, 15, 469 - 477.

5. Peffers, K., and Gengler, C. (2003, January). "How to identify new high-payoff information systems for the organization." *Communications of the ACM*, 46(1), 83 - 88.

6. Schiemann, W., and Lingle, J. (1999). *Bullseye!* New York: The Free Press.

7. 见注释1。

8. Van Grembergen, W., and Saull, R. (2001). "Aligning business information technology through the balanced scorecard at a major Canadian financial group: Its status measured with an IT BSC maturity model." *IEEE, Proceedings of the 34th Hawaii International Conference on System Science*, 8, 8061 - 8071.

9. Seddon, P., Graeser, V., and Willcocks, L. (2002). "Measuring organizational IS effectiveness: An overview and update of senior management perspectives." *The DATA BASE for Advances in Information Systems*, 33, 11 - 28.

10. Weill, P., and Broadbent, M. (1998). *Leveraging the Infrastructure*. Boston: Harvard Business School Press.

11. Strassmann, P. (1997). *The Squandered Computer*. New Canaan, CT: Information Economics Press.

12. U.S. General Accounting Office. (2000, May). *Information Technology Investment Management (ITIM): A Framework for Assessing and Improving Process Maturity* (GAO/AIMD-10.1.23).

13. Benko, C., and McFarlan, W. (2003). *Connecting the Dots: Aligning Projects and Objectives in Unpredictable Times*. Boston: Harvard Business School Press.

14. Turban, E., and Aronson, J. (2001). *Decision Support Systems and Intelligent Systems* (6th ed.). Upper Saddle River, NJ: Prentice Hall.

15. Marchand, D., Davenport, T., and Dickson, T. (2000). *Mastering Information Management*. Upper Saddle River, NJ: Prentice Hall.

07 对IT投资价值进行三角量化

对无法衡量的IT投资，企业可采用三角量化法来确定IT价值。从不同渠道获取的数据（无论是定性数据还是定量数据），都将被用来证实价值，这解决了使用单一评估方法而产生的具体问题。对IT投资价值进行三角量化是对合理的基于财务和基于组织的评估方法或技术的应用。是否进行三角量化根据投资类型（4S分类模式）和评估阶段所对应的评估方法或技术在IT价值网络指数或计分卡中确定。价值指数包括四个价值维度：战略、运营、利益相关者和敏捷性。（参见图7.1，该图对IT投资价值的三角量化过程进行了解释说明。）进行三角量化的目的是，建立对IT投资所有可衡量价值的高度信任，并在确定价值期间，通过六个评估阶段（如第4章中所述）来提高价值准确性。本章会将价值指数和价值维度与IT价值组合的概念放在一起探讨。

对IT投资网络价值进行三角量化能提高总价值定位的准确性，在这个过程中，企业不能依赖单一的评估方法。

价值指数和价值维度

IT价值网络指数或计分卡包括四个价值维度：战略、运营、利益相关者和敏捷性。这与卡普兰和诺顿发明的平衡计分卡在方法上相似。平衡计分卡重点关注组织绩效表现的四个方面：财务、客户、运营和创新/学习；而IT价值网络指数则与IT投资的相关价值一致，它使IT组织能够根据战略性计划、运营效益、利益相关者的期望或要求，以及敏捷能力或选项调整其投资组合。图7.1阐述了IT价值网络指数框架，说明了价值维度和相应的评估措施。IT投资可通过各个价值维度进行评估，那对每个价值维度使用一种或多种主要或次要评估方法。企业应把确定适用于每个价值维度的评估方法标准化，以确保IT投资评估设计的简洁性。对于该框架内每一种确定的评估方法或技术，企业可以为其制定具体的指标。

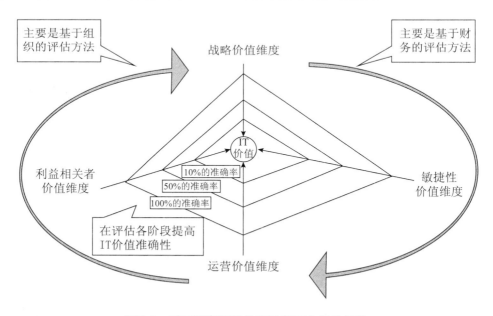

图7.1　对IT投资网络价值进行三角量化评估

IT价值网络指数或计分卡由四个价值维度构成，可体现IT投资的全部利益相关

者经济价值。

战略价值维度

IT投资是公司战略性计划的必要环节。它与公司的业务战略目标一致，为公司创造竞争优势，并产生长期（通常是3~5年）的营收和利润增长。战略价值维度能够有效地调整公司新的和现有的IT投资和支出，以获得长期业务价值；其主要焦点是通过战略性IT投资开发新市场、新产品和新的客户价值主张，从而使公司获得最大的长期财务回报。基于财务的评估方法包括净现值，它更多地关注经济附加值和股票价格特征，以构建一个价值创造业务案例。实物期权和风险管理在不确定的情况下是必不可少的。基于组织的评估方法包括常规的战略规划（更强调情景规划），此外，还包括IT平衡计分卡（关键绩效指标）、项目管理、IT投资治理和IT投资组合管理。

表7-1　IT价值网络指数框架

评估方法或技术	战略价值维度	运营价值维度	利益相关者价值维度	敏捷性价值维度
基于财务的12种评估方法或技术				
投资回收率/贴现现金流/净现值/内部收益率	■	■		
制定预算	▨	■		
业务案例——成本/收益分析法	■	■	■	▨
投资审查委员会	■	▨		
审计	■	■		
经济附加值	■	▨		
股票价格特征	■			
价值创造业务案例	■		■	
总体拥有成本	▨	■		▨
决策树	▨			■
实物期权	■			■

续表

评估方法或技术	战略价值维度	运营价值维度	利益相关者价值维度	敏捷性价值维度
IT风险管理	■	▦		■
基于组织的12种评估方法或技术				
战略规划	■		▦	▦
运营规划	▦	■	■	▦
项目群和项目管理	■	■	■	▦
治理	■	▦	■	■
关键成功因素	■	■	■	■
IT平衡计分卡	■	■	▦	■
基准比较	■	■	■	■
调查	■	■	■	■
服务级别协议	■	■	▦	▦
IT投资管理	■	■	■	▦
IT投资组合管理	■	■	▦	■
情景规划				

注：■ 主要方法　▦ 次要方法

运营价值维度

IT投资是提高企业运营效率的必要环节，它必须和企业的运营目标保持一致，以帮助企业实现或提高预算内的营收或利润的财务指标（通常以年为单位）。运营价值能够有效地调整新的和现有的IT投资与支出，以获得短期商业价值。该价值维度主要的焦点是：通过优化IT共享基础设施和系统及企业短期财务回报，来支持企业的运营要求和解决方案。基于财务的评估方法或技术包括强调投资回报率和同等方法的成本/收益分析法，以及审计问题的解决方案；基于组织的评估方法或技术包括运营规划、IT平衡计分卡、项目管理、IT投资组合管理、关键成功因素、服务级别协议，以及行业基准。

利益相关者价值维度

IT投资必须满足利益相关者的期望和要求，与董事会、管理人员、客户、供应商、员工和合作伙伴的目标保持一致，且满足需求和关键成功因素。利益相关者价值维度能有效地调整新的和现有的IT投资和支出，以获得网络商业利益。该价值维度主要的焦点是，通过提供卓越的IT服务和投资价值、满足服务级别的期望并提高生产力，以满足利益相关者的需求。基于财务的评估方法或技术包括强调价值创造业务案例的成本/收益分析法；基于组织的评估方法或技术包括IT平衡计分卡、项目管理、IT投资组合管理、关键成功因素、服务级别协议和调查等。

敏捷性价值维度

IT投资是实现公司敏捷性的必要环节，它可与宏观和微观选择保持一致，并加快公司上市和盈利的速度。敏捷性价值维度能有效地调整公司新的和现有的IT投资和支出，以获得灵活性和能力价值。该价值维度的首要任务是提高业务能力和容量，通过风险和回报评估与质量解析来提供有价值的选择。基于财务的评估方法或技术包括总体拥有成本、实物期权、决策树、IT风险管理和价值创造业务案例；基于组织的评估方法或技术包括情景规划、IT投资组合管理、IT平衡计分卡和关键成功因素等。

设计IT价值网络指数

对IT投资价值进行三角量化需要企业设计标准的IT价值网络指数，它必须满足以下两个要求：

- 对应IT投资类型，即4S分类模式（在本书第1章进行了介绍）：
  - 共享（Shared）—基础设施；
  - 系统（Systems）—运营；
  - 服务（Services）—利益相关者；
  - 战略性（Strategic）—信息化。
- 映射到四个价值维度，以及它们各自对应的基于财务的和基于组织的评估方法或技术（在本书第5章和第6章进行了探讨）：
  - 战略；
  - 运营；
  - 利益相关者；
  - 敏捷性。

对IT投资价值进行三角量化需要企业设计标准的IT价值网络指数，并将IT投资的4S分类模式与四个价值维度对应起来。

表7-2提供了一个标准的企业IT价值网络指数的示例。在这个简单的示例中，贯穿整个IT投资价值组合的是8个不同的评估方法或技术。每种投资类型使用4种评估方法（战略性投资将使用5种评估方法）。例如，一个新的共享基础设施投资将使用4种评估方法，包括价值创造业务案例（战略价值维度）、预算（运营价值维度）、服务级别协议（利益相关者价值维度）和总体拥有成本（敏捷性价值维度），因此全面的价值陈述将支持这一IT投资，以使企业进行合理性论证和优先级排序。此外，企业应把最重要的IT投资组合管理、治理和投资审查委员会应用到所有的IT投资管理中。更为复杂的模型可能会采用14种不同的评估方法和技巧，但仍然是每种投资类型使用4种评估方法，只是需要额外添加最重要的IT投资组合管理和治理。关键在于，企业需要确定有意义的评估方法或技术（而不是简单的评估方

法），同时在整个企业范围内进行标准化，并确保尽职调查的准确性和一致性。

表7-2　企业IT价值网络指数示例

IT投资4S分类模式	战略价值维度	运营价值维度	利益相关者价值维度	敏捷性价值维度
简单模式——评估方法较少				
共享基础设施	价值创造业务案例	制定预算	服务级别协议	总体拥有成本
系统	价值创造业务案例	制定预算	服务级别协议	总体拥有成本
服务	价值创造业务案例	制定预算	服务级别协议	关键成功因素
战略性	价值创造业务案例和战略规划	制定预算	调查	实物期权
总体	IT组合管理、治理和投资审查委员会			
复杂模式——多种评估方法				
共享基础设施	成本/收益分析法	制定预算	服务级别协议	总体拥有成本
系统	净现值/内部收益率	IT平衡计分卡	关键成功因素	IT风险管理
服务	价值创造业务案例	服务级别协议	调查	关键成功因素
战略性	战略规划和经济附加值	项目群和项目管理	IT平衡计分卡	实物期权
总体	IT组合管理、治理和投资审查委员会			

对于每一个IT投资类型，其评估方法或技术都可根据IT投资评估的不同阶段（如本书第4章所述）进行调整。

- 确定。

- 合理性论证。

- 优先级排序。

- 选择。

- 执行。

- 实现。

例如，如果应用简单模式，那么在考虑共享基础设施和系统投资时，价值创造业务案例、预算、服务级别协议和总体拥有成本将用于投资合理性论证、优先级排序、执行和收益实现中。但是，对于确定和选择投资，企业则应使用运营规划。

IT价值网络指数的标准方法应得到高层管理人员的同意，并获得董事会的支持。投资审查委员会或同级别组织应对整个投资组合和评估流程进行治理，而执行工作则由项目管理办公室或同类部门完成。

对于每个IT投资类型，其评估方法或技术都可以根据IT投资评估的阶段进行调整。

星星和黑洞

IT投资可能是"星星"，也可能是"黑洞"。建立星形态，需要为它的每个价值维度确定一种或多种评估方法（如图7.2所示），并设置一个0~10的滑动标尺，然后设置预期或门槛的基准。图7.2所示的示例适用于战略性IT投资的合理性论证、优先级排序或执行。

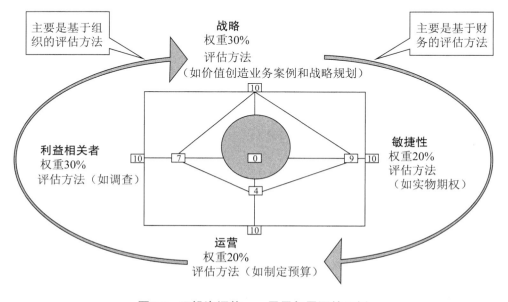

图7.2　IT投资评估——星星与黑洞的示例

在图7.2中：

- 战略价值维度的临界值为10，表示一个与战略规划一致、经济附加值为100万美元的价值创造业务案例（每获得10万美元，经济附加值增加1分）。

- 敏捷性价值维度的临界值为9，表示90万美元经济附加值的实物期权（每获得10万美元，经济附加值增加1分）。

- 运营价值维度的临界值为4，表示70万美元的投资预算（或每年的运营预算）[预算越低，得分越高（反比关系）；每节省10万美元，经济附加值增加10分]。

- 利益相关者价值维度的临界值为7，表示利益相关者调查达到70%的满意度（每获得10%的客户满意度或感知价值，经济附加值增加1分）。

战略和敏捷性价值维度的临界值越高，基础标准就越有利于战略性IT投资。战略性IT投资可以推动长期增长，并提供灵活的能力；此外，也可确定相应的权重。在图7.2中，战略和利益相关者价值维度各占30%，而敏捷性和运营价值维度各占20%，这表明满足战略和利益相关者价值维度的临界值更为重要。

对于每个IT投资类型，企业都可以绘制IT价值网络指数和相应的星形。

对于每个IT投资类型或投资子组（例如，电信是共享基础设施的子组），企业都可以绘制IT价值网络指数和相应的星形。对于一个投资类型，企业可以预定义一个基线，由投资审查委员会批准。所有需要评估的投资都会被评分和对比，以便做出投资选择。显然，只有那些评估结果高于价值维度临界值的投资才有资格入选。如果所衡量的一个或多个投资未达到临界值，那么投资审查委员会就可以表达否定意见，或者应用一种混合IT价值网络指数来继续进行评估。某项投资的评分可能超过利益相关者、运营和敏捷性价值维度的临界值，但稍低于战略价值维度的临界值，此时，混合IT价值网络指数会接受这项投资作为考虑选项。此外，当对IT投资的供应商进行评估时，企业也可以将其与基线做对比，以便于选择供应商。

当被评估的投资不能达到多个或所有基线指数时，便可确定这是黑洞。图7.2展示了一个黑洞。从本质上说，当一项战略性IT投资（如知识管理）没有达到任何评估指数的标准时，黑洞便产生了。在图7.2中，知识管理系统可能具有50万美元经济附加值、实物期权仅有10万美元，预算要求是90万美元，而利益相关者满意度或感知价值是30%，这项投资甚至无须提交到IT投资审查委员会探讨——一个"推倒重来"的例子。

当被评估的IT投资达到或超过临界值时，星星就会发出光芒。但黑洞也同样可见，它会消耗投资，使其无法产生令人满意的价值，且无法达到临界值。

IT价值组合

IT投资组合管理已在本书的第6章中进行了讨论。作为一种新兴的信息经济学技术，它可用于提高IT投资的整体价值。在这里，我们将更深入地讨论组合管理，并介绍IT价值组合模型。在第10章中，我们将探讨通过组合治理实现IT价值网络管理这一话题。

IT组合管理

IT是企业较大的单一资本支出项目。对于IT组合，企业必须要和对其他组合一样——在权衡风险和收益方面进行管理。威尔和布劳德本特[1]的早期工作为战略组合框架奠定了基础，使管理者能够对其IT投资做出最佳决策，从而保持竞争优势。IT

组合应根据企业独特的战略目标量身定制，它需要与企业的战略性计划保持一致。威尔和布劳德本特的IT组合框架可根据以下方面进行划分：基础设施（计算机和网络）、交易（运营系统和支持体系）、信息（企业管理和控制系统）和战略性投资（从增长和竞争优势中获得的技术）。

IT是企业较大的单一资本支出项目。与其他组合一样，企业必须在权衡风险和收益方面对其进行管理。

威尔和布劳德本特开展了一项为期5年的、跨各个行业的基准比较研究。他们发现，平均来说，在IT总投资中，基础设施占58%；运营占12%；信息相关部分占16%；战略性内容占14%。公司共享的IT投资通常占总投资的64%；其余的IT投资则是特定于业务部门的投资。研究发现，越来越多公司的IT组织拥有大部分共享基础设施投资，而业务部门拥有大部分交易和战略性投资。为了业务项目能成功，业务部门手中的战略性IT投资将对关键增长期权"实施"更严格的控制。但是，这样的投资很有可能会失败，而且很可能在几年内都不见成果。

基础设施消耗了一半以上的IT投资，这通常被视为运营成本，也被相应地作为降低成本的环节进行管理。在很大程度上，公司的运营成本会受到IT基础设施支出的影响。运营IT投资在总投资中所占比重超过了1/10。订单处理和客户服务应用程序方面的投资与公司运营密切相关且通常其感知价值更高，因此它们可直接与更广泛的业务指标挂钩。有趣的是，信息化IT投资消耗了总投资额的16%，这一数字高于核心业务的运营IT投资。企业资源规划、财务控制、经理信息系统和知识管理的增长无疑反映出了信息的力量。然而，信息的价值常常遭到质疑，因为信息必须先转化成知识，然后被有效应用，最后才能产生价值。战略性IT投资占总投资的14%，这是一个很高的比例，可以促进公司未来的成长。

该基准比较研究还表明，如果公司的商业战略建立在提高敏捷性和灵活性的基础上，则其IT支出通常比业界平均水平高10%～25%。与之形成鲜明对比的是，如果公司的商业战略建立在降低成本的基础上，则其IT支出通常比业界平均水平低10%～20%。敏捷性和灵活性在不确定的"世界"中是关键竞争因素。如果公司能构建一个具有预测性市场分析功能的客户关系管理应用，并因此确定不断变化的客户需求和市场趋势，则很可能会获得很多灵活的追加销售和交叉销售的机会。

罗斯和比思[2]针对IT组合管理开展了一些研究。这些研究指出，随着IT与业务目标的联系越来越密切，成功的IT投资必须开始聚焦于技术范围和战略目标。与威尔和布劳德本特的方法相似，罗斯和比思也提出了一种能对IT投资进行类别划分的框架。他们将IT投资分为四种类型：转变型（与战略性投资一致）、更新型（与基础设施投资一致）、流程改善型（与交易方面的投资一致）以及实验型（与信息方面的投资一致）。设计这一框架的目的是：协助IT管理决定启动哪些投资，并且方便管理者处理总需求超过获配资源的业务案例。基于短期盈利或长期增长的目标，企业需要在不同类型的投资之间加以权衡。

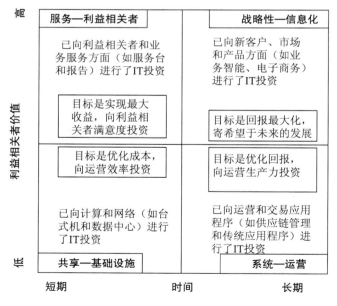

图7.3　IT价值组合管理——将IT的4S分类模式映射到利益相关者经济价值上

IT价值组合应用IT投资的4S分类模式，将IT投资的类型映射到利益相关者经济价值和时间上。经分类的IT投资可被定义为短期或长期投资，它可能具有较高或较低的利益相关者经济价值。企业可以应用竞争或内部基准比较来进行相对定位，并在投资包络线或限制范围内进行投资权衡或再平衡。图7.3对IT价值组合进行了说明。

IT价值组合提供了映射IT程序、项目、资产和支出的框架，它描绘了一定时期内IT总投资相对于利益相关者经济价值的情况。

通过对现有的IT程序、项目、资产和支出情况进行映射，管理层可以了解企业投资组合中的关键投资，以及相对于利益相关者经济价值和时间的定位。要确定利益相关者经济价值，企业就必须捕获有形和无形价值，并在IT价值网络指数中将其量化。价值创造业务案例也可以用于量化利益相关者经济价值。组合中的价值概念的确定应基于投资参考因素之间的相对定位，这一定位决定了利益相关者或高或低的经济价值标签的作用。真实的回报或报告收益可在同级别或同类型的IT投资中进行比较，在不同投资类型之间比较意义不大。投资类型中的相对定位比绝对价值更重要，因为企业需要在短期和长期、风险和回报之间进行合理的权衡。根据图7.3，企业可以考虑以下投资方向：

■ 共享基础设施投资（即计算和网络组件）的目标应是：在3个月到2年内，对利益相关者经济价值的成本进行优化。这类投资应仅限于共享基础设施的更新或巩固，这样可以提高运营效率。

■ 系统投资（即运营和交易应用程序）的目标应是：在1到3年内，对利益相关者经济价值的回报进行优化。这类投资应定位在定义明确的、可提高生产率的流程改进方面。

- 服务投资（即利益相关者和商业服务）的目标应是：在3个月到1年内，获得最大的商业利润，以实现利益相关者经济价值。这类投资应定位在利益相关者满意度和关键成功因素方面。

- 战略性投资（即推动新客户、新产品或新市场）的目标应是：在3年到5年内，使利益相关者经济价值的回报最大。这类投资应定位在未来的增长期权和能力方面。

一旦对当前的IT投资进行了统一定义、分类和基准比较，并对利益相关者经济价值进行了映射，那么企业就可以规划出未来状态的IT价值组合。未来状态的IT价值组合应与业务战略保持一致。这一过程可在公司层面完成，也可在每个业务部门层面完成，但要注意在不同层面之间过程不能彼此分离。

图7.4展示了一个经规划的IT投资组合管理的示例，该示例建议企业考虑以下几个因素：

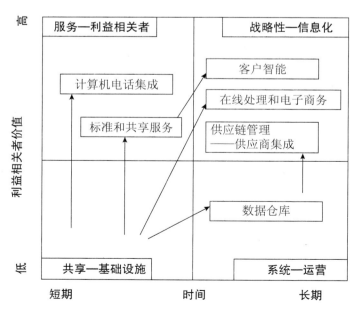

图7.4　IT价值组合管理——规划或转换IT投资，使利益相关者获得更高的经济价值

- 共享基础设施投资——如果该投资能帮助企业实现更高的利益相关者经济价值，那么除成本优化之外，企业还可以考虑改项投资。企业可以使用计算机电话集成技术或标准桌面环境技术，来提升业务服务质量和利益相关者满意度。如果这些技术能带来更高的投资回报，那么企业也可接受规模更大、时间更长的投资。例如，对集成数据仓库进行投资可优化应用程序数据流。基础设施投资可以成为战略性投资，我们可以设想一下电子商务的在线处理能力。

- 系统投资——当企业正在经历重大转型或重建时，除了应考虑业务流程的改进或增强外，还应考虑进行系统投资。例如，企业可以对一个新的供应链管理应用程序进行战略性投资，它能与供应商流程进行集成。

- 服务投资——如果这类投资可将信息转化为知识，那么企业可以将其作为战略性投资考虑，例如向客户智能进行投资。大多数企业都存有大量客户信息，但这些信息却未得到智能化利用。通过业务分析技术利用原始数据，企业可以确定市场发展趋势和客户购买习惯，以促进促销活动的有效开展。

- 战略性投资——要求企业进行批判性评估，对战略规划有清晰的认识，并确保能合适地理顺IT投资。

根据业务和IT战略目标，未来的IT价值组合将确定企业未来三年需要投资的程序、项目和资产。这样做的最终目的是让利益相关者获得最大的经济价值，同时还要保证有足够的投资维持公司运营需求，借此在公司短期获利需求和长期发展期望之间取得平衡。我们可以根据行业的平均标准对计划好的IT投资组合进行基准比较，计算出它在全部投资中所占的比例，从而进行方向验证。这点我们前面提到过。为了对投资组合方法进行补充，我们可以使用情景规划来协助投资决策。根据目前的形势和一系列不断发展的假设，我们可以确定所有可能出现的业务结果，并将其映射到未来的投资组合中。

根据业务和IT战略目标，未来的IT价值组合将确定企业未来三年需要投资的程序、项目和资产，其最终目的是使利益相关者获得最大的短期和长期经济价值。

观星

IT价值组合模型可用于获取和映射现有的IT项目、资产和投资，以构建当前状态的投资组合和价值陈述。随后，如我们之前探讨过的那样，该模型会被用来映射和规划未来的投资和项目。IT价值组合模型能清晰、可视化地呈现IT投资目前的重点，以及为了和公司的战略目标保持一致，IT投资需要侧重于哪些方面。我们之前根据IT价值网络指数定义了IT投资的星状态，它能以图形化的方式映射到IT价值组合模型中，使我们可以"观星"。图7.5说明了某个IT投资的IT价值组合视图或星座图，以供参考。观星时，有一些天文学的术语可以说明以下几种IT投资观点：

- 黑矮星。假设企业要进行一项共享基础设施投资（如更新台式机），该投资以一个基础设施更新项目的形式被提出。如黑矮星一样，该投资不能发出耀眼的光芒，因为它为利益相关者带来的价值增长较少，但这些价值可在相对较短的时间内实现，相应的风险也很小。这类星星体积很小、不可见，并且闪耀时间也有限。

- 白矮星。假设企业要进行一项系统投资（如订单处理系统），用新的现成的系统替换不受支持的旧系统。像白矮星一样，该投资的光芒很耀眼，亮度超过了黑矮星，即为利益相关者带来的价值更高。但是，这类投资规模更大、持续时间更长，投资回报的风险更高。这类星星体积相对较小、具有一定的可见性，但它们闪耀的时间可能更长。

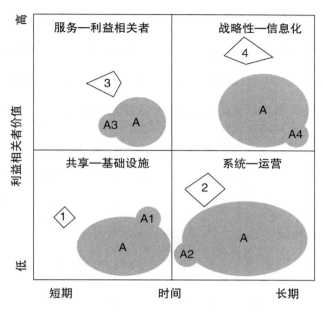

图7.5　IT价值组合视图

- 红巨星。假设企业要进行一项服务投资（如服务台），改善呼叫中心设施。像红巨星一样，该投资可以发出非常耀眼的光芒，它能为利益相关者带来很高的价值。这类投资的规模相对较大，但周期很短。这类星星可能体积很大、可见性很强，且可以在短期内剧烈燃烧。

- 蓝特超巨星。假设企业要进行一项战略性投资（如客户信息管理程序），以采用新的定制系统进行客户分析。与蓝特超巨星一样，该投资能够发出最耀眼的光芒，即能为利益相关者带来很高的价值。但是，这类投资规模很大、周期也很长，投资回报的风险也很高。这类星星体积巨大，高度可见，可在很长的一段时间内剧烈燃烧。

- 黑洞。在投资组合的一些领域中，没有可以或应该存在的投资，就像银河系的一些空间区域没有光或亮度一样。随着时间的推移，IT投资或项目会不能，或者无法再创造利益相关者经济价值。黑洞的大小和形状取决于利益相关者对一段时间内的经济价值的预期。曾是一颗闪耀的星星的投资可能会被吸到黑洞的引力中，不能为利益相关者提供可接受的经济价值：

➤ 实施台式机更新项目预计需要花费很长的时间，但其产生的利益相关者经济价值却与从前相同。个人电脑的部署可能会花费更长的时间，这就存在技术过时的风险。

➤ 实施现成的订单处理系统需要花费的时间实际上可能会小于预期，但现在带给利益相关者的经济价值会低很多，需要投入定制化成本才能实现价值。

➤ 改善呼叫中心设施预计需要花费同样多的时间，但其可实现价值要低得多。新的最低工资标准已被引入这一领域，这会增加员工成本。

➤ 部署客户分析系统需要很长时间，而其带来的利益相关者经济价值却显著减少。市场上新的竞争产品已改变目标客户的购买习惯，这会降低分析的实用性。

■ 超新星。在以上这些主要示例中，如果以IT价值网络指数临界值作为评估标准，这些IT投资已不再可行。它们就像超新星一样会发生爆炸，或持续闪耀一段时间，但很快就会消失。

IT价值组合模型使我们能够观星，使IT投资及其在一段时间内的相对利益相关者经济价值能够以可视化的形式呈现。这一过程即使不怎么有趣，但对我们很有帮助。

IT投资级别和类型的组合涵盖了所有投资，并解释了目前投资的总量和未来规划的投资总额的明细。实际和建议的投资受指定的投资包络线监督，经投资审查委员会同意后，受到项目管理办公室的监督。例如，投资审查委员会可能会在给定的

1年内批准一项总量为5 000万美元的增量投资包络线。如果我们根据投资级别或类型对这笔投资的资金进行分配，那么很有可能会出现这样的投资包络线：战略性投资，1 000万美元；服务投资，500万美元；共享基础设施投资，2 000万美元；系统投资，1 500万美元。每个投资类型的新投资将不得不根据一段时间内的相对利益相关者经济价值，在每个投资包络线内进行竞争。IT价值组合是一个治理企业IT总投资的实用工具。企业IT总投资既包括现有投资，也包括新投资，而IT价值组合为选择投资、实施投资和实现收益提供了指导。

　　本章的重点是IT投资价值的三角量化。通过构建企业IT价值网络指数并使用相关的评估方法或技术，我们可以对不同类型的IT投资进行评估。在IT价值网络指数框架中，我们可以根据四个价值维度对IT投资的4S分类模式进行评估。根据投资评估的六个阶段，相关的评估方法或技术也会有所变化。需要重申的是，不能仅仅依靠单一的基于财务的传统评估方法或技术和基于组织的常规评估方法或技术对IT投资进行评估，这一点很关键。本章以IT价值组合模型结束，它是一个很实用的工具，可以用于治理新的和现有的企业IT投资。第三部分将重点讨论IT投资价值管理。IT价值网络管理框架确定了从IT投资到实现利益相关者经济价值过程中的六个价值角度。

注释

　　1. Weill, P., and Broadbent, M. (1998). *Leveraging the Infrastructure*. Boston: Harvard Business School Press.

　　2. Ross, J., and Beath, C. (2002, Winter). "Beyond the business case: New approaches to IT investments." *MIT Sloan Management Review*, 51–59.

第三部分

IT价值的六个阶段
——这才是IT

第一部分提到过，传统和常规的评估方法有缺陷，我们必须对IT投资及其评估采取新的以价值为基础的多维度方法。价值网络由企业接驳点的社会和技术资源间的复杂关系和交易组成，它能创造出利益相关者经济价值。第三部分我们将探讨从IT投资到实现利益相关者经济价值的六度分隔问题，并在第二部分探讨过的IT价值网络评估方法的基础上，提出有效管理IT投资价值和支出的框架。

1967年，心理学家斯坦利·米尔格拉姆（Stanley Milgram）首次提出了著名的"六度分隔理论"。根据他的小世界试验得出的结论是：沿着熟人的关系链可以通过六步把信息传递给目标人物。同样，对于IT投资而言，在其价值网络中，也只需要六个步骤就可以达到所定的IT价值目标。IT价值的六个阶段是一系列相互关联的步骤，它们可以增加现有的和新的IT投资的价值。如果事件链被打破，那么目标价值将变成次优价值。因此，本部分将探讨IT价值网络管理中阶段的概念。图Ⅲ.1描绘了IT价值网络框架，它包含了IT价值网络管理和评估。

第8章将描述IT价值网络管理的背景或环境，并介绍价值捕获、价值形成、价值优化和价值实现四个部分。接下来的几章将详细探讨IT价值的六个阶段。由于每个阶段本身讨论的主题比较宽泛，所以它与IT价值管理的意义将成为每章的重点。

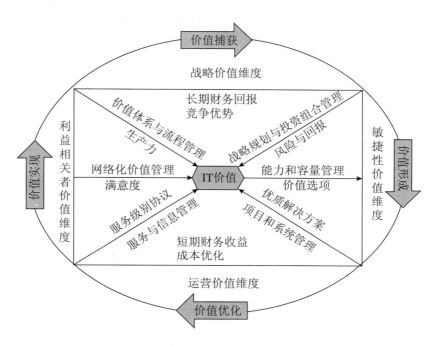

图Ⅲ.1　IT价值网络框架

以下是IT价值的六个阶段及阐述它们的章节描述：

第9章 IT价值的第一阶段：价值体系和流程管理/改进

第10章 IT价值的第二阶段：战略规划和投资组合管理/治理

第11章 IT价值的第三阶段：能力和容量管理——IT和组织

第12章 IT价值的第四阶段：项目管理和系统管理

第13章 IT价值的第五阶段：服务管理和信息管理

第14章 IT价值的第六阶段：网络价值管理

IT价值的六个阶段构成了一个循环框架，其中第六阶段是在为更高级别IT价值的第一阶段做准备。我们可以利用IT价值网络指数，在每个价值阶段对IT投资进行逐步评估。具体来说，它指的是通过由战略、敏捷性、运营和利益相关者构成的四个价值维度对IT投资进行评估。

08 IT价值网络管理

本章提供了IT价值网络管理的基本背景，讨论了IT价值的捕获、形成、优化和实现。IT投资价值的最初捕获是通过战略规划和配套的运营计划来完成的，这与企业价值链相一致，并且可获得网络价值管理方面的投入。价值捕获在投资组合中被管理和治理。而IT价值会在价值捕获的基础上，通过应用组织和IT能力及容量规划得以形成。IT价值的优化建立在价值形成的基础上，需要企业进行项目和系统管理，并由此确保操作流程有效。通过价值优化和后续的服务和信息管理，IT价值实现将变得更成熟。最终，IT价值将在公司账目上得以完全实现，并通过价值网络管理方法得到确定，这也将启动新一轮的IT价值网络管理流程。

IT价值网络管理是捕获、形成、优化和实现IT投资价值的一组流程（在IT价值的六个阶段中进行了论述）。

价值捕获

IT投资的价值捕获包括：确定投资、论证投资合理性、进行投资优先级排序和选择投资。价值捕获包括价值体系内的业务流程评估、根据业务战略调整IT、IT治理和组合管理。战略和运营要求企业制定一个严格的流程来确定IT投资。一般来说，IT的关注点在内部，缺乏对扩展业务网络中外部价值主张的了解。合作伙伴、行业联盟、供应商、提供商和客户应更积极地参与到确定IT投资机会的工作中。因此，利益相关者一定要充分进入整个业务或价值网络的管理中。

投资审查委员会可以通过价值创造业务案例和资本/支出预算流程来进行合理性论证。第二部分深入探讨了各种评估方法或技术，它们能通过IT价值网络指数对价值进行三角量化。这样做的目的是确定一段时间内投资的价值，并对风险和回报进行评估。一旦了解到投资已经过合理性论证，并且公司受到总投资或投资包络线的限制，我们就应通过IT价值组合管理对IT投资进行优先级排序。最终，选择哪项投资要根据投资审查委员会的管理审批流程而定。

价值形成

考虑到企业基础能力和依存性形成因素，以及容量和资源限制，形成现有的和新的IT投资的价值取决于企业的价值捕获决策。我们应考虑通过价值选择，使企业的能力和容量具备灵活性和敏捷性，这一点我们曾在第1章讨论过。第2章探讨的是，确定和形成先决条件的关键性。这些先决条件是释放和实现全部股东价值所必需的。对组织资本中的IT进行补充投资会大大提升绩效。补充投资具有促成性或依存性，具体包括分散决策系统、自我管理型团队、职业培训、组织设计、业务流程改进和内部交流。

管理IT投资和资产的组合应涉及财务和组织方面的限制条件。投资包络线取决于财务指标和绩效。组织文化、组织发展、人才可用性以及对变革的抵触情绪都十分关键，它们往往会制约价值的形成。管理IT投资组合面临的挑战是，根据公司现在和未来的能力和容量实现最大价值，并管理关键制约因素。为建立在未来和当前的制约因素基础上的实物期权或价值选项提供了附加值替代方案，这对尝试利用公司之外的业务网络能力和容量来说尤为重要。我们应对供应商或合作伙伴协议进行有效的管理，因为这些协议往往代表了制约因素或潜在选择。创造最优的或敏捷的技术和组织平台能促使IT价值的有效执行。在此之后，项目和系统管理能力、容量和绩效将决定执行的效果。

价值优化

现有的和新的IT投资价值的优化主要涉及IT的执行或部署。对IT运营和现有IT投资和资产的有效管理直接关系到新IT投资的执行效果。换句话说，IT项目的部署取决于IT组织内部的流程、人员和技术的有效性。在执行新的IT项目时，有些企业常常不考虑基础系统管理的状态。利用错误技能、无效工具和不连贯过程在不完整的基础之上建立新能力，从而导致灾难的发生，然而，这种情况还是发生了——难怪会有那么多项目失败，且最终都超出了预算和时间限制。

系统管理包括支持共享基础设施、系统和服务的流程、人员和技术。项目管理被应用到了新IT投资中，但其使用程度取决于系统管理的有效性。在价值形成的基础上，有效的系统和项目管理可以使企业达到优化和交付IT投资价值的目的。与行业基准相比，系统优化可以通过降低IT总体拥有成本来实现。最优项目的判断标准是它能否在规定时间、规定预算内完成，并向业务案例交付高品质的成果，同时降低业务风险。绩效管理和质量保证是价值优化的关键组成部分，它们满足商定的服务级别协议和关键成功因素，后两者是IT价值沟通的工具。供应商或合作伙伴协议应能体现业务服务承诺，并能灵活适应变化。

价值实现

实现IT投资价值等同于在企业账目上记录价值。我们在第4章提到过，价值创造业务案例有助于企业确定在哪里捕获项目价值，并随后实现这些价值。运营预算使企业能清晰地从项目和系统收益中了解基线预测和价值实现的调整过程。在某些情况下，企业可以明确确定具体的收益（如裁员），并将其作为新预算方案的考虑因素。但是，这一收益常常因为支持其他部门的需求而被浪费或分散。将IT投资转化成账目上的回报需要一定的时间，这一过程要使用第2章讨论的收益实现法。因此，企业有必要获得短期利益相关者价值，这可以通过服务管理和信息管理来获得。

利益相关者经济价值可通过交付业务案例来实现，也可通过满足服务级别协议、提供知识和交付令人满意的IT能力来实现。因此，管理网络化的价值应有一个持续的流程，该流程包括：绩效衡量和跟踪、调查利益相关者满意度和确保利益相关者的期望能转化为预期结果。最终，还应有一个可持续的流程来确保企业能够捕获预期的投资价值，并且这些价值能够体现在企业账面上。除此以外，IT投资管理和执行还可带来学习价值，企业也应对这一价值进行捕获。审计价值是最后的证明环节，它为已实现的和记入账面的价值提供独立的验证。

IT价值网络管理框架由四个IT价值元素构成，分别是：价值捕获、价值形成、价值优化和价值实现。下面几章将对这一框架内IT价值的六个阶段进行仔细研究。

09 IT价值的第一阶段

IT价值网络管理的第一阶段主要涉及IT价值捕获，重点是企业的价值体系和流程改进。企业内部应重点关注核心竞争力，以及能带来竞争优势和附加价值的流程，同时还应摒弃低价值能力，并在关键基础上建立新优势。IT价值管理的第一阶段确定了价值链和价值体系内的IT投资机会，并对其合理性进行了论证，使其与企业内部以及整个企业的业务网络的流程改进或重组机会保持一致。在IT价值管理的第二阶段，经确认的支持流程改进的IT投资会根据业务战略进行优先级排序。价值的六个阶段概念体现了一个循环框架，其中第六阶段（即网络价值管理）与更高一级的已实现IT价值的第一阶段相衔接。

IT价值网络管理的第一阶段主要涉及IT价值捕获，重点是企业的价值体系和流程改进。确定IT投资的依据是，企业能否在整个业务网络中，通过改进流程来增强竞争优势。

价值体系

20世纪80年代中期，波特向人们普及了价值链的概念。价值链由一系列为公司产品或服务增加客户价值的活动组成。这些价值可以通过提供差异化的产品或服务来实现，也可以通过降低竞争成本来实现。构建价值链的目的是为顾客、买家或客户提供超过这些活动成本的价值，从而让公司获利。价值体系不仅仅局限于公司的价值链，还应包括公司客户、合作伙伴、供应商和商业同盟。企业应在扩展的价值链和价值体系内确定流程改进或重组机会，以瞄准更高的利益相关者经济值，并体现IT系统依赖性。第19章将更详细地讨论公司的价值体系，不过，本章的重点是获得IT投资的价值。图9.1是"波特通用价值链和价值体系"的改编版，其中加入了合作伙伴和商业同盟的价值延伸。

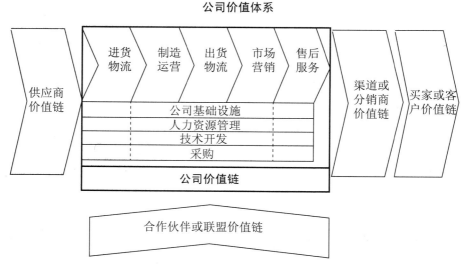

图9.1   波特通用价值链和价值体系的改编版

■   价值链主要活动包括：

➢   进货物流——接收和储存原材料或物资，并随后分配给生产或运营部门；

> 制造运营——把材料和物资转化为成品和服务；

> 出货物流——接收和储存成品，随后分配给买家或中间渠道；

> 市场营销——确定客户、买家或顾客需求，并实现销售；

> 售后服务——当产品或服务售出后，为客户、买家或顾客提供支持。

■ 主要活动的支持方：

> 公司基础设施——房地产、法律、内部控制、组织文化等；

> 人力资源管理——组织发展与员工招聘、雇佣、培训、发展、薪酬和认可；

> 技术开发——IT共享基础设施、系统、服务和战略性投资；

> 采购——供应商管理及材料、物资、设备和机器的采购。

　　IT价值的捕获需要公司绘制利益相关者业务网络内的企业价值链和价值体系的蓝图，并描绘流程之间的相互关系和IT依赖性。级联的流程蓝图或等级划分决定了公司的业务模式，并最终成为整个价值体系的价值陈述。如果将IT共享基础设施、系统和服务覆盖到价值体系上，就能将流程依赖性映射到当前的IT投资上。预测未来的价值链或获取竞争优势的必要流程变化使我们能洞察潜在的、新的IT投资机遇。企业可通过将IT投资映射到流程蓝图上来揭示关键的依赖关系和内含的IT价值。

　　IT投资的资金可以映射到当前和未来的流程蓝图中，使我们能深刻了解投资不足或过度投资的流程，以及那些需要追加或重新分配IT投资的战略流程或增值流程。确定或捕获IT投资价值将以可测量的流程改进为基础，并与所有利益相关者进行协作。如果在整个公司的价值体系中，将流程与IT系统整合起来，就会产生巨大的竞争优势。垂直整合后的公司通常会从一次性信息流或供应商到买家的一站式处理流程中获益。IT管理层应从IT依赖性和整合挑战方面来熟悉公司的价值链和价值体系；此外，还应对公司高管进行培训，使他们能够发现和利用机遇，并通过IT增强公司竞争力。

如果想要获得IT价值，我们需要将公司当前和未来的IT投资映射到公司价值链和价值体系的关键流程中，以显示其内含的IT价值和对流程改进的依赖性。

流程和系统改进

业务流程重组（BPR）的巨擘哈默和钱皮坚持认为，如果要对业务流程进行根本性的重新思考和彻底改造，以实现重大绩效改善，那么企业就需要进行业务流程重组。自20世纪80年代末开始，业务流程重组有了很大的发展。从前，它会对企业整个端到端价值链或完整的企业资源规划系统进行变革，而现在它是可管理性更强的选择性流程的"再设计"机会。[1]20世纪90年代初，业务流程重组遭受了重大失败，这使企业专注于改进高价值流程，而对低价值流程采取外包的方式。对于通过上市和提供客户服务寻求竞争优势的企业来说，客户接口和新产品引进流程是其核心价值流程得以实现的示例。如果外部供应商能节省成本，那么企业可以考虑外包生产，甚至是外包运营。

企业面临的最大挑战之一是界定重组流程的范围，当各个流程之间相互依赖，或者所有流程依赖于潜在的IT系统时，更需要这样做。默认的做法是将目标设定在职能性流程（如人力资源或销售流程）上，将流程制成一个个筒仓。这样，整个价值链就可以实现局部最优化，因为在筒仓或职能部门之间出现了价值流失。可以设想一下，如果重组销售流程时服务或产品开发流程不具有依赖性，那么销售流程会被优化，但产品可能无法满足客户需求，或是服务无法达到客户的预期。而且，如果需重组的流程已界定了合适的范围，以及各个流程的依赖关系，那么提供支持的IT系统会成为一个限制因素。传统的IT系统可能无法适应或发展，而现成的普通系统只能解决部分问题。自定义构建可能缺乏整合能力。

从本质上说，流程重组应与系统功能放在一起研究。通常情况下，企业资源规划方案主张采用行业的最佳实践，否认重组流程的必要性，除非有理由证明重组流程具有竞争优势。对独特的企业流程进行定制或采取点解决方案在成本上并不划算——这不仅仅包括初始投资和整合成本，而且还涉及持续的支持和拥有成本。目前，更多的企业正在将普通应用程序应用到交易系统（即财务和项目处理系统）或运营系统（即供应链管理）中。大型企业资源规划提供商（如IBM、SAP和Oracle）都在这方面取得了成功。当价值超出长期成本时，就会出现定制流程，定制成本不会超过整个系统成本的10%~20%。然而，（定制的）客户界面流程和知识管理流程可为企业提供相当大的独特价值。因此，定制的且具有上网功能的点解决方案持续增加，我们希望这种解决方案建立在面向服务的架构的基础上，着重于独特的流程设计，并能使企业获得竞争优势。IT管理应更多地面向流程，并与企业主要利益相关者合作，进行流程整合、系统简化和优化，以获取协同和综合的价值。IT系统和业务流程重组应使用IT价值指数来评估，并从战略、运营、利益相关者和敏捷性四个价值维度来捕获价值。流程文化的内容将于第19章讨论。

IT管理应更多地面向流程，并与公司主要利益相关者合作，进行流程整合、系统简化和优化，以获取协同和综合的价值。

IT价值网络管理的第一阶段的重点是IT价值捕获，其中，IT投资得到了初步的确定和合理性论证。但是，由于IT价值的六个阶段具有周期性，因此第一阶段也可能是第六阶段的延伸，即IT价值实现的延伸。换句话说，利益相关者经济价值可通过实施流程和系统改进得以实现。第10章将探讨第二阶段，**即战略规划和投资组合**管理/治理，并继续讨论IT价值捕获。如果流程改进得到确定，那么其应符合公司在确定投资的优先级和选择方面的战略规划。

注释

1. Harmon, P. (2006, January 31). "Value Chains vs. Silos." *Business Process Trends*, 4, 2. Retrieved from http://www.businessprocesstrends.com/publicationfiles/ bptadvisor2006Jan31.pdf

10 IT价值的第二阶段

与IT价值网络管理的第一阶段一样，第二阶段也与IT价值捕获有关，但其重点是IT战略规划和投资组合管理/治理。公司的战略目标和计划以3~5年为期制定，这将明确公司未来3年的投资优先级顺序。我们已在第一阶段定义过，价值体系中的流程和系统改进应与公司投资优先级方面的战略性计划保持一致，IT战略应与业务战略方向保持一致。通过投资组合治理，公司会对IT投资进行优先级排序，并最终进行选定。然而，我们在第1章已经发现，仅60%的公司采用了正式的IT战略规划[1]，这一章还引用了IT战略规划部署中的许多阻碍因素。[2]因此，规划内的战略性IT投资中仅有25%得到了部署。[3]如果公司想要获得全部的IT价值，就需要把IT战略和业务战略结合起来，并通过投资组合管理对IT投资进行治理。

与IT价值网络管理的第一阶段一样，第二阶段也与IT价值捕获有关，但其重点是IT战略规划和投资组合管理/治理。其中，IT投资将被确定，并进行优先级排序和选择，使利益相关者经济价值得以实现。

战略规划

第2章中曾提到，企业需要把IT战略融入业务战略中，有效地梳理战略性计划和相关IT预算支出，并对其进行优先级排序。[4]目标和预算的等级结构与绩效控制有关，而战略和计划（或项目）的等级结构与行动规划有关。[5]第6章提出了一些用于协助战略规划流程的工具或方法，包括SWOT分析法和PEST分析法。战略规划方法有很多种，划分依据是当前和未来的内外部形势分析（即SWOT分析法、PEST分析法）。这些方法与业务模式结合在一起，可被用来确定或调整企业的愿景、使命和价值观，制定可衡量的目标，绘制或定义实现这些目标的途径，并建立控制机制。

业务战略要么是结构化的、规范的且理性的，不然就是以行为为导向的。事实上，很多公司都采用混合方法，同时实施多种不断发展的战略，特别是在不确定和不断变化的时期。[6]正式的规划流程通常会受结构化流程的驱动，这个结构化流程包括环境分析、内部分析和战略目标。然而在实践中，政治和组织动态会强烈影响这个正式的结构化流程。我们期望的结果应为公司拥有明确定义的战略目标和界限明确的计划，而这些目标和计划会推动变化，推动的方式可能是：新客户或产品、业务流程变化、组织变化、活动或量的变化，以及新的经营方式。

IT通常被描述为公司绩效的驱动因素，它与获得的股东经济价值存在间接关系。公司可以通过部署IT来支持业务推动的变更，然而，也有人坚持认为，IT计划不仅仅是驱动因素，它相对其自身来说，也是一种业务战略，可以直接为利益相关者经济价值的实现做贡献。设想有一家在线企业，其网络是进入市场的渠道，搜索引擎是主要产品，基础设施随容量而变化且可用于增值托管，在线工具可以捕获客户提供的免费内容，消费者价值主张是新的营商之道——这就是谷歌。IT价值只有与其他补充投资（如新战略、新业务流程和新组织）完全结合在一起时，才能实现最大的价值。

许多公司都把保持IT应用的领导地位视为战略要务。[7]将公司的IT战略和业务战略相结合，是获得和管理战略性IT投资价值最重要的一步。IT战略包括信息系统和技术两个方面，但两者存在重大差异。信息系统战略更多地关注实现业务目标过程中的信息、服务以及系统要求，它受业务需求和需要驱动；而技术战略（有时被称为IT）重点关注支持或交付应用程序的具体技术，并由信息系统需求来推动。[8]技术会促成业务，但信息系统可以推动业务。

IT领域内的信息经常作为一种战略被忽视。过去的60年应被称为数据时代，而不是信息时代，因为从可实现价值的方面来看，数据还未被解锁和挖掘。[9]数据常常不能转化成信息或知识创造，它仅仅能被收集到数据库中。如果数据存储、恢复优先级和投资的作用超过了数据整合、分析工具和业务智能，那么表明提供支持的技术基础设施往往被用错了方向。尽管信息/数据所有权应掌握在流程所有者或功能所有者手中，但其表面的所有权从未明确化。实际上，它被默认为首席信息官（CIO）管理的“信息”（I）。信息也可能在功能库中受到孤立，不能为整个公司所用，因此我们应该创建信息地图，使其与分解后的业务流程和公司价值链一致。此外，数据可以通过关系数据库和工作流集成实现优化或合理化。更好的信息行为和价值捕获能提高业务绩效，创造可见的智力资本和有价值的无形资产。

图10.1为我们展示的是业务与IT战略相结合的途径，通过这个途径，企业可根据战略性计划确定IT投资或项目。企业的愿景、使命和价值观确立了企业目标，企业目标决定了业务战略。可衡量的战略目标决定了关键的战略性计划，关键的战略性计划反过来又确定了关键业务和IT项目。战略目标与战略性计划的关系通常是一对多的关系，但也可能是多对一的关系。企业可以构建一个客户服务计划或战略业务客户关系管理方案，来支持增加销售量的战略目标，以及深入新市场的其他战略

目标。在图10.1中，托管能力和服务可以作为支持新市场目标的其他战略性计划。其中，主要的战略性方案或项目由IT部门来领导。

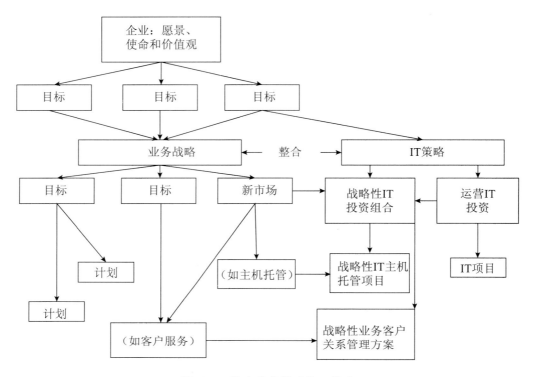

图10.1　整合业务战略和IT战略

从本质上说，IT计划会带来有形价值和无形价值的增长，这可以通过客户服务改进、应用程序互操作性、人类的知识、供应链改进、业务流程效率的提高和业务周期的缩短等来实现。当从更广泛的角度看待IT对企业绩效的贡献时，参考企业其他相关投资至关重要。例如，为了使新技术解决方案得以有效实现和部署，企业需要在人员和变更管理方面进行大量投资，因为培训和教育对于技术的应用和效用来说至关重要。

将IT战略和业务战略进行整合，需要首席信息官和首席执行官一起来谋划未来。他们不应躲在幕后，等待3~6个月的时间才做出响应，并进行调整，以符合公司的方针。IT通常处于滞后状态，只具备支持功能，不能确定未来的方向。IT战略需要嵌入公司和业务部门的战略中，在实现公司发展目标的过程中发挥主流作用，而不仅仅作为促成因素。以我们曾讨论过的价值链中的机会为例，将流程重组和系统优化相结合，可以达成战略目标。如果要同时考虑流程简化和IT系统合理化，而非先处理流程再考虑系统，那么实现降低成本目标的供应链战略性计划将是最佳选择。

IT投资组合会获得和IT相关的所有计划、项目和投资的全部价值。IT投资通常会占公司总投资的绝大部分，业务基础设施（如房地产）除外。IT投资必须要满足不断变化的业务部门需求和公司需求，并且明确体现优先级和相互依存关系。战略规划不能一成不变，它应当充满活力，随需应变。[10]IT投资需要在各个业务部门中得到充分利用，而且要根据公司的发展需要来优化。如果我们要对IT投资进行战略性调整，使其与公司及业务部门的需求保持一致，那么就需要行政管理层广泛参与，并达成共识。一旦实现了这一点，真正的工作就开始了，因为关键在于怎样将这种一致性应用到公司运营中。

将IT组织上下的IT目标和计划指标明确化和级联化，会推动运营责任制和价值捕获。为了帮助公司确定合适的目标和计划指标，并确保整个IT组织与业务优先级保持一致，我们可使用卡普兰和诺顿的平衡计分卡这一有效的工具[11]。平衡计分卡为实施战略提供了便利，并能将其转化成具体的IT运营指标（见第6章的讨论）。平衡计分卡是价值捕获的一种新兴的组织管理方法。将平衡计分卡嵌入企业发展方向、实现预期的一致性中，需要高管们长期不断的支持。这种支持可以通过沟通、绩效评估方法和激励来实现。如果这些工具使用得不到位，一致性就有可能出现偏差，而IT价值会消失，组织绩效也会变成次优级别。本克和麦克法兰[12]说过："如果提高了组织一致性，公司能够更有效地编队飞行，就像大雁以'V'字型飞行一样，可以多飞70%的路程。"

为了IT价值捕获，企业应将IT战略和业务战略进行整合，这需要首席信息官和首席执行官一起来共谋未来。他们不应该躲在幕后，等待3~6个月的时间才做出响应，并进行调整，以符合企业方针。

组合治理

我们在第7章讨论过，要获得最大的利益相关者经济价值，企业可以使用投资组合的方法，而非业务部门各自为战的局部优化方法。为了满足整个企业的短期和长期目标，我们需要做出权衡，对风险和回报进行管理。企业应考虑使用IT投资的4S分类模式，将它们与行业基准进行对比，根据它们之间的差别来说明其具有竞争优势或劣势，或者仅仅说明总体IT投资效果。我们在第6章讨论过，基准比较具有方向性或相对性，不会使IT投资被过度分析，它能发现问题并促进进一步的分析。一旦IT投资组合的目前和未来状态确定下来，并适应了战略方向，企业就可以开始制订迁移计划，重新平衡投资组合。这不是一项容易的工作，因为企业需要重新评估正在进行中的投资，这可能会使一些项目被取消，最后只剩下一定数量的IT投资可用。为满足长期和短期需要，企业必须对IT投资进行优先级排序。IT价值组合方法将确定与IT投资相对应的"星星"和"黑洞"，供企业选择投资时参考。

创建管理层投资审查委员会是进行战略一致性调整和治理的必要条件。在投资审查委员会中，业务部门和IT部门的主管会在投资项目的优先级排序和选择方面做出艰难的取舍。这种投资治理方式对于确保单个业务部门和功能的标准投资政策和决策非常有用，有利于企业和股东总经济价值的提升，从而尽可能减少局部优化过程中的政治事务。投资审查委员会可以确保企业高管都充分参与IT投资的决策，这使企业获得最大股东经济价值的可能性大大增加。我们建议对整个企业的计划治理采取投资审查委员会制度，并向董事会报告，[13]董事会应更多地参与批准股东经济价值的投资工作。图10.2提供了一个企业投资组合治理模型。

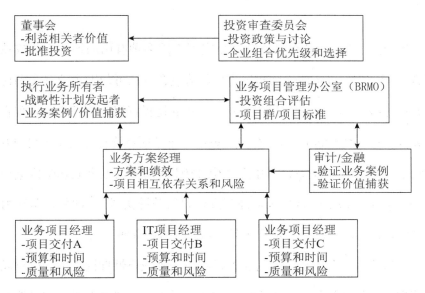

图10.2　企业投资组合治理模型

业务计划应为执行发起人所有，并由其负责业务案例和价值捕获。当业务计划中IT投资占很大的比重，或者包含很大的IT项目时，企业高管或明或暗地将责任推给IT高管的情况并不罕见。这种做法问题重重，如会在计划交付和价值捕获过程中引发执行问题。由首席信息官或IT高管发起的由IT领导的项目可为IT高管和企业高管共同所有，这样可以形成更广泛的发起人基础，提高认可度或利益相关者经济价值。企业可以考虑为大型IT投资项目设立指导委员会，成员可以是相关的执行IT利益相关者，以确保IT投资项目可以得到支持和合适的治理。

为了给投资审查委员会和执行业务发起人提供支持，企业应成立业务项目管理办公室。该办公室负责提供计划和项目的标准实践和评估。投资决策制定的基础是单独的质量指标，这一点很重要。如果单独的业务或职能部门能对其计划进行评估，那么情况就不一样了。业务项目管理办公室可以为项目管理和计划报告建立标准、开展绩效考核、校勘投资组合地图、完成基准比较、跟踪价值实现，并向投资审查委员会提供建议。审计和财务也应参与其中，以验证业务案例和被批准获取的价值。

如第7章中所述，业务项目管理办公室可应用多种有用的评估方法或技术来对投资组合进行管理。IT价值网络指数和IT价值组合方法可帮助企业确定和比较投资价值，并确定投资的"星星"和"黑洞"。在支持投资组合管理方面，现在有很多流行的软件供应商（如Prosight）有助于观星。业务项目管理办公室还可以从IT投资管理框架支持的流程中获益，应用选择/控制/评估模型在五个成熟阶段进行评估。整个模型中的每个核心因素都包括许多投资评估关键实践。[14]此外，基于财务的方法是关键的投资追踪方法，特别是在资本和运营预算方面。

业务项目管理办公室也可以将实物期权应用到战略性IT投资中，以对风险和回报进行管理。实物期权是一种更系统的方法，对于一个战略选项，它可能会将多个结果的不确定性考虑在内，其作用机理是：应用风险分析、确定发生概率、应用概率或随机决策。企业可根据投资的成功可能性或可获得的最高附加值，对结果进行评估。同样，企业可以通过确定和评估投资参数和不可控变量，并利用情况规划来实现投资决策。根据当前情况和不断演化的假设，所有可能的结果都将被确定。情景模拟模型可通过"假设"分析法来开发。这种高级技术可用于对IT投资进行优先级排序和选择，以尽可能获得最大的IT价值。

要获得最大的利益相关者经济价值，企业可以使用投资组合治理的方法，而非业务部门各自为战的局部优化方法。

IT价值网络的第二阶段与IT价值捕获有关。在这一阶段中，IT投资完成了确定、优先级排序和选择。通过战略规划和企业组合治理，我们可以对IT投资进行调整，使其与企业战略目标保持一致，并对运营重点环节提供支持。本书第11章会探讨IT价值网络的第三阶段，即企业通过有效的能力和容量管理过渡到IT价值形成阶段。

注释

1. Slater, D. (2002, June). "Strategic planning don'ts and do's." *CIO Magazine*. Retrieved June 23, 2003, from http://www.cio.com/archive/060102/donts.html

2. Ernst and Young. (1998, September). *Canadian Financial Institutions and Their Adoption of New Technologies: Research Paper Prepared for the Task Force on the Future of the Canadian Financial Services Sector* (Publication No. BT22–61/3–1998E–5). Ottawa, ON: Canadian Department of Finance.

3. Hackney, R., Burn, J., and Dhillon, G. (2000, April). "Challenging assumptions for strategic information system planning: Theoretical perspectives." *Communications of the Association for Information Systems (AIS)*, 3(9), 1–23.

4. Kaplan, R., and Norton, D. (2001). *The Strategy-Focused Organization*. Boston: Harvard Business School Press.

5. Mintzberg, H. (1994). *The Rise and Fall of Strategic Planning*. New York, NY: The Free Press.

6. Henson, S., and Wilson, J. (2002). "Case study strategic challenges in the financial services industry." *Journal of Business and Industrial Marketing*, 17, 407–418.

7. Cawthon, R. (2001, July). "Creating IT harmony for Bank One: The bank's new CTO composes a score for bringing an ensemble of systems into accord." *Bank Technology News*, 14, 8–13.

8. 见注释3。

9. Marchand, D., Davenport, T., and Dickson, T. (2000). *Mastering Information Management*. Upper Saddle River, NJ: Prentice Hall.

10. 见注释1。

11. Kaplan, R., and Norton, D. (1996). *The Balanced Scorecard*. Boston: Harvard Business School Press.

12. Benko, C., and McFarlan, W. (2003). *Connecting the Dots: Aligning Projects and Objectives in Unpredictable Times*. Boston: Harvard Business School Press.

13. Thorp, J., and DMR's Center for Strategic Leadership. (1998). *The Information Paradox*. Toronto, ON, Canada: McGraw–Hill Ryerson Ltd.

14. U.S. General Accounting Office. (2000, May). *Information Technology Investment Management (ITIM): A Framework for Assessing and Improving Process Maturity* (GAO/AIMD–10.1.23).

11 IT价值的第三阶段

IT价值网络管理的第三阶段涉及IT价值形成，其重点是针对IT系统和基础设施，以及IT组织和人员的企业能力和容量管理。IT高管应为业务提供技术解决方案，并参与到系统和共享基础设施的能力和容量的投资和管理中。我们在第1章中探讨过，潜在的IT投资必须具有敏捷性，这样才能适应未来商机和解决方案。此外，第2章曾讨论过，企业必须了解一定会发生的条件性前提，以确保实现利益相关者的全部价值，这一点非常重要。这些条件性前提包括IT组织及其人员应对变化的能力和容量。

IT价值网络管理的第三阶段涉及IT价值形成，其重点是针对IT系统和基础设施，以及IT组织和人员的企业能力和容量管理。IT投资必须具有敏捷性，这样才能适应当前和未来的业务解决方案。

IT系统和基础设施的能力和容量

  企业利益相关者不断要求IT投资具有灵活性，要求IT项目能够通过高质量的IT解决方案迅速进入市场，并获得利润。然而，技术的发展速度越来越快，IT高管一直在奋力追赶，并重点关注目前的专业领域知识和主要发展趋势。而且，要实现新的和现有的IT投资的价值，IT高管必须对IT投资和资产的组合进行管理。但是，当前的系统和共享基础设施的能力具有局限性，并且受到整体技术水平的制约。实施投资组合管理的挑战是，要根据企业当前和未来的能力和容量，通过管理关键制约因素，使利益相关者获得最大的经济价值。

  关键问题是，企业需要根据最佳实践和经证明的技术标准，来构建一个IT架构战略，并将灵活性和价值选项嵌入其中。当前的架构通常包括一些硬件资产、许可证、系统图，可能还包括数据流。在这个架构中，没有有意义的排序或等级划分。将IT技术映射到整个企业的流程蓝图中，可以加强已知IT投资的明确性，以及其在支持业务流程过程中的依赖性。架构的IT蓝图应从不同的企业和业务部门角度进行构建，这些角度具体包括数据/信息（以及安全性）、界面/通信，系统集成和底层的计算机和网络。[1]基于IT资产管理的投资组合目录可以确保版本控制和可支持性，并确定投资技术生命周期和拥有成本。

  未来的架构蓝图可根据最佳实践和技术标准来确定，同时，企业可以制订一个迁移计划，以缩小差距或缩短以当前状态为起始点的过渡期。蓝图应涉及灵活性的价值选项，并能帮助企业确定开放技术选项，以实现长期敏捷性。此外，这些IT蓝图也应用作新业务驱动技术解决方案的过滤器，以确保在企业整体投资组合和架构中，IT人员对企业解决方案和点解决方案进行了仔细考虑。有的点解决方案看起来能节约成本，可以满足具体业务部门的要求，但是如果从企业角度衡量，对其进行整合并提供支持是很昂贵的。

在业务环境下对应用程序或系统的能力和容量进行管理，这十分具有挑战性，特别是当系统跨越职能、区域和业务部门界限时。此外，国家文化、语言、时区变化或单纯的运营方式的不同，都会进一步增加管理难度。我们不能忘记企业里严苛的利益相关者，他们希望IT投资具有敏捷性，并要求企业能够及时采取解决方案，以满足不断变化的业务环境要求。如果要在复杂环境下对应用程序进行标准化，使其具有敏捷性，那么我们需要进行企业资源规划。企业资源规划是一个耳熟能详的术语，它得到了大型应用程序供应商（例如SAP、IBM和Oracle）的支持。如果在企业范围内进行系统部署，企业需要将系统映射到未来的架构蓝图中，且系统应与企业的价值体系和业务流程保持一致，如图11.1所示。一个扩展的企业资源规划价值体系包含整个公司业务或价值网络的关系、交易和信息流。

客户关系管理系统与面对客户的流程一致；供应链管理系统与面向供应商的流程以及运营和物流流程一致。企业应用程序集成（EAI）或中间件可以提供系统间的信息和交易总线，并能够与人力资源信息管理（HRIS）、金融及采购相关系统集成。而利益相关者经济价值会在价值体系或业务网络内的价值交换中实现。这种交换过程可通过管理信息系统和决策支持体系来进行跟踪和评估。对企业资源规划环境进行管理不是一个容易的工作，它要求应用程序和版本能够与集成环境兼容并得到支持。如果企业资源规划成功实施，就可以显著提高业务价值，并在敏捷的环境下，提供高质量的解决方案。

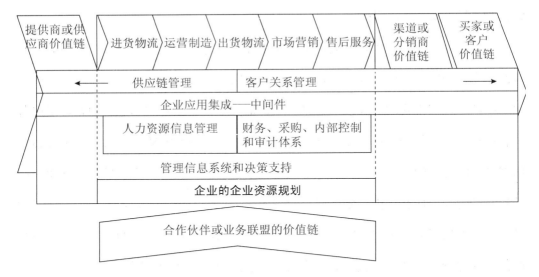

图11.1 企业资源规划

对底层共享基础设施的能力和容量进行管理同样具有挑战性，因为技术变化速度不断加快，存储增长、数据标准化和服务器虚拟化加剧了复杂性，当需要同时应付这三方面问题时情况更为复杂。网络服务质量与数据和声音包优先级及带宽问题总是无法同时得到有效处理。数据中心的空间和电源需求持续增多，或者需要重新配置，当企业打算进行业务和灾难恢复时，这种需求更为明显。信息安全的漏洞每周都有变化。大多数情况下，共享技术基础设施对整个业务社区来说是透明的，一旦某个元素崩溃，大规模破坏便开始了。企业应在对降低拥有成本的长期技术标准进行决策的同时，管理用于维持运营的增量投资和用于满足新业务需求的短期增量投资。

共享的基础设施需要计算和网络架构蓝图，以对IT资产进行更为严格的管理。很多时候，公司使用的台式机、服务器、路由器、交换机和提供支持的操作系统都没有及时更新，也没有安装最新的版本或补丁。基础设施支持能力不足和信息安全有漏洞会给企业带来风险。由于共享基础设施和应用程序之间存在互操作性问题，当无法兼容和不受支持的版本被付诸运营或实现时，支持能力不足的问题便会愈发严重。这种风险可以通过良好的IT资产或库存管理来缓解。而且，IT能力和容量是可变因素，其变化会影响运营的成本。大多数情况下，共享基础设施的质量应与所达成的服务级别协议挂钩。在服务级别协议中，企业应确认与预算相符的IT能力和容量。对于资本分配，企业必须做到始终如一，充分考虑折旧情况，并确保共享基础设施能得到及时、有效的更新，以满足当前和未来的要求或标准。

企业可创建价值选项，以便对系统和共享基础设施的能力和容量进行管理，获得未来的业务价值（参见第5章讨论过的实物期权）。在结果不确定的情况下，如果企业需要业务长期增长，或技术快速变化，则应将重点放在业务网络中协商的选项上。提供商、供应商、合作伙伴、业务联盟、渠道和客户协议应具备敏捷性。在很多情况下，公司之间的合同或服务级别协议过于结构化，其目的是保护被明确定义的承诺。这些协议不应只强调服务级别、合规性、担保和处罚等议题的运营尽职调查，而应规定战略意图和合作伙伴关系的灵活性。

战略意图应涉及双方商定的长期共同目标、共担的风险、共享的收益，以及共生关系的本质。供应商、合作伙伴和客户管理应处理这些重要的关系，但不应被仅定性为交易性质。利益相关者间的价值选项使双方可以灵活地签订协议、适应市场和行业的变化，并可以确保在合作关系的整个生命周期内，双方能够实现双赢的结果。企业可以实现这样的价值选项，并在各个时间点及时打破能力和容量的约束，确保对业务需求做出及时响应。例如，一个供应商通过租借服务器或路由器，或者增加最大带宽的方式来解决短期客户问题，而无须就当前合同再进行漫长的重新协商。这样的附加价值会通过长期协议和公平的价值交换返还给供应商。

如果要对系统和共享基础设施的能力和容量进行有效管理，那么我们必须要考虑IT架构的规划、企业资源规划、资产管理以及价值选项问题，这些因素能够提供灵活性并加快产品或服务上市的时间，从而实现利益相关者经济价值。

组织和人员的能力和容量

如第2章所述，组织资本中的互补性IT投资可以显著提高绩效。这些投资有时会被划分到变更管理的范围内，它们可能包括：分散决策系统、自我管理型团队、岗位培训、组织设计、业务流程改进和内部沟通，此外还包括组织文化、组织发展、人才管理以及变革的阻力。这些是关键的变更因素，但通常又是实现完整IT价值的制约因素。例如，人力在适应业务变化方面起着至关重要的作用，如果在人员的能力和容量方面投资不足，可能无法实现价值，因为IT解决方案不能得到有效部署或实现。

我们前面讨论过，公司的愿景、使命和价值观会为公司提供战略方向，确定公司章程。公司组织结构的设计应能够符合其章程并达成规定目标。公司内部和公司间的关系和相互依存关系应在公司业务网络中进行明确定义。通常情况下，关注公司内部会导致公司失去与合作伙伴、客户和供应商构建价值选项的机会。确定公司以外的能力和竞争力可以补充内部组织，同时提供灵活性，而不会增加固定成本。管理公司内部和外部的合作伙伴关系或其他业务关系应是IT高管的主要任务。

在公司内部确定卓越中心的重点是，构建内部核心竞争力以获得竞争优势。而公司外部的卓越中心能及时或渐进地提供虚拟能力。事实上，由于新的业务模式、市场变化、企业成熟度、所采取的集中或分散战略，或仅仅出于政治目的，公司的管理结构和组织一直在发展。首席信息官应考虑如何能尽量把IT组织能力和业务要求协调起来，同时还要保证交付团队的完整性。IT治理必须能够解决所有权、问责制和责任问题。管理层可能不太关心这些问题，管理层可能不太关心这些问题，也不太关心尝试交付服务的人员的挫败感。

人力资源规划既要确保未来的技能和能力在合适的时间、合适的地点可用，同时也要关注现员工的需求。如何选出最优秀的人才一直是一个挑战，当工作多、劳动力少时更是如此。人力资源规划的关键是获取、构建、激励和留住关键和稀缺的技术。具有这些技术的IT人员很重要，公司应将他们看作人力投资，而不仅仅看作劳动资产。IT专业人士有时候被视作各种问题的源头，他们经常被误解。人才吸引和招聘的重点应是构建内部核心能力，同时公司也可以利用外部承包商作为非核心或补充资源。激励和挽留员工需要公司在奖励、能力认可、个人发展和职业规划方面给予密切关注，因为这些都是确保IT价值形成的基本途径。最终，资源管理成了公司面临的最大挑战，它使公司能够满足需求，并根据业务收益和组织制约因素进行优先级排序。

除了负责技术发展、组织调整和竞争力中心之外，IT高管还需要接纳并参与变更管理。我们之前提到过，如果未向组织资本注入大量补充性投资，那么IT投资将无法实现其完整的业务价值。通常情况下，新的业务相关IT投资需要员工培训和沟通介入。但在很多情况下，IT高管还需要在工作再设计上进行投资，以适应改进后的流程和问责制。此外，当业务流程受到影响时，不仅需要对过程进行变更，还可能需要对策略进行更改。要使业务运营发生实质性的改变，企业需要对利益相关者的影响力进行适当评估。无论是为了员工的沟通或培训，还是为了组织设计的需要，新系统和共享基础设施投资都必须包括变更管理。为了确保对利益相关者各方面进行全面考虑，企业必须要在项目范围内尽早让变更管理专家参与进来。

除了寻求组织调整和成立竞争力中心外，IT高管还需要熟练处理公司内外的合作伙伴关系。此外，他们需要接纳变更管理，并通过向组织资本注入补充性投资来

形成IT价值。

IT价值网络的第三阶段的重点是IT价值形成。企业应确保将IT和补充性投资考虑进去，以满足企业能力和容量需求，必要时进行约束条件管理。第12章讨论了第四阶段，过渡到了IT价值优化，而价值优化的具体方法是项目和系统管理。

注释

1. Bentley, W. (2007). *Systems Analysis and Design Methods.* New York: McGraw–Hill Irwin.

12 IT价值的第四阶段

IT价值网络管理的第四阶段将关注IT价值优化,重点是项目群和项目管理以及系统管理。优化IT投资的价值是IT高管的根本责任,这主要通过高性价比的优质IT解决方案来实现。第2章重点讨论了由项目管理实践不佳造成的价值损失。项目管理的目标应是,对已规划好的IT解决方案的价值进行优化,并交付能达到业务案例目标的优质成果。系统管理会为系统应用程序和共享基础设施提供持续的支持和维护,并借此考虑价值优化问题。此外,在项目执行和支持系统管理能力之间,存在着很强的相互依存关系,后者的不足可能会严重阻碍项目的成功交付。

IT价值网络管理的第四阶段关注IT价值优化,重点是项目群和项目管理以及系统管理。在这一过程中,企业有望得到优质的成果和高性价比的解决方案,从而实现利益相关者经济价值。

项目群和项目管理

根据投资规模和复杂程度，项目群可交付战略或运营计划，而项目本身可交付计划。在第6章中，项目群和项目管理曾作为IT投资评估的常规规划方法被讨论过。根据业务要求，项目管理可交付优质成果，优化企业资源的部署。在预算和时间范围内，企业可通过降低执行风险，实现项目管理的额外附加值。图12.1描绘了一个项目管理生命周期的五个关键阶段。

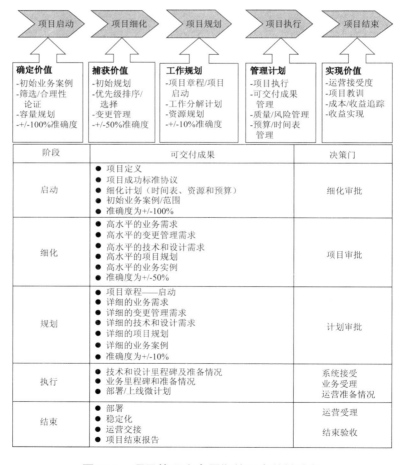

阶段	可交付成果	决策门
启动	● 项目定义 ● 项目成功标准协议 ● 细化计划（时间表、资源和预算） ● 初始业务案例/范围 ● 准确度为+/-100%	细化审批
细化	● 高水平的业务需求 ● 高水平的变更管理需求 ● 高水平的技术和设计需求 ● 高水平的项目规划 ● 高水平的业务实例 ● 准确度为+/-50%	项目审批
规划	● 项目章程——启动 ● 详细的业务需求 ● 详细的变更管理需求 ● 详细的技术和设计需求 ● 详细的项目规划 ● 详细的业务案例 ● 准确度为+/-10%	计划审批
执行	● 技术和设计里程碑及准备情况 ● 业务里程碑和准备情况 ● 部署/上线微计划	系统接受 业务受理 运营准备情况
结束	● 部署 ● 稳定化 ● 运营交接 ● 项目结束报告	运营受理 结束验收

图12.1   项目管理生命周期的五个关键阶段

第一阶段为项目启动，即确定业务价值，具体方法是通过仔细研究初始要求，并以+/-100%准确度开发初始成本/收益或价值创造业务案例，这被称为财务应急分析。在大量组织资源投入项目之前，投资审查委员会应对初始业务案例的合理性论证进行筛选，了解执行的有效性和产能。通常情况下，项目定义中会附有预期的细化成本，并与计划一同提交。项目管理办公室和执行发起人之间应签订项目成功标准协议，以确保项目基线指标，并对利益相关者的期望进行管理。在细化审批决策门，执行审查委员会可能会拒绝、批准，或者要求提供更多的信息。

第二阶段为项目细化，即通过高级业务案例和初始项目计划获取业务价值，其准确度为+/-50%。预估成本的应急费用应降低到项目总成本的50%以下。该阶段会产生业务、技术和变更管理需求，以支持业务案例的成本和收益。细化时间、资源和成本与细化程度密切相关。如果细化的项目无法实现利益相关者经济价值，那么企业没有理由对其进行投资。因此，相对于其他项目和投资包络线或限制因素，这些文档不够详细，它们应能够提供充分的内容，并为管理层进行决策提供信心。在项目审批决策门，执行审查委员会将拒绝、批准，或者要求提供更多的信息。

第三阶段为项目规划，即通过详细的项目规划和缜密的业务案例来计划工作，其准确度为+/-10%。应急费用目前已降低到项目总成本的10%。在该阶段，企业要制定项目章程，以启动项目，确保利益相关者全面参与并承担责任。通过在详细规划过程中对业务、技术和变更管理需求进行适当的尽职调查，项目将被推进，并且业务案例验证的精确成本也可得到最终确定。企业这样做不仅能将资源合理地分配到项目规划中，还能构建详细的工作分解结构。在计划审批决策门，执行审查委员会将拒绝、批准，或者要求提供更多的信息。

第四阶段为项目执行，即通过里程碑交付、管理范围、资源、预算、时间表和风险管理来执行计划。技术或设计的里程碑包括：建模或系统设计、配置或开发、各种测试步骤、基础设施和实现；业务的里程碑包括：业务流程重组、策略与程序、部署准备和变更管理（包括沟通、员工培训和组织设计）。决策门发生在接理技术系统、受理业务，以及准备好部署或运营时。项目变更管理可对项目的范围、预算和时间表变化进行管理。投资审查委员会应根据项目成功标准，定期对项目里程碑进行审查。仪表板将帮助投资审查委员会在投资组合中做出合理的决策，同时也能帮助他们决定是要取消、加速、减速、延迟项目，以及控制规模，还是继续维持项目执行现状。

第五阶段为项目结束，即通过项目交付和项目完成后的成本/收益跟踪来实现价值。在部署完成且系统稳定之后，项目就进入了收尾阶段，最终产品会移交给运营或生产支持部门。运营接受决策门将使部署和稳定化的完成变得正式。项目在结尾验收门正式结束。项目结束前，我们要检查其是否符合项目成功标准，并从中汲取经验教训，为项目管理办公室积累实践经验。项目结束后企业所有者或赞助商拥有可交付成果或最终产品，他们应负责实现收益，并根据新的年度预算跟踪收益变化。随后，为了跟踪收益实现情况，他们应每季度或每年进行组合审查。

项目群和项目失败的原因通常是，在确定适当的方法及收集和分析正确的数据时遇到了问题。第6章讨论过确定项目的关键成功因素、管理利益相关者预期，以及依据一致同意的指标进行管理的重要性。评估需要资源和时间，但它可以使利益相关者经济价值实现几倍的增长。在评估项目群和项目时，企业需要使用业务、技术和流程评估方法。通过业务项目管理办公室的治理，IT项目群和项目可根据关键成功因素或多维方法进行管理。这包括：

- 成本/收益价值捕获（如业务案例中所定义）。
- 实现业务规范（如业务需求文档中所定义）。

- 确保组织已做好准备接受变革（如变更管理文档中所定义）。

- 交付优质的技术规范（如技术需求文档中所定义）。

- 项目管理符合项目管理办公室的最佳实践和流程。

- 实现里程碑可交付成果和质量保证。

- 降低风险——无论是具体项目的风险，还是与企业运营影响相关的风险。

- 符合时间或日程计划。

- 符合预算或投资计划。

- 资源和团队管理。

- 精确的沟通和报告。

- 利益相关者的期望和满意度。

如项目各阶段的跟踪情况所示，企业要对相关的、可评估的项目成功标准进行定义，协调团队成员并优化资源。由于这些标准的权重或优先级不同，因此评估方法应根据利益相关者视角而有所变化。IT项目管理的高级方法与了解和评估项目风险有关。例如，如果针对研发项目支出采取柴尔斯和特里安蒂斯的评估框架，那么企业可以通过最优IT项目的执行时间来预测IT支出。通过应用风险模型，企业可以决定是加快、搁置还是放弃项目，这增加了投资的灵活性。[1]企业总是需要对目前的项目绩效和新项目机会进行评估。IT价值指数和IT价值组合（如第5章中所述）不仅可以帮助企业制定投资决策，提高了投资绩效，而且为业务项目管理办公室提供比较项目回报的工具。

项目能成功最重要的因素是，要预先定义相关的、可评估的项目成功标准，协调团队成员，对资源进行优化，并对利益相关者的预期进行管理。

系统管理

系统管理的重点是，在对系统应用程序和共享基础设施进行持续支持和维护过程中进行价值优化。企业系统管理重点关注支持业务运营的所有IT投资之间的关系和依赖性。为了有效地交付IT价值，企业应通过最佳实践对以下几方面进行优化：

- 资产管理，即进行硬件和软件资产的存货清点，以便能够全面查看嵌入企业资产的IT资产基础。资产清单应包括每一项资产的简介，以确定技术处于生命周期的哪个阶段——目前阶段、成熟阶段或结束阶段。该清单还应说明总体拥有成本，包括初始资本成本、折旧成本、剩余价值成本和支持成本。补充投资或费用（如耗电量、潜在的业务中断情况以及持续的培训需求）也应包括在清单内。资产管理的目的是对资产基础进行成本优化，以便将来更新必要的资产或更换投资。

- 绩效管理，即考察系统和共享基础设施在运营和业务方面的绩效。考察IT运营的绩效时，企业可以将生产率与基准进行对比，并考虑处理统计数据或进行基于成本的评估（如每个员工的IT成本或单位销售收入的IT成本）。业务交易管理是一个相对比较新的方法，但它有可能可以确定业务绩效。交易经过调整并与业务流程一致后，企业可以从执行速度、可用性、可扩展容量和准确性几个方面对其进行评估。用户活动可被监控，因此管理者可以深刻了解系统中需要改进之处。此外，服务级别协议会对绩效预期和绩效进行管理。

- 应用程序管理，其重点是系统管理、问题管理和控制管理。应用程序管理人员为日常生产管理提供了必要的访问权限、工作进度安排和运营例程。

问题管理会确定应用程序事件或问题的根本原因；控制管理包括版本控制、发布管理和变更控制。严格的应用程序变更管理控制应确保新功能、新补丁或新版本能够安全迁移或发布到生产环境中，并最大程度地减少业务中断时间。因此，企业应对许可证协议进行监测，注意用户和服务器的限制和多个事件之间的相关性。企业会对应用程序的可用性、响应时间和功能有很高的期望，应用程序绩效管理人员应考虑到这一点。

■ 系统开发生命周期（SDLC）。购买还是构建？这始终是一个问题。在行业最佳实践的基础上，普通的或现成的软件可提供的功能越来越多，敏捷性也越来越高。商业软件也得到了显著发展，业务流程的配置更加灵活，这最大程度地减少了定制需求。如果某个独特的企业运营方式能带来竞争力优势，那么便有充分的理由针对似乎是标准问题的情形开发应用程序或独特的点解决方案。尽管从头开始构建系统有风险，但通过可靠的系统开发生命周期方法可以降低风险。无论是标准瀑布法，还是快速应用程序开发（RAD）法，都能做到这一点。

■ 数据中心和计算管理，包括故障检测和排除、容量管理，以及桌面客户端到后台服务器使用情况的监控。其中，客户端管理包括台式机和笔记本电脑环境，涉及从图像控制和办公生产力工具到帮助台的管理；服务器管理重点关注应用程序和数据计算能力；存储管理会专门管理数据服务器，包括备份和还原过程；服务器可用性监控和指标能详细显示服务器对争议点或故障所做出的主动响应；全面数据中心管理包括应用程序、数据服务器以及环境条件（如电力、空间、安全性和恢复能力）。

■ 网络管理，包括故障检测和排除、容量管理以及对电信语音和数据网络使用情况的监控。开放式系统互连（OSI）的系统管理概述为网络管理提供了FCAPS（故障、配置、会计、性能和安全）标准：

➢ 故障管理。对电信网络内的故障进行检测、隔离和纠正；

➢ 配置管理。网络设置、版本控制和可扩展性；

➢ 会计管理。财务监控和交易，或者使用计费；

➢ 性能管理。节点或组件的监控，以及交付服务级别协议；

➢ 安全管理。法规遵从、网络漏洞、身份、访问和风险缓解战略。

■ 安全管理。从广义上讲，它包括对资产、信息、人员和组织的保护。应用策略、过程、指令、指导原则和标准可减轻威胁或漏洞带来的风险。信息安全的任务是保护数据，保持机密性、完整性和可用性。越来越多的数据损失正在迅速促使安全保护问题向内转变，即通过应用程序访问从网络边界转向数据库加密。保护重要的东西需要多道防御系统，最后的防线是数据本身的安全性。

■ 供应商管理。该方面经常被忽视，它包括合同管理和关系管理两方面。在业务网络中，供应商可以成为合作伙伴，增加价值交换。企业必须根据合同对服务级别协议进行管理，最好是根据战略意图管理与供应商的关系。灵活性和互补能力提供了能应对不断变化的业务和市场条件的敏捷性。由于企业价值链中IT对供应商的依赖性增加，外包加大了对这方面的投入。随着受管服务、主机托管和应用程序服务提供的内容的普及，供应商管理成为价值管理中必要的环节。

■ 业务连续性和恢复，即对影响业务的灾难进行规划和预演。业务连续性规划是一个主要的业务流程功能，它会根据需求对业务实践进行替换和备份。灾难恢复通常与IT系统、共享基础设施的备份，以及恢复过程和能力相关。大多数IT组织面临的最大挑战是热备份和生产复制的成本。从本质上说，在恢复站点或数据中心内复制生产环境可能会使IT相关支出增加一倍。因此，许多企业在风险和成本间寻求平衡，将开发/质量保证（QA）环境与生产环境分开，以获得一些恢复能力。

企业系统管理重点关注所有IT资产的相互关系和相互依存关系，优化了须关注的操作，这也实现了最佳项目的交付。

IT价值网络管理的第四阶段的重点是IT价值优化。第13章将探讨第五阶段，通过服务管理和信息管理，实现IT价值从优化到实现的过渡。

注释

1. Chids,p., and Triantis,A.(1999,October)."Dynamic R and D investment policies."*Management Science*,45,1359–1377.

13 IT价值的第五阶段

IT价值网络管理的第五阶段的重点是从IT价值优化到IT价值实现的转变，包括服务管理和信息管理。业务利益相关者更感兴趣的是IT可以交付什么样的服务，或者它能支持什么样的流程，而不是底层系统应用程序或基础设施功能。此外，这些服务和流程还应与网络提供的信息和知识相结合，以推动利益相关者经济价值的实现。当服务级别协议得到满足、项目根据业务案例交付、交付的业务解决方案满足业务需求，并且信息可以被解放出来以改进决策时，业务价值开始实现。

IT价值网络管理的第五阶段的重点是从IT价值优化到IT价值实现的转变，包括服务管理和信息管理。在该过程中，通过业务解决方案、服务交付以及将解放的信息作为业务或价值网络中的智力资本，利益相关者经济价值将得以实现。

服务管理

随着价值优化转变为价值实现，我们已将注意力转向了服务管理。企业的运营能力可被描述为流程和利益相关者服务的总和。因此，优化IT价值要通过增强服务和流程来实现，这为整个企业的价值体系（包括客户、供应商和合作伙伴）提供了业务解决方案。企业应将客户关系管理或供应链管理视为流程和服务解决方案，不应将它们归类为企业资源规划应用程序。

信息技术基础设施库（以下简称为ITIL）是一个可定制的、用于供应和管理IT服务的最佳实践框架。由于需要提高质量、改进流程，英国政府商务办公室（OGC）定义并开发了ITIL。自20世纪90年代末，ITIL已在国际上得到了推广。2007年6月，ITIL更新了指导方针，提出了对服务管理采取集成服务生命周期的方法，之前的ITIL 2.0则是围绕IT服务交付和支持流程进行组织的。[1]在ITIL 3.0中，服务管理实践最初包括五个核心文本卷：

- 服务战略，即专注于那些能使服务设计满足内外部客户需求的营销机会。该主题涉及的关键领域包括服务组合管理和财务合理性论证。

- 服务设计，其建立在战略方向的基础上，用于设计服务和支持流程。该主题涉及的关键领域包括容量管理、可用性管理、连续性管理和安全管理。

- 服务转型，即将新的或修改后的服务的实现带入生产环节。该主题涉及的关键领域包括配置管理、发布管理、变更管理和服务知识管理。

- 服务操作，即操作和维护或支持服务所需的活动，这些活动通过内外部客户服务级别协议确定。该主题涉及的关键领域包括请求或要求满足、（偶然）事件管理、问题管理、事件管理。事件管理是ITIL 2.0的新增流程，它能够管理与信息相关的事项（日志）、警告（警报）和关键事件（触发偶然事件）。

■　持续的服务改进，即通过持续改进流程来提高服务质量。该主题涉及的关键领域包括服务评估、服务级别管理和服务报告。

ITIL 3.0为如何优化和实现服务的业务价值提供了指导。其重点为投资回报率和财务合理性论证，目的是使企业在流程改进过程中变得成熟，以降低服务供应和支持的成本，并提高质量和业务价值，从而最终优化可实现的IT价值。此外，该版本还可以实现各个内外部客户服务级别协议所要求的绩效提升目标。

从IT系统过渡到利益相关者服务文化需要服务意识，这将改变IT组织交付有价值的业务能力和解决方案的方式。IT高管应使服务意识根植于整个IT组织，并将其作为制度确立下来。此外，IT高管必须定义和实施服务管理流程。他们应根据服务战略，在服务目录内设计服务，以使利益相关者能够获得可见且有意义的采购清单。服务目录可确定通用和独特的服务组件。这些服务组件可支持整个业务，根据特定的内外部客户需求进行打包，并能基于相应的服务级别协议构建解决方案。被打包或捆绑的服务将在电信行业得到有效部署，电信行业的消费者可以从所签订的高价值主张的服务中获益，这些服务主要包括移动电话、固定电话、互联网、台式机和娱乐设施。图13.1是一个服务目录设计示例。服务级别协议是为电力用户定义的，具有电信、计算和娱乐三个打包服务类别。服务也与流程紧密相关，因为服务本身往往也是流程（例如服务台），而高质量的输出是衡量绩效的方式。流程手册可能是有用的支持文档，它能定义用户流程、步骤和所需的服务。

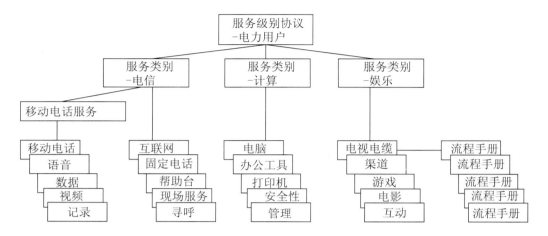

图13.1　服务目录设计示例

服务目录中的服务组件包括以下属性：

- 第一部分——索引：服务类别；服务描述；服务所有者；用户或用户细分；服务级别协议参考；流程手册参考。
- 第二部分——主体：评估方法；绩效；使用情况、频率或定时；成本或资源；交付通道；唤起服务。

服务级别协议的目标是管理和保持交付给内外部客户的服务质量。这个目标通过一个连续的循环过程实现，包括对服务级别绩效的同意、监控和报告。管理客户期望是整个过程的关键，这需要持续的沟通，以确保认识和理解客户的需求。当服务级别应用在协议内部时，处理流程和外部服务没什么不同；然而，一些内容通常被排除在协议外，如保证条款、补救措施、知识产权、法律合规性、保密信息、安全性和可能出现的补偿。

构建IT组织服务文化还需要设计和实现面向服务的架构，使基础系统和共享基础设施能解放有价值的服务。我们已在第1章讨论过，在设计面向服务的架构时，可能会出现相当大的争论。争论点是：企业是根据标准业务流程和数据图表驱动整个企业的计划，还是利用一个自下而上的方法，重点关注具体的系统集成问题。我们很可能最后选择在中间点取得妥协，专注于企业服务总线，注重服务定义、集成、服务质量、服务级别协议、安全性、消息处理、建模、通信、企业服务总线管理和智能基础设施。

在面向服务的架构的基础上，Web服务正变得越来越流行。该架构把复杂的系统分解成可重复使用的服务组件。这些组件能提供业务价值，并且可以被视为业务重点。此外，Web服务的特征是：特定于任务或以流程为中心、无状态/独立、松散且耦合，但具有稳定的接口、粗粒度以及基础设施友好。所有这些特征都被分配给多个租户和用户。企业面临的挑战是，从多个租户或系统中分离出核心遗留功能，从而创建可以在多平台重复使用的服务接口。因此，中间或聚合服务成了基本业务逻辑或数据Web服务的重要接口。基础服务可与遗留功能和其他Web服务或服务接口捆绑在一起。由于托管服务提供商（MSP）和面向IT服务的文化的兴起，大型、整体式企业资源规划应用程序正在逐渐消亡。

将IT从技术转变为利益相关者服务文化，可以优化利益相关者经济价值。但这需要企业对IT组织进行根本性的变革，形成服务意识、实施服务管理流程，并考虑使用面向服务的架构。

信息管理

数据通常无法得到充分利用，因此它有着巨大的潜力。数据往往既没有被转化为信息，也没有创造知识。IT所创造的无形资产能带来超额回报，且产生很高的市场价值。但是，管理和衡量无形价值和智力资本的工具都没能跟上人们创造价值的愿景。更好的信息行为将带来被优化的业务绩效，并实现可衡量的智力资本和有价值的无形资产。图13.2阐释了业务或价值网络智力资本所需的构建块。

业务网络智力资本是指在企业影响范围内获得的、累积的利益相关者智力资本。该资本通过升值的无形资产来增加企业的市场价值，进而形成可衡量的知识产权或所有权。因此，它是利益相关者经济价值的主要驱动因素。风险投资家不断证明智力资本的重要性，他们给予企业的估值比其底层有形资产基础支持的价值高出了几倍。这种做法在出现"互联网泡沫"的20世纪90年代中后期尤为盛行。然而，除了用于研发和收购外，智力资本极少出现在企业账面上。企业的市场价值和账面价值之间形成了无法解释的差距，正是这个差距导致了风险投资家对企业实际价值做出投机性估值。这种投机性估值会使得无形价值打折扣、损失或者未被考虑在内，这种情况会对企业在IT投资和业务价值方面的决策产生负面影响。

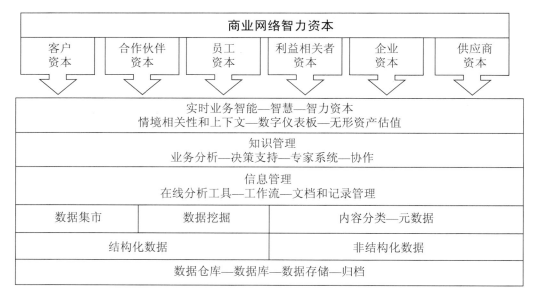

图13.2　业务或价值网络的智力资本所需的构建块

广义上的信息管理是智力资本的催化剂，从根本上说，也是数据从潜伏状态、分散结构化状态和非结构化状态进行转变的关键路径，它可以为企业提供潜在业务价值的集成视图。然而，许多企业还未能掌握集成式的企业信息管理方法，这颇具讽刺意味，因为IT的第一个字母和CIO中的第二个字母"I"表示的都是信息。在大多数企业中，似乎没有人拥有数据，问题就出在这里。流程所有者存在，系统或技术所有者也存在，但数据所有者却不存在。数据落入数据库的空隙中，就会变得不可见，甚至消失。尽管IT组织应是数据标准和基本数据管理技术的管理员，但流程所有者需要承担起责任，他们自己也要拥有数据。通过更好地理解数据流和工作流，流程所有者也可以有效地调整数据，使其与流程一致，然后再对其进行优化。数据挖掘、特定于域的数据集市和在线分析工具提供了有效组织结构化数据的方式；而内容分类（使用元数据）、文档和记录管理可提高非结构化数据的可用性。

信息管理已变得更加复杂，需要经过严格的流程来捕获、组织、维护、存储、检索，且进行结构化归档或把文档存为非结构化的数据或内容。围绕网络的日益成长的数字化信息要求人们能够对信息进行更仔细的辨别。知识管理在20世纪90年代中期被作为一门学科引入，它提供了使信息与组织目标保持一致的方法。了解实现既定目标（如绩效改进、客户忠诚度或组织学习）所需的知识意味着我们需要决定我们知道什么、我们如何知道它，以及我们正在错过什么。应用业务分析、决策支持、专家系统和有效的协作方法和工具，使我们能够进行有意义的过滤和综合，进而制定出有效的决策。此外，知识传递是实现及时决策的关键，它可以确保正确的人在正确的时间，拥有正确的信息。我们将在第19章对整个业务网络中的知识映射进行讨论。

实时业务智能要求企业对给定的时间敏感情景应用企业知识。数字仪表板在事件发生时会提供业务指标的实时视图。及时的信息或者在某个点及时出现的知识，需要整个业务网络的实时访问和协作。第19章会探讨网络价值分析，并深入研究利益相关者之间的关系、协作和价值交换。在IT价值网络管理的环境中，关键是要把无形知识资产转化成可衡量的智力资本和利益相关者经济价值。这种转换在订阅服务中显而易见：为获得的知识和信息付费。在线搜索工具、研究机构、论坛、公告栏和聚合或域站点都会提供有价值的利益相关者服务，并获得收入。教育性服务是获得实时知识的一个示例，它可以提供及时的认证或与情境相关的内容。相反，报纸业很可能会最终消亡，因为报纸在发行时，消息就已变得陈旧和过时，价值也会降低。

最终，利益相关者愿意支付的、超出和高于知识成本的溢价就是智力资本的价值。这种说法很容易得到证实，例如企业愿意为服务提供商支付溢价，因为企业认为该提供商比竞争者具有更高的知识水平和更多的实施经验。同样，正是由于智力资本的高价值，企业愿意为共享基础设施的灵活性或配置选项级别更高的应用程序支付更多的费用。嵌入的知识或互操作性能力、集成复杂性、无处不在的标准或最佳实践都要支配溢价值。如果IT组织拥有制度化的最佳实践、实施常青技术，或者针对不断变化的业务需求提供敏捷平台，那么它的无形价值会增加，同时利益相关者的智力资本也会增加。计算无形资产可以用围绕未来期权的利益相关者价值和评估方法，这与金融期货市场的情况类似。

管理和评估智力资本、解放潜在数据的工具尚未跟上人们创造价值的愿景。通过信息管理和业务智能产生的无形资产可以带来超额回报，实现更高的市场估值。

IT价值网络管理的第五阶段的重点是从IT价值优化到IT价值实现的过渡。第14章将讨论IT价值的第六阶段——通过网络价值管理实现IT价值。

注释

1. U.K. Office of Government Commerce (2007, June,). "Information technology infrastructure library, ITIL v3.0." Retrieved September 25, 2008, from http://www.itil.org.uk/

14 IT价值的第六阶段

　　IT价值网络管理的第六阶段的重点是通过网络价值管理实现IT价值。价值实现最明显的证明是IT回报被记录在公司账目上，或预算为适应收益而被重新设定。审计功能将会最终证明价值已实现，它会独立验证已实现并记录在账的IT价值。然而，股东会继续评估IT绩效与价值，在IT投资需要时间转化到账面和市场股价上时更是如此。这点我们曾在第2章讨论过。网络价值管理是一个不间断的流程，该流程通过管理业务关键成功因素、满意度和期望来确定和实现利益相关者经济价值。

　　IT价值网络管理的第六阶段的重点是通过网络价值管理实现IT价值。除了入账的回报，利益相关者经济价值也可通过管理业务关键成功因素、满意度和期望获得。

网络价值管理

在第5章我们讨论过，价值创造业务案例会帮助企业确定价值将在何处获取、随后在何处实现。IT价值可能需要一段时间才能实现，并且可能需要转换方法——收益实现模型。IT高管需要管理利益相关者的期望，并继续实现关注者眼中的价值，这需要在较短期内提供利益相关者经济价值。

利益相关者会对IT绩效进行正式和非正式的评估，评估依据是：预期回报、服务级别协议、业务解决方案、项目交付、运营能力、可用性、灵活性。如果以上这些依据都没有，则可使用各时间点的感知价值来评估。因此，IT高管需要不断地评估IT共享基础设施、系统、服务和战略性投资；就IT对业务网络利益相关者的影响进行有效衡量和沟通也必不可少。第二部分讨论了包括调查在内的多种IT投资评估方法或技术。要理解预期和被感知的利益相关者经济价值，明智的做法是不断进行内外部的利益相关者满意度调查。组织焦点小组应确定需要改进的领域和利益相关者满意的领域，从而通过发现和调整流程提高绩效。对有形价值和无形价值的绩效评估需要关键利益相关者的支持，而且必须是持续的支持。事实上，被感知到的利益相关者价值是真实的价值，它需要预先获取并且在不同时间点及时交付。第19章会更详细地探讨利益相关者的价值期望和感知情况。

调查的艺术需要理解利益相关者的情况，也就是业务或价值网络的具体情况。第19章还会探讨以确定成员和关系为目的的价值网络分析。网络价值管理建立在网络价值分析的基础上，它能够确定成员"忠诚度"或满意度的驱动因素。如果企业将平衡计分卡进行调整，使其与企业的战略目标和关键绩效指标保持一致，那么企业就可以利用它来级联整个组织上下的业务目标，并确定功能性的关键成功因素。满意度的业务驱动因素可以通过焦点小组和调查得到推断和验证；企业可以根据这些驱动因素评估IT投资，衡量满意度和价值的感知。此外，外部利益相关者应该参与到类似的"轻"流程中，在业务网络内建立满意度驱动因素。如果我们将触及面延伸到业务网络，则可以从一些主要的利益相关者群体角度感知价值。这些主要的利益相关者群体包括客户、提供商、合作伙伴，甚至董事会。这样，IT投资的全部潜力会被获取，并被设法实现。网络价值管理的本质是IT投资的价值忠诚度业务模式，而建立忠诚度能推动可实现的价值。

网络价值管理是一个持续的流程，它可以确定和实现利益相关者满意度的驱动因素和期望。企业应根据共同业务驱动因素对利益相关者进行分类，可根据外部成员（即提供商、合作伙伴、细分的客户和股东）和内部功能（即销售、市场和财务），也可根据组织级别（即员工、管理人员和高管）。焦点小组和支持性调查能确定IT投资的基线绩效，从而衡量满意度和感知价值。利益相关者了解了基线绩效后，会就目标行动和改进方案达成共识。企业应开展持续的绩效考核，并一直保持与利益相关者的沟通，部署适时的调查并在合适的时间报告跟进情况。这样做的目的不是调查并否决IT投资，而是定位价值机会和不满意因素，在调查被其他职能部门或群体所采用的IT投资时更是如此。利益相关者应重视调查，认为其是有意义且有目的的，并认可和操作调查的响应。企业可以考虑进行有针对性的分层次的调查，并创建焦点小组。焦点小组包括外部焦点和内部焦点。

- ■　外部焦点包括：
  - ➤　年度董事会焦点小组，目的是获取和实现董事会IT价值；
  - ➤　年度股东焦点小组，目的是获取和实现股东IT价值；
  - ➤　年度客户焦点小组，目的是获取和实现客户关系满意度和IT价值；
  - ➤　年度供应商或厂商焦点小组，目的是获取和实现供应链、运营满意度和IT价值；

> 年度合作伙伴焦点小组，目的是捕获和实现合作伙伴满意度和IT价值；

> 年度行业焦点小组，目的是获取和实现基准比较、最佳实践和IT价值。

■ 内部焦点包括：

> 年度高管行政调查或焦点小组，目的是获取和实现IT战略性调整和价值；

> 年度功能性调查或焦点小组，目的是获取和实现IT运营能力和价值；

> 季度员工调查或以事件为基础的服务台或帮助台调查，目的是获取和实现IT服务满意度；

> 项目结束调查，目的是捕获和实现IT项目管理的满意度和价值。

利益相关者满意度是指利益相关者在特定时间点的思想状态，因此我们必须谨慎地解读调查回复，而且应将定量方法应用到严格的评估中。如果我们不理解价值的基础预期或感知，那么满意度回复可能会对我们产生误导作用。如果预期比较低，那么平均绩效满意度评分会很高；如果感知价值高，则满意度评分较低。而且，焦点小组或调查的时机也至关重要，因为利益相关者的回复会体现最近发生的事件或与先前预期有关的体验。因此，如果企业能在年度大事发生时或重大事件发生后开展调查（如战略审查），就能从更平衡的角度看待利益相关者的回复。

调查的设计和其支持的沟通方式应支持背景和评估期。在线调查功能已有很大进步，能够提供有效的构建、管理和分析回复的手段。企业可以将利益相关者调查的反馈整合到数字计分卡上，并通过业务分析得到支持。业务分析的结果能够反映

IT投资的预期或方向，从而使企业能够捕获IT投资机会，并实现IT价值。

满意度循环调查表明，对员工投资会提升员工满意度，而员工满意度的提升又可以提升客户满意度（通过高质量的服务）。在员工培训、开发、职业发展，以及奖励和认可方面，企业必须保持IT投资，还应推行企业或IT服务文化。这是为了确保员工有动力也有能力满足利益相关者的预期、驱动满意度并维护价值忠诚度。前面我们曾提到过，服务目录是用于衡量和沟通服务价值的有用工具。记住，永远都会有替代品出现。如果内部IT商店的交付物达不到利益相关者的预期，或无法交付价值，那么我们可以考虑外部IT服务提供商或外包，在最坏的情况下，我们可以更换首席信息官。受"净推荐者"概念的启发，利益相关者最后可能会问："你将我们的IT推荐给朋友或同事的可能性有多大？"[1]

IT价值的忠诚度不能仅仅通过焦点小组和调查进行管理。我们需要通过建立强有力的合作伙伴关系来揭示深层次或真实的价值期望和感知情况。为了培养强大的合作伙伴关系，网络价值管理流程应包括IT高管对企业高管做出的调整，该调整通常要与他们的职能相符。也就是说，IT应用/系统所有者要与功能性流程所有者和外部供应商相对应；IT服务所有者要与业务运营所有者和外部服务提供商相对应。首席信息官要做出调整，从而与首席执行官和包括董事会成员在内的企业内外高管保持一致。

强有力的伙伴关系将建立在彼此信任的基础上，因此IT高管需要管理预期，并寻求与对应的企业利益相关者的有效沟通。IT高管应对网络价值管理方面负直接责任，并定期更新IT投资绩效和价值实现情况。具体而言，这个过程涉及平衡计分卡、服务级别协议、满意度评价、项目管理绩效、信息管理和仪表板、能力评估和财务（成本/收益）报表。从本质上说，IT高管会成为每个利益相关者关系的客户经理，他们能够促进IT和业务决策，使其实现利益相关者经济价值。IT价值的忠诚度超越了传统的内部客户和员工满意度的概念。它要求企业突破界限，利用业务网络获得来自供应商、合作伙伴、终端客户、股东和董事会的价值。

网络价值管理超越了内部IT满意度调查的范围，它要求企业在业务网络的基础上构建IT价值忠诚度和信任，持续交付利益相关者价值，同时在企业账面上创建实质性的收益。

IT价值网络管理的第六阶段的重点是通过网络价值管理实现IT价值。第四部分将应用IT价值网络最佳实践，并讨论实际的客户参与情况、公司挑战、IT价值网络解决方案以及利益相关者经济价值的影响。

注释

1. Reichheld, F. (1996). *The Loyalty Effect*. Boston: Harvard Business School Press.

第四部分

IT价值网络的客户——投资IT，获取价值

1997—2009年，IT价值网络框架和方法成功应用到美洲和欧洲的许多Read&Associates公司的客户的身上。在这段时期，IT价值网络管理和评估的方法和模型得到了调整和强化，吸收了以前的经验教训，适应了时代变迁的需要。IT价值网络的部署经历了互联网繁荣的热潮、崩溃的低谷，以及目前的经济衰退和银行业危机。衡量和管理IT投资的新方法超越了传统的财务评估方法和常规的规划方法。与以前相比，它们更适用于在当今环境下实现IT价值。组织需要建立一套新的IT投资管理体系，以实现业务或价值网络中利益相关者经济价值的最大化，提供真实的经济收益和智力资本。第四部分会仔细研究应用IT价值网络实践的四个客户案例，在整个过程中我们会借鉴第二部分和第三部分讨论过的方法和模型。

通过部署IT价值网络，以下四个客户提高了利益相关者经济价值。

NA银行（匿名）。结果：通过IT价值的第二阶段（即IT战略规划和投资组合管理）改善了IT价值捕获的过程；调整了IT战略，使其与业务优先级保持一致，并随后重新确定了IT投资的方向，从而实现了更高的战略价值。

北电网络。结果：通过IT价值的第三阶段和第二阶段（即IT重组和IT战略规划）形成IT价值。改善过的IT

功能促成了新的"Webtone"（数据和语音融合）发展方向，使北电网络完成了"直角转弯"。

英迪戈图书与音乐产品销售公司。结果：通过IT价值的第二阶段和第四阶段（即建立组合管理和项目管理办公室）实现IT价值优化；建立项目管理办公室的目的是提高项目治理、执行和交付的成功率。

NA信用社（匿名）。结果：通过IT价值的六个阶段（即循环应用两次IT价值网络管理）实现了IT价值；通过合并两个信用社，成功地完成了银行整合和银行系统的切换。

对每个客户案例的研究都会涉及公司面临的挑战、IT价值网络解决方案以及随后对利益相关者经济价值的影响。IT价值管理的第六阶段——网络价值管理也被应用到所有的客户案例中，以实现初始或基线的满意度和价值。随后，网络价值管理还被用来确定新IT价值网络实践的影响。

15 NA银行

NA银行的案例研究分为两个部分，划分依据是客户在2002—2003年的参与程度。第一部分已在第3章讨论过，概述了2002年初出现的IT投资评估观察；第二部分为应用实践以及IT价值网络的价值评估和管理实施的影响。出于保护该公司数据的机密性的目的，我们对实际数据做了修改，但其仍是完整的，能够支持应用实践。

NA银行是北美最大的、可提供全方位银行服务的金融机构之一。自从4年前完成IT投资研究之后，NA银行在2007年的年收入超过了60亿美元，增长率为50%。该银行拥有2万多名员工，主要分布在北美地区，在欧洲和亚洲也有一些分支机构，目前为600多万客户服务。

挑战：IT投资战略性调整

2001年，互联网崩溃并出现经济衰退，这使得NA银行2002年的股本回报率表现不佳。此外，NA银行的效率比（非利息支出占销售额的百分比）超过了70%。在银行业中，这一数字是比较高的。NA银行向利益相关者宣布，整体财务绩效是让人无法接受的，必须采取行动改变这种情况。

NA银行的IT年度总支出超过6亿美元，这些资金被分配给各业务部门。IT支出是影响效率比的一个关键性因素。尽管IT支出水平较高，但并没有证据表明IT投资的业务价值已完全确定。主要的利益相关者已开始质疑IT价值。NA银行的首席信息官还担心，NA银行的IT支出或投资无法有效地与银行的战略方向保持一致。

NA银行的绩效不佳，效率比超过了70%，改革势在必行。IT是一笔很大的支出，但其价值却不确定，NA银行需要对IT进行更有效的调整，以确保其与银行的战略方向保持一致。

解决方案：IT价值网络

由于没有利益相关者满意度的基线评分或价值指标，且缺少IT投资组合观念，NA银行在2002年3月委托Read & Associates公司展开了一项大规模的战略性IT投资评估，包括以下三部分。

网络价值管理：IT价值的第六阶段——利益相关者满意度基线评估

初始方针是为IT利益相关者的满意度和感知价值设定基线标准，从而为提升IT绩效指明方向。以下行动均于2002年春天完成：

- 对IT高管进行了调查，目的是为业务满意度和感知价值建立IT基线标准。这项调查由独立的一方负责，以保证被调查者的姓名不被泄露。该项调查收到了114个回复——260人的目标高管群体的回复率达到了约44%。此后NA银行还进行了高管访谈，以获得更深层次的见解。
- 开展了项目调查，以得出战略性IT项目和项目管理满意度基线水平。NA银行对29个已完成的项目进行了调查，其中有116项调查是从不同利益相关者角度完成的。随后，NA银行还进行了项目结束情况的简要介绍，以提供其他更深层次的信息。

战略规划和组合管理：IT价值的第二阶段——组合管理评估

对IT投资组合的评估在2002年底进行。该评估还预测了2003年的投资组合情况。NA银行开展了以下两项评估活动：

- 对IT投资决策流程的评估：2002年9月—11月开展了一项问卷调查，调查对象为7位管理人员，他们分别代表业务、IT和财务职能部门。此次调查选择调查对象的依据是他们在IT投资管理流程中的决策作用。
- 对NA银行2001—2003年的IT总投资情况进行了财务组合分析，重点是零售银行，在某种程度上，还有提供个人财富管理服务的银行。零售银行业务包括零售分行、网上银行和商业银行三个业务关注点。

IT价值网络：向高管报告调查结果摘要

基于管理层的IT满意度和价值反馈情况、项目调查以及IT投资组合分析，向高管报告了以下调查结果。

■　NA银行缺少驱动企业股东价值的IT战略规划和企业投资组合观念。

IT投资往往是战术性的，用于支持业务部门的目标。IT运营计划包含单独的业务战略，但没有企业层面的战略规划流程。IT运营计划的决定因素有：年度成本预算流程、资本（项目）预算流程、年度业务部门需求以及确定的关键成功因素。更广泛的战略规划流程的实施会具体到业务部门；IT是预算制定完成后才会想到的事情。因此，IT规划更偏向于制定战术，重点关注"用更低的成本，获得更好的服务"。它由四个运营业务驱动因素促成：节约成本、控制管理、提供优质服务以及满足业务部门的需求。IT组织以运营为核心，目标是降低成本和提供卓越的服务。常规IT评估方法的中心主题是IT战略规划——调整IT投资，使其与战略性业务目标保持一致。NA银行最先考虑的问题应是制定集成式的IT业务战略。该银行必须要使业务驱动因素与IT投资、整体IT投资组合和相关措施更紧密地结合在一起。

对IT投资的评估是在项目层面进行的，且未被作为优化整个银行价值的完整组合进行评估。NA银行拥有一个非正式的企业项目审查委员会，它的重点工作是考察独立业务部门的项目绩效，但该银行没有整体的IT投资管理或组合管理。业务部门"自下而上"的运营模式限制了战略性项目，但该项目必须在一个"自上而下"的企业投资包络模式（基于产能）中进行。此时，投资的步调还未得到管理。除外部强制性合规要求之外，NA银行还需要考虑执行变更的能力和其他组织限制因素，重点考虑独立项目的审查。NA银行建立了各种业务和IT项目管理办公室，同时也认识到需要将这些机构合并。IT投资实现应由业务项目管理办公室来管理。该办公室还应负责项目和投资绩效评估。项目管理办公室应能够确定业务计划和IT项目的报告标准、进行绩效审查、核对IT投资组合地图、完成投资和竞争的基准比较、跟踪价值实现情况，并为投资委员会提供建议。

■ 由于运营投资水平不高且价值有问题，因此对战略性IT投资投入的资金不足。

2001—2002年，NA银行的IT支出严重偏向交易性或运营性投资，这些投资远远超出了行业基准水平。NA银行将其IT支出根据威尔和布劳德本特的IT投资组合观点进行了分类。2001年和2002年的数据表明，NA银行为了维持银行的运营，在交易技术上的支出似乎远超行业标准（NA银行的交易技术支出占IT总支出的37%，而行业标准水平是13%）。此外，尽管总支出很高，但NA银行很可能对战略性IT投资不足（整体上看，其战略性IT投资占IT总投资的4%，而行业标准水平是13%）。上述数据有力地证明了该银行IT组织极为关注运营情况。竞争性基准比较可能表明，基础技术运营支出不具有竞争力，且消耗过多，"牺牲"了战略性和信息投资。

IT投资大多集中在非面对客户的流程上。该调查发现，吸引客户的计划（如支持或调整零售业务和以客户为中心的个人财富战略的客户关系管理）未得到相关或大额的IT投资。从该银行的历史来看，它使人们更加关注营收增长，而非利润效率。在经济低迷时期，NA银行的关注点反映了其对成本问题的担忧。然而，这随后暴露出了该银行存在IT投资与零售银行战略方向不一致的问题。这可能已对长期收入增长和股东回报产生了重大的影响，当NA银行将主要精力从批发银行业务和机构银行业务转移到零售银行业务和个人财富管理业务上时，情况更是如此。

NA银行的战略性IT投资的价值实现不完整，在项目交付后也未经过审计。如果没有实现可观的利润，战略性IT投资的合理性会遭到质疑，这会导致投资转向短期运营机会。要实现投资价值，我们必须在整个项目生命周期内以及项目完成后的数年间，对项目进行评估和跟踪，以获得全部投资价值。NA银行只进行了为期6个月的项目分析，而且在后续价值创造的数年间，从未对完整的投资价值进行确定，也未审计投资的回报。2001—2002年，NA银行在整个银行范围内完成了91个战略性IT投资项目，其中将近40%的项目花费了3年以上的时间才完成，投资额占总投资额的50%。总体来说，大量的IT项目和投资水平在为期3年的项目周期内存在着不确定性，同时面临着风险，这对项目成功、价值捕获和回报都构成了很大威胁。通过采用更严苛的价值实现流程，NA银行将全面认识到战略性IT投资的贡献。这样，NA银行便可以将获得的经验和教训运用到新投资的合理性论证中。

■　NA银行的战略性IT投资业务案例的评估指标和绩效评估方法存在缺陷。

IT投资业务案例或投资回报率模型既不充分也不一致。管理层的反馈意见 资合理性论证依据是使用传统 会计和财务评估方法的业务案例，这些方法具体包括：投资回报率、净现值、内部收益率、贴现现金流和投资回收期。对于超过50万美元的投资项目，必须要使用这些方法进行评估；而对于投资额较小的项目，可选择性地使用这些方法。该银行已尽力对这些收益进行了评估。然而，其业务案例缺乏严谨性，这使得对长远收益的预测存在问题。更先进的IT价值网络评估方法，如股票价格特征、投资组合管理、情景规划、基准比较和决策支持系统（实物期权），没有被使用。尽管未来推出的应用程序会高度关注这些方法，但改进后的基本评估方法更重要，具体可见表15–1。

战略性IT投资和项目执行过程中，我们必须要降低风险。NA银行已经认识到，它需要加强IT投资和项目交付的风险管理。通常情况下，战略性IT项目有3年的生命

周期，但其结果是不确定的。传统的应用贴现现金流的方法更适合运营性或交易性
IT投资，但不适合战略性投资。针对增长期权而非现金流进行的投资是论证战略性
IT投资合理性的一个重要因素。通过把实物期权应用到业务案例中，NA银行将具有
更大的价值上行潜力，同时也可以缓解价值下行或无价值的风险。

表15-1 NA银行战略性IT投资价值评估

NA银行实践	NA银行应用的方法	未被采用的方法
确定战略性IT投资	战略业务部门的战略规划 运营规划 IT治理 平衡计分卡 （审计——在一定程度上） （调查——在一定程度上）	股票价格特征 总体拥有成本 实物期权 关键成功因素 基准比较 情景规划
对战略性IT投资进行合理性论证和优先级排序	战略业务部门的战略规划 运营规划 平衡计分卡 IT治理 投资回报率/净现值/贴现现金流 标准业务案例 审计 业务投资审查委员会 调查	价值创造业务案例 实物期权 经济附加值 股票价格特征 总体拥有成本 决策树 风险管理 关键成功因素 基准比较 组合管理 情景规划
战略性IT投资的选择和执行	战略业务部门的战略规划 运营规划 IT治理 平衡计分卡 投资回报率/净现值/贴现现金流 制定预算 标准业务案例 治理 业务投资审查委员会 IT和业务项目办公室 关键成功因素 服务级别协议	组合管理 情景规划 实物期权 决策树 基准比较 风险管理 审计 经济附加值 股票价格特征 总体拥有成本 价值创造业务案例

NA银行实践	NA银行应用的方法	未被采用的方法
战略性IT投资的实现	战略业务部门的战略规划 运营规划 IT治理 制定预算 调查 平衡计分卡 IT与业务项目办公室和项目管理 业务投资审查委员会	审计（价值实现） 风险管理 关键成功因素 基准比较 组合管理

项目管理绩效评估方法的评估结果既不一致，也不标准。NA银行采用了传统的项目管理指标，例如预算、进度、范围、里程碑和关键成功因素。NA银行还构建了绩效仪表板，这使得差异会被报告给独立的业务投资审查委员会。如果中期审查显示，超过100万美元的项目的不利差异大于20%，那么该业务案例将被重新规划或重新审批。然而，项目管理在不同的项目办公室获得的评估结果并不一致，这突显了流程不标准和指标不一致的问题。此外，该银行还存在项目里程碑交付情况不理想，以及对业务案例的变化监控不力的问题。业务项目管理办公室权力的集中可以统一和优化项目管理绩效。

NA银行在项目管理过程中对风险管理漠不关心。项目管理的最佳实践表明，风险管理和可交付成果的质量是关键成功因素，其中成本和时间管理是变动因素。为了响应战略性IT项目调查（2002年完成），利益相关者选择及时实施风险管理，而非将风险管理作为关键成功因素之一。相比项目交付和业务运营过程中遇到的风险，NA银行认为项目按时开展更重要。风险分析也应该在每个项目阶段或里程碑审查时进行，这样能定期评估风险。通过应用这种方法，NA银行会处于一个有力的位置，它可以自行决定是加速、搁置，还是放弃项目。

如果通过满意度调查、价值调查和IT组合分析来确定IT投资的基准绩效，那么

NA银行现在便可以清楚地了解未来IT投资的考虑因素。

影响：重新规划IT投资方向，以捕获更高的价值

根据IT价值网络研究和建议，截至2002年年底，NA银行的IT组织实施了以下3个措施。

新的、与业务相一致的IT策略

NA银行认识到，它需要一个在企业和业务部门层面实现整合的IT战略。当这种方法被采纳后，战略性IT投资很可能会较多地侧重于战略性业务计划（如面向客户的计划），而较少地侧重于交易性或运营性项目。根据这项调查，NA银行随后任命了一位负责IT、运营战略执行和卓越服务的高级副总裁。该职位的职责是创建并促进整个企业的IT战略，以实现更好的业务调整和获得竞争优势。表15-2展示了一个IT价值网络工具，它能帮助战略性IT投资进行调整，使其与零售银行的目标一致，并与关键业务属性、转变目标以及目标业务价值相关联。

NA银行使用了平衡计分卡，但主要在银行内部使用。因此，IT平衡计分卡没有反映出业务战略目标和业务评估情况。IT组织应是企业业务部门的战略合作伙伴，而且IT组织应该将其平衡计分卡定义为企业内部的一项业务，并将其与业务目标和评估情况联系在一起。NA银行随后实施了根据业务调整过的平衡计分卡，为价值创造提供了更有意义的战略性IT投资评估方法。计分卡以及一年两次的绩效审查应在整个IT组织中从上到下进行，以确保企业和业务部门协调一致。

表15-2　针对零售银行目标的战略性IT投资调整

战略性IT投资	属性	零售银行转型目标	零售银行的业务价值
客户关系管理和分支银行自动化	专注于客户服务 交叉销售 追加销售 客户分析 多渠道整合	强化零售银行市场的客户服务流程 刷新零售分支机构的销售流程	增加收入 增加市场份额 提高客户的忠诚度
企业资源规划	专注于人力资本 员工满意度 统一的财务控制	强化人力资源管理流程 完善财务流程和控制	增加净收入 增加经济利润 降低运营风险
抵押业务电子商务平台	专注于网上交易 交易效率 重组流程	发起、审批和办理抵押贷款业务的新型电子商务模式	增量收入 增加市场份额 降低运营成本
信用卡平台	风险缓解 早期欺诈预警 曝光分析	新信用卡风险和诈骗系统	降低欺诈和金融风险 客户忠诚度 削减资本
IT应用程序合理化	专注于应用程序标准 中间件——连接 重用和对象编码	新应用程序支持流程 简化流程和应用程序	降低运营成本
IT基础设施优化	专注于IT运营 一个通用标准 拥有成本 互操作性	新的IT运营支持流程 简化计算机和网络	降低运营成本
信息安全	专注于保护客户和企业 风险缓解 法规遵从	信息安全和隐私保护新流程 运营风险新流程	削减资本 降低风险
供应商管理	专注于IT供应商 采购效率 减少IT提供商	强化IT采购	降低运营成本 经济利润
外包	重视IT合作伙伴关系 减少内部采购 专注于核心竞争力	修改IT调配和支持模式	降低运营成本和净成本

统一的项目管理、绩效评估和投资治理

　　曾有人建议，NA银行可将各种IT和业务项目管理办公室的权力集中在一起。但是业务部门太过独立，无法集中围绕在企业业务项目管理办公室的周围。然而，NA

银行还是实施了一项计划，以统一项目管理方法和绩效评估。零售银行的项目管理办公室率先构建了一个标准实践（行规）和工具包，为其他业务部门的重复利用提供了最佳实践。最佳实践包括定义改进的项目绩效评估方法、应用项目管理方法标准、改进业务案例的变更管理以及改善里程碑交付问责制。随着执行的深入，NA银行确实对项目结束后的审查增加了力度，但该银行认为价值实现只由业务部门负责，并会在随后几年的预算中反映出来。

此外，根据这些建议，NA银行正式确立了IT投资审查委员会监管制度，这种制度是从非正式的业务部门投资审查转变而来的。现在的IT投资审查委员会包括整个银行的主要业务利益相关者，他们有权对战略性IT投资进行优先级排序和选择，并管理重大项目和投资中出现的变数，借此对IT投资进行治理。在全银行内采用评估方法后，如果一个业务部门的投资项目回报率高，那么它可能会取代另一个业务部门绩效不佳的项目。改善银行对投资的治理可以促进利益相关者价值的增加，确定各业务部门最大的回报。

重新确定IT投资的方向

我们在第7章中讨论过，资本投资能充分体现公司未来的发展方向。给当前IT投资进行归类，并将其映射到投资组合模型中，能够帮助我们清晰地规划未来投资和平衡组合。这一点我们在（第7章）图7.3中描述过。NA银行将威尔和布劳德本特的IT组合框架应用于该行2003年的IT项目资本投资中。请参照图15.1，2001—2003年，NA银行的IT项目总和达到了100个，最终的总投资额是5亿美元。2002—2003年，NA银行的IT总投资额保持不变，每年是1.5亿美元。但是未来的趋势是，在更少的项目上投入更多的资金。

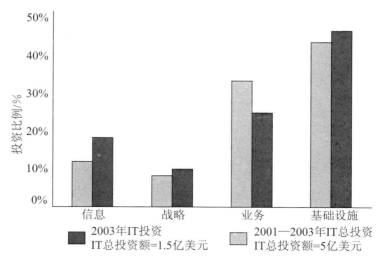

图15.1　NA银行投资组合——IT项目总投资

2003年的IT项目投资大大减弱了对低价值的交易性或运营性项目的强调。与之前3年的总和相比，这些项目占总投资的比例从34%降到了26%。尽管如此，这一比例仍然很高，因为这些项目还包括更换抵押贷款和信用卡遗留系统。信息化IT投资占总投资的比例从12%增加到18%，这些投资项目包括协作和建立新企业资源规划系统的计划。对于面向客户的战略性计划（如客户描述项目）来说，战略性IT投资只有轻微增长，其占总投资的比例从9%增加到10%。基础设施投资也实现了微幅增长，其占总投资的比例从45%增长到47%，这种增长是由大型IT网络和计算优化方案以及信息安全项目推动的。

通过更有效的战略规划、投资治理和项目管理，2003年NA银行的信息化和战略性投资的IT资本支出有了大幅增长，但代价是减少了交易性或运营性投资的支出。因此，NA银行将IT投资方向重新定位在高价值的业务方案上，战略性IT投资在接下来的几年内有望实现大幅增长。NA银行将重点关注客户关系管理——一对一营销、客户信息管理和多销售渠道整合，以支持开展零售银行业务和个人财富管理业务的战略方向。时间会告诉我们高价值项目是否实现了它们的实际价值。

通过调整企业IT战略和改进IT投资治理，NA银行重新确定了IT投资的方向，将目光转向了具有更高价值的信息化和战略性项目。

IT价值网络框架使NA银行能够建立IT投资绩效基线。IT价值的第六阶段（即网络价值管理）提倡对业务满意度和IT价值进行评估，从而确定绩效有待提高之处。根据利益相关者的反馈意见，NA银行专注于IT价值的第二阶段，即IT战略规划和组合管理/治理。更深入、更清晰地了解了IT投资情况后，NA银行开发了一个新的NA银行企业IT战略，进行了适当的投资治理和项目管理，并为捕获更高的价值重新确定了IT投资的方向。

16 北电网络

1895年，贝尔电话公司（现在的加拿大贝尔集团，简称为BCE）抛弃了制造业务，成立了北方电力公司。1976年，北方电力公司更名为北方电信。20世纪70年代中期，北方电信取得了突破性的发展，当时它向公共运营商提供前沿的数字技术（DMS电话交换机）。1998年，该公司再次更名为北电网络（以下简称北电）。从那时起，它便成为一个跨国电信设备制造商。2000年，加拿大贝尔集团将其大部分股份出售给股东——北电成为一家独立的公司，当时该公司的年收入超过200亿美元。2007年，北电的运营由4个战略业务部门（SBU）构成，即运营商网络、企业解决方案、城域以太网网络和全球服务部门，全球员工人数超过32 000。北电2007年的年收入为109.5亿美元，远低于与21世纪初其处于峰值的收入。北电总部设在加拿大多伦多。[1]

挑战：市场变化的速度

20世纪90年代，北电经历了高速发展时期。全球员工人数从1990年的4.9万人增长到1999年的约8万人，年收入从1990年的68亿美元增长到1999年的213亿美元。这一阶段高速增长的关键原因是20世纪90年代中后期互联网的爆炸性增长。这应验了梅特卡夫定律（Metcalfe's law），该定律推动了企业和个人电脑连接的巨大网络价值的实现。

北电必须把握住这一数据增长机会和即将到来的数字/语音融合的发展趋势。1998年，该公司的首席执行官约翰·罗斯（John Roth）公开宣布北电将完成一个"直角转弯"，要积极地从一个电信设备提供商转变成"Webtone"解决方案提供商。此举旨在提供以客户为中心的语音和数据集成的解决方案，重点是降低公司运营成本，提高盈利能力。北电需要成为一个敏捷的、以客户为中心的公司，并保证其产品能迅速交付。它将日历季度（3个月）作为网络年。短短几个月内，北电以70多亿美元的价格收购了全球IT网络的行业领导者海湾网络公司（Bay Networks）。北电的企业文化和组织结构即将发生根本性的转变。

北电的IT组织必须做出改变，以支持公司转变方向，特别是因为它渴望成为北电的"最佳客户"。换句话说，它将成为自己的解决方案的主要拥护者，引领人们验证北电产品的价值。在此之前，北电的IT组织的主要作用是为战略业务部门提供支持，并与公司的产品组合和全球区域市场保持一致。它面临的挑战是，从分散的支持组织转变成一个具有战略增值能力的组织，并与支持流程优化和客户参与的战略方向保持一致。

此外，北电的IT组织还需要采用其最近收购的新数字技术（即海湾网络公司的技术），将其战略性业务的重点迁移到"Webtone"解决方案上。1997年，北电的全球IT基础设施已经可以支持100多万个网址、25万个网页、8万台个人电脑、每天13万封电子邮件、每天8.7万个语音通话、每月67亿个数据包，以及每月在全球主干网上4 300GB的流量。北电拥有庞大的全球基础设施功能，通过不断在公司内部实施新的集成技术并从中获得收益，可为北电的潜在客户提供信心和动力。

对北电来说，20世纪90年代是一个令人兴奋的增长期。公司的发展迫切需要一个"直角转弯"，以使其成为一个交付数字/语音融合技术的"Webtone"解决方案提供商。

解决方案：IT价值网络

1997年，北电的首席信息官宣布要重组公司的IT组织，并重新调整IT战略，从而形成新能力，以支持北电即将进行的"直角转弯"。在这个过程中，北电应用了IT价值网络框架，重点应用了IT价值的第三阶段和第二阶段。

能力和容量管理：IT价值的第三阶段——IT重组

最初，北电所使用的IT价值网络框架侧重于IT价值的第三阶段，即创建一个与新业务结构一致的、整合的IT组织。这样做的目的是巩固IT组织并使其集中化，调整IT投资治理的方式，使其与新的业务组织保持一致，并形成新的IT战略方向。

战略规划和组合管理：IT价值的第二阶段——IT战略规划

对IT组织进行了更有效的调整后，北电将侧重点转向了IT价值的第二阶段，即重新调整IT战略，以满足公司"直角转弯"的需要。这样做的目的是使公司的IT组织从一个分散的IT支持组织转化为一个具有战略性业务能力、能够提供有价值的业务服务的组织。此外，IT组织还希望能成为"核心客户"，以支持它们从实施北电新语音/数字技术和架构中获取收益。

IT价值网络的部署

IT重组的第一步是整合或撤回全公司内的各种IT商店，这些IT商店的作用是支持IT组织迅速发展。北电的IT组织被称为信息系统，主要侧重于提供系统支持和区域性IT基础设施服务（即服务器和台式机支持）。北电还有一个被称为全球企业服务（GES）的平行组织，该组织在战略业务部门内建立，为所有的战略业务部门提供数据网络支持，并为北美客户提供网络增值服务。1997年8月，公司合并了这两个组织，以更好地利用二者的职能，并使它们协力合作进行语音/数据集成。新的IT组织叫作信息服务，它能够更好地反映新的增值主张，为战略业务部门和客户提供服务。这样做的目的是在公司内建立一个能够交付客户价值、提供竞争优势的专业服务组织。

北电的信息服务在规模上扩大了1倍，目前管理着8.9亿美元的年度投资和支出，它需要彻底地重组。IT价值网络框架由一系列与战略业务部门和IT高管共同规划的计划构成。北电也开始关注流程，新任命了负责具体流程的高级管理人员。这些流程包括销售和营销、供应链管理、产品开发和人力资源（见图9.1）。随后，北电选择了与IT能力或服务和企业客户管理一致的双重组合组织模型。信息服务组织与以下业务客户或合作伙伴保持一致：

- ■　战略业务部门：公共运营商网络；企业网络；无线网络；宽带网络；北电

技术——研发。

- 地区：加勒比海和拉美地区；欧洲；亚太地区。（北美地区被整合到战略业务部门中。）

- 企业流程：供应链管理；销售和营销；产品介绍；企业服务——人力资源和财务。

信息服务为战略业务部门、全球各地区和流程所有者任命了执行客户经理，其职权范围是管理客户的IT需求和IT总投资/支出。客户经理通常有一个首席信息官的头衔，以显示该位置的资历，并提升客户经理身份，从而帮助公司与客户接触。北电的首席信息官正在和客户的首席信息官探讨北电的解决方案和增值能力。每个高管必须具备一个IT能力组合，以领导和管理公司。以负责销售和营销以及加勒比海和拉美地区的IT副总裁和首席信息官为例，他们也是销售和营销流程所有者以及加勒比海和拉美地区的客户经理。此外，该IT副总裁还具有销售和营销解决方案以及加勒比海和拉美地区IT区域服务的IT能力所有权。客户经理的角色包括：

- IT业务顾问。与业务部门合作，确保信息服务与公司的战略目标保持一致。

- 业务分析师和服务推动者。与业务客户共同定义业务需求，并通过信息服务解决方案或功能提供商来确保交付优质服务。

- 流程领导者。在整个公司内实施共同的运营流程，使其与IT指令、标准和工具保持一致。

- 服务质量监控者。沟通和审核客户满意度绩效、满足IT业务需求，并为了持续改进而行动。

- 投资管理者。与企业合作，管理和治理IT投资，从而为公司增加价值。

■ 变革促进者。作为"Webtone"解决方案的催化剂，推动"直角转弯"。

为确保IT能够满足客户需求，并与整个组合保持一致，北电应成立一个信息服务客户管理委员会。再以负责销售和营销以及加勒比海和拉美地区的IT副总裁为例，如果他要求为其客户提供网络服务，那么他需要与负责公司网络的IT副总裁协商，确定服务的等级和交叉计费机制。这个信息服务客户管理委员会实际上是一个IT治理机构，它会为公司的行政总裁班子提供战略性IT投资和总支出方面的建议。

随着信息服务的组织结构与北电协调一致，北电的注意力转向了两方面：一是调整IT战略，使其与公司的"Webtone"战略保持一致；二是实现"直角转弯"。根据图10.1中提到的IT价值网络战略规划方法，信息服务客户经理和各自的业务客户或合作伙伴举行了一系列的非现场会议，提出如图16.1所示的新IT战略。这一战略随后得到了公司执行总裁班子的批准。北电的信息服务战略由以下几个价值层面构成：

■ 部署和发展世界一流的、基于标准的IP网络，体现北电"Webtone"的价值主张：

➤ 通过增强可管理性和可伸缩性来优化服务、提高可靠性，使价格令人满意；

➤ 随时随地获得北电的信息。

■ 建立一个响应迅速、可靠安全的通用基础设施运营环境：

➤ 提供卓越的服务、提高客户满意度，并使员工生产力提高1倍；

➤ 使用Oracle全球数据库许可证（而非进行逐个项目的授权许可），可节省3 000万美元。

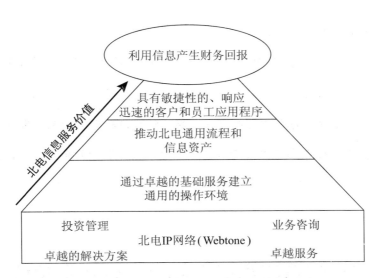

图16.1 北电信息服务战略（1998年）

■ 推动共同业务流程和信息资产，创造一个单一的、易于管理的北电：

➤ 全球系统部署——博安（Baan）企业供应链管理；Oracle金融；厘清客户关系管理以支持销售和营销。（见图11.1）；

➤ 通过全球系统一体化，实现无缝信息流。

■ 开发和交付敏捷的电子商务解决方案，提高客户和员工的收益：

➤ PowerNET在线订单管理系统。在短短4个月内，北电在加勒比海和拉美地区获得了每月1 000万美元的收入；

➤ ServiceWeb客户服务工具。它提供24小时实时产品支持和软件补丁。

■ 利用信息获得财务回报：

➤ 打造了最博学的销售团队，他们利用Sales.com进行客户信息管理和协作；

➤ 建立公司档案、竞争情报，这使公司获得竞争优势。

信息服务战略被完全整合在业务战略中，并且与业务目标保持一致，使IT战略价值更加清晰。1998年，北电的IT组织成功地从一个分散的支持运营的部门，转变为一个具有战略性业务能力的组织。

北电的IT文化也发生了改变——从以技术支持为基础转变为专注于业务服务。通过客户管理委员会和执行总裁班子，北电确立了合适的IT投资治理和组合管理办法。

北电的信息服务从容应对了挑战——将IT组织从松散的支持组织转变为由客户服务驱动的部门。信息服务与公司合作，形成了一个整合的业务——IT战略，交付了"Webtone"解决方案。

影响：进行IT重组和提升能力，以产生价值

信息服务通信办公室成立的目的是管理总体投资价值和利益相关者的价值主张。客户满意度调查在整个公司的员工和管理层之间得到了开展。1997—1999年，客户对北电网络的IT服务和价值的业务满意度增长了50%，达到了86%。在此期间，公司每年的IT投资翻了一番，达到了100万美元，满足了公司指数增长的要求。尽管公司同时还成功地实施了一个每年6 000万~8 000万美元的IT成本节约计划，但这一增长仍很可观。信息服务整合了众多业务IT部门，包括研发战略业务部门的网络基础设施，并吸收被收购公司的IT职能，这提升了IT投资总水平。这一整合节约了基线成本，为北电的利润做出了贡献，同时保持了战略性IT投资的实施。为保证公司对IT支出负有责任，北电实施了一种严格的交叉计费机制，即60%的支出会根据服务消费情况直接分配到企业损益表中；40%的支出会分配给公司服务，以支持公司目标（如供应链管理）。

战略性IT投资由信息服务客户管理委员会推荐，由公司执行总裁班子治理。这些投资经调整后，应与战略性业务目标保持一致。战略性IT投资是产生正净现值的

必要条件，其资产回报率在16%～19%。低于10万美元的投资必须在1年内回收；更高金额的投资必须在2年内回收；超过50万美元的投资要对预计的现金流进行敏感性分析，同时还要针对结果的不确定性进行相应的风险评估。

为了让利益相关者了解并注意到IT对公司实现"直角转弯"的贡献，北电部署了各种通信工具，包括"加油站"和"网咖"。"加油站"是由展示区域情况的季度业务通信组成，主要侧重于员工生产力工具。这一方案还被用来在年度销售大会上，展示客户信息管理（如Sales.com）、笔记本电脑产量、销售工具和培训情况。这个方案的初衷是，让销售人员在"加油站"停下来，一次性获得快速支持，然后回到原来的道路上继续前进，就像一级方程式竞赛那样。"加油站"被行业分析师评选为创新的典范，它为全球的销售队伍提供了支持。"网咖"是一种如今很常见的网络咖啡馆，但在那个时候却是一个新概念，它能为员工提供生产力支持。

由于信息服务的重组以及与企业的合作伙伴关系，一个高价值的客户服务和客户响应IT组织得以形成。这对公司和利益相关者有很大的影响，下面将会详细探讨。

消除组织边界

由于流程驱动的标准化系统部署在不同的战略业务部门和区域，因此组织间的边界消失了。随着博安供应链管理系统在全球的部署，供应链管理得到简化，制造工厂被外包。6个月内，北电在加勒比海和拉美地区实施了"普通博安"（定制程度最小），接收了一家收入达5亿美元的正在成长的巴西企业；客户关系管理系统根据新收购的Clarify软件公司的技术进行了标准化；财务则根据Oracle软件实现了全球范围内的统一；信息服务与一家法国的合资公司——马特拉北电通信公司（Matra Nortel Communications）合作，部署了价值2 000万美元的北电技术基础设施。此外，信息服务的业务流程支持服务（BPSS）卓越中心经常参与到客户的实施中。这些实施过程要求公司实施流程改进和变更管理，以便于技术部署。

产品开发和IT协作

北电的产品设计师已经与信息服务合作，利用内部的IP网络，迅速地进行技术测试和修改。北电开发和提供市场驱动解决方案的速度大幅提升，这引起了多个部门的竞争，包括宽带网络和无线电解决方案部门。例如，北电在1997年12月收购了宽带网络有限公司（Broadband Networks,Inc.）。在3个月内，通过无线战略业务部门的合作，信息服务将新的Reunion无线接入产品集成到了北电的IP网络中。

无缝信息流和知识转移

信息流和知识转移能在商业利益间无缝、快速地流转，这将提高决策和客户响应的能力。全球销售和营销组织在一个由内部构建的、名为Sales.com的协作系统上进行统一，以为全球的销售人员提供产品和市场信息。事实上，Sales.com设计出来的时间比1995年夏天美国网景公司上市的时间还早。1998年，该系统成功部署了15 000多名员工，提供了37 000多项信息资产，每年节约的审计后成本达到5 600万美元。这个基于网络的客户信息管理应用程序由信息服务设计和开发，它因其卓越性和带来的利益相关者价值得到了公司和行业的广泛认可。

北电最大的IT客户和拥护者

信息服务成了北电最大的客户和真正的客户拥护者之一，它能促进和支持客户参与，并证明技术解决方案和业务收益。例如，加勒比海和拉美地区的IT副总裁召

开了年度首席信息官大会，指导北电南美客户的首席信息官们进行技术部署和获取
业务收益。

获得了很高的IT满意度

一项年度业务合作伙伴调查显示，1997—1998年，信息服务的客户满意度增长
了28%，企业对IT服务和价值的满意度于1999年增长到了86%。

IT股东价值

20世纪90年代末的几年间，信息服务重组和随后根据北电"直角转弯"的要求
进行的IT战略性调整，为北电带来了极大的价值。在这几年间，北电的市值达到
了3 700亿美元，它从1995年的市值不足100亿美元发展到历史顶峰，经历了惊人的
快速增长。

北电前任首席信息官——史蒂芬·班德罗扎克（Steven J. Bandrowczak）在一次
采访中提到，IT的组织和战略原则与之前的成功模式仍然相似。史蒂芬在2007年7月
加入北电，接受采访的时间是2008年9月中旬。IT与业务部门之间的强大合作伙伴关
系仍然很重要，它可确保IT和企业战略相一致。IT组合管理对企业投资管理来说至
关重要。通过一个共同的ITIL服务模型，服务的卓越性得以延续，且业务服务得以
交付至员工。基于流程解决方案的业务简化将继续进行，从而推动应用程序的合理
化。主要的区别是，在充满挑战的时期，焦点是成本问题。因此，北电的主要职责
是提高费用比率和推动收入增加，进而提高投资回报率。自2007年以来，项目管
理办公室和项目组合审查委员会负责管理和治理北电的战略性IT投资，管理重点
是投资回收期为1年的项目。随后，战略性投资项目从200个减到50个，1年内推动

了8 000万美元的收益。北电的IT组织将继续针对IT组合寻求业务价值实现方法，使其与股东价值保持一致。

信息服务成为北电最佳的服务提供商和客户。 1997—1999年，IT服务和价值的业务满意度增加了50%，利益相关者的满意度达到了86%。其原因是，IT组织的边界已消除，知识转移水平得到了提高，业务协作增强以及新产品得以实施。

IT价值网络框架使北电的信息服务能迅速适应市场变化和公司的"直角转弯"。通过IT重组和IT战略性调整，信息服务提高了价值形成能力。IT价值的第三阶段（即能力和容量管理）通过巩固和重组得以增强，从而支持新的公司方向；随后，IT价值的第二阶段（即IT战略规划和组合管理/治理）对IT投资进行了调整，并利用信息资本获取了更高的财务回报；最后，IT价值的第六阶段（即网络价值管理）实现了更高水平的业务满意度和IT价值。

注释

1. "IT Value Network: Nortel Networks Case." (2009, January). *Nortel Networks Corporation.* Printed with permission.

17 英迪戈图书与音乐产品销售公司

英迪戈图书与音乐产品销售公司（以下简称为英迪戈）成立于1996年，总部设在加拿大多伦多，拥有6 700名员工，为整个加拿大250多家商店提供服务。2001年，该公司与查普特斯公司（Chapters,Inc.）合并，成为加拿大最大的图书分销商。它旗下有英迪戈、查普特斯和科尔斯3个品牌。在2008年启动"绿色"新产品线和2009年推出Shortcovers（电子书）后，它经营的商品有：图书、音乐、礼品、玩具。英迪戈2007年的年收入是8.75亿加元，它在2005年和2006年被评为"加拿大百强雇主"。[1]

挑战：项目管理

2006年初夏，项目管理开始成为英迪戈面临的主要挑战——产生了一些大大超出预算和进度安排的大型战略性项目。这些项目的拖延增加了运营风险和质量问题，开始影响到了公司。这时，英迪戈的领导团队认识到，确实应首先提高项目管理水平。具体来说，有3个陷入困境的战略性项目在妨碍公司持续成功运营：

■   支持英迪戈巨大电子商务收入的在线订单管理系统（OMS）。经证明，这个技术平台并不可靠，也不合格，这导致成本和进度严重超限。主要的利益相关者很担心这个问题，原因是：

>   完成该项目所需的IT增量成本比原始预算超出220万美元；

>   企业所有者对产品的功能和稳定性非常不满；

>   长期技术方向遭到质疑，导致规划的拥有成本高昂；

>   认为业务和项目风险不可接受；

>   业务案例随后遭遇挑战。

■   用于支持英迪戈经销和库存的产品目录和数据库（iPROD）。经证明，这个技术平台并不可靠，它在集成方面有很大问题，长期可行性堪忧。

■   支持英迪戈配送和物流中心的仓库管理系统（WMS）。经证明，这个技术平台并不可靠，它需要全面的稳定性和集成验证。

由于公司要大力发展零售商店和在线收入，因此这些项目成功与否对公司今后的成功和盈利能力非常关键。

当一些大型战略性项目大大超出了预算和时间安排，并引起质量问题和运营风险时，英迪戈的领导团队认识到，应首先提高项目管理水平。

解决方案：IT价值网络

英迪戈引入了新的IT领导团队，迎来了首席信息官米歇尔·瑟比利斯（Michael Serbinis）。他于2006年7月委托Read & Associates公司审核英迪戈的问题项目，并随后成立了业务项目管理办公室。这些项目管理评估涉及了IT价值第四阶段和第二阶段的流程和技术。

项目和系统管理：IT价值的第四阶段——在线订单管理系统评估

第一步是应用IT价值的第四阶段，包括对订单管理系统的全面审核和审计；与主要的利益相关者、项目团队以及供应商进行面谈；对所有项目文档和支持性项目的管理实践进行了全面的审查。

战略规划和组合管理：IT价值的第二阶段——项目管理办公室和组合管理评估

通过更广泛地审查其他战略性项目（包括仓库管理系统以及产品目录和数据库），订单管理系统项目管理的发现得到了验证。随后，IT价值的第二阶段被应用到构建新的项目管理办公室实践以及组合治理模型中。

IT价值网络部署

表17-1追溯了一项订单管理系统问题的原因。该项目管理的缺陷在其他项目中也得到了验证。以下项目管理的缺陷已报告给了高层管理人员：

- 规划不充分：不能以运营的心态管理项目，而是需要更积极主动地规划项目。

- 缺少项目管理的领导或治理，即不擅长管理复杂的项目，尤其是跨越不同职能的项目。

- 没有一致的项目管理方法，即没有实施标准模板、工具或流程。

- 将项目管理的侧重点放在了时间和预算上，未能保证质量和规避风险，公司运营暴露在风险中。

- 风险未得到缓解，即风险已被认识到，但未得到有效缓解。

- 缺少业务功能需求文档，或这些文档不一致、范围不明确。

- 资源管理不足，即资源分配和管理有问题。

- 项目角色、责任、问责制定义不明确，即项目经理有不同的头衔和角色。

- 里程碑管理不到位：里程碑和重要的可交付成果没有进行有效的管理。

- 项目追踪、监控和报告不足，即没有标准的格式，项目经理对其也缺乏理解。

- 未进行项目沟通和协调：未执行正式的审查流程。

Read & Associates公司建议成立一个新的公司业务项目管理办公室，负责规划、管理和执行公司的所有项目。在公司首席信息官米歇尔的领导和与公司战略规划副总裁丹·莱布（Dan Leibu）的合作下，英迪戈根据图10.2构建了一个组合和业务项目管理办公室的治理模型，并在这个治理模型中确定了问责制，如表17-1所示。英迪戈成立了执行委员会来治理投资组合，并监督业务项目管理办公室价值模型，他们的职责包括：

- 业务战略和IT架构：
  - 确保公司的投资与战略性业务计划相一致；
  - 活动被视为经战略过滤器过滤的机会的有限集。

表17-1 英迪戈项目管理问题原因追溯——在线订单管理系统

	描述	示例
领导	由整体项目章程和项目驱动因素/限制因素/优先级导致的问题	● 重要定制（以60万美元软件费用使用200万美元的服务） ● 选择未发布的产品 ● 因需要在节日发布而产生压力，导致项目时间缩短 ● 未能令供应商履行交付承诺 ● 在4月的重新规划中未能重新审查业务案例
项目管理	缺少项目管理纪律，对于建立和跟踪项目里程碑、门槛标准、可交付成果和风险来说尤为如此	● 未分派工作流团队领导 ● 未创建完整的资源规划，未投入资源 ● 未创建详细的项目规划 ● 驱动因素为进度或预算，而不是优质的可交付成果和风险管理 ● 企业所有者在7月前未参与到项目中 ● 到6月底，项目总时间的60%以上仅仅在做在线开发/测试，只留下12周的时间用于其他工作——重叠依赖（测试） ● 没有正式的范围管理变更来控制流程
范围管理	在需求分析时忽视范围，以及在团队或项目过渡期间迷失范围	● 在制定最初的需求建议书方面过于依赖第三方咨询 ● 未能充分制定详细的业务需求、功能规范、技术要求或架构 ● 对供应商交付的解决方案概述和设计文档的审查有限 ● 在八九月份用户验收测试期间发现过多范围差距 ● 范围变更请求，即项目变更请求过多
IT交付	低估了履行承诺所需的努力	● 低估了数据迁移、报告和质量保证所需的努力 ● 架构的完整检查未完成 ● 对供应商交付的解决方案概述和设计文档的审查有限 ● 对和供应商代码之间的接口管理不足 ● 功能测试周期中测试不足，使用的数据集不完整
供应商交付	供应商无法根据承诺进行交付	● 所交付的代码只有80%通过了测试，而且比原定日期推迟了2周 ● 核心产品有许多缺陷（如代理级报告和电子邮件退订） ● 众多方面的实施情况不佳（如企业订单在定制期间超出了某个框的功能） ● 项目管理不严格，即在假期中配备资源，使用英迪戈代码对接口进行管理 ● 众多方面（如性能测试和数据迁移）执行情况不佳

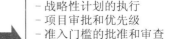

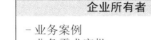

图17.1　英迪戈投资组合和项目管理办公室治理

■　投资管理：

　　➢　根据不同类型的业务需求确定投入/支出资金的流程；

　　➢　风险与回报对比和短期与长期投资对比的组合管理。

■　项目群和计划评估：

　　➢　对业务优先级、价值、变更、风险、期权和基准的评估；

　　➢　对供应、需求和竞争性业务优先级不利的资源

■　价值实现：

　　➢　根据各项计划的组合，监督持续创造的价值；

　　➢　可论证的审计账面价值。

■ 能力管理：

　　➢ 根据组织产能和准备状态进行交付的能力；

　　➢ 根据财务约束进行规划的能力。

　　2006年10月，业务项目管理办公室成立，目的是提高英迪戈的能力，使其能成功执行日益复杂的企业级项目组合。业务项目管理办公室的任务是改善项目规划的尽职调查和有效交付项目，从而获得最多的业务收益，并能管理风险。该办公室设计并实施了一个项目管理生命周期，如图12.1所示。项目管理办公室工具、流程和策略也随后得到了确立，其依据是行业项目管理最佳实践，包括严格的业务案例、详细的文档记录、明确的角色和职责、任务和活动管理、资源管理、成本控制以及积极的风险管理。业务项目管理办公室由项目管理办公室主任和最初的4名员工组成，他们向首席信息官下属的负责战略规划的副总裁丹·莱布汇报信息。

　　业务项目管理办公室制定了具体的组织原则，目的是通过有效的组合和项目管理确定和实现业务价值：

■ 投资组合管理（被称为"漏斗"）——"确定价值"的原则：

　　➢ 通过将计划或方案作为一个整体组合进行管理，从而实现整个公司的业务收益，降低利益计算重复或遗漏的风险；

　　➢ 根据公司的战略和能力，对资源进行优先级排序和分配；

　　➢ 通过参考方案管理治理情况，解决方案和项目的冲突；

　　➢ 监督项目进度和结果，向执行投资委员会汇报；

　　➢ 不断重新评估预期收益，在组合内调整或评估投资选择，以支持不断变化的业务战略。

- 业务项目管理办公室——"实现价值"的原则：

  ➤ 在一个单一的项目管理框架中监控所有活动和推荐的项目，协调项目之间的相互依存关系；

  ➤ 对个体项目的预期收益进行评估；

  ➤ 通过风险缓解与可交付优质成果的执行项目，恰当地管理时间和预算；

  ➤ 确保确立了门槛标准和恰当地接收了可交付成果；

  ➤ 确定项目团队和分配的团队成员，并确定了需投入的时间和管理层的批准。

业务项目管理办公室的成立改变了英迪戈传统的运营重点，致使该公司高度重视规划、资源分配、里程碑审查和问责制。而且，该公司采纳项目管理办公室方法的速度很快，显著提高了整个公司对项目管理的需求。

尽管英迪戈的运营发展步伐很快，但它需要后退一步，对公司总投资的短期优先级和长期方向进行审查。这可以通过实施组合治理和项目管理最佳实践来实现。只有这样，英迪戈才能获取和优化利益相关者经济价值。

影响：实施项目管理办公室，以实现价值优化

通过实施业务项目管理办公室，并应用组合和项目管理最佳实践（这也是IT价值的第二阶段和第四阶段所主张的），在从投资合理性论证到项目交付过程中，英迪戈成功地优化了利益相关者经济价值。

项目管理办公室的有效性

2007年11月，英迪戈庆祝业务项目管理办公室成立1周年。它已经在公司的50个项目中应用了项目管理的最佳实践，总投资额超过了2 500万加元，其中的20个项目（投资700万加元）已在2007年完成。以加权平均计算，这些项目在目标预算和时间偏差的5%之内完成。而在2006年，其所管理的项目数量不足10个，预算和时间偏差也更大。执行委员会已经优化了企业的组合价值，对有效的项目管理进行了治理，获得了业务收益。

奇美拉：在规定的时间和预算内完成

第一个经历整个英迪戈项目生命周期的战略性项目是一个被称为"奇美拉"的订单管理系统，（奇美拉是神话中的一个三头怪兽），它把当前传统的订单管理系统迁移到一个新的技术平台上。奇美拉在2007年9月实施，距离英迪戈上次失败的尝试恰好12个月。该系统取消了供应商协议，提出了新的内部技术开发模式，它具有以下优势：

- 与公司架构和技术方向一致；

- 可完全控制代码库；

- 总体拥有成本更低，长期支持性更高；

- 更早地交付主要业务收益，对其他业务收益提供阶段选项；

- 5年内，运营成本共增加50万加元，收益为510万加元；

- 内部收益率显著增加（达到了129%）；

- 由于工作性质是获取增量，因此它降低了项目交付的风险。

奇美拉可在规定的时间和预算内完成，而其成本只有先前被否决的技术解决方案的一半。2007年10月，项目开始实现预期100万美元的年化收益。

项目管理办公室的网络价值管理

为了确定利益相关者的满意度和业务项目管理办公室的价值，2007年10月，英迪戈在所有的职能部门中开展了一项360度 "接触点"利益相关者调查，获得了大约50个回复。根据该网络价值管理调查的反馈，业务项目管理办公室获得了整个公司的支持。它通过有效的项目交付，创造了巨大的业务价值。结构化且一致的项目管理改善了项目执行情况，使优先级、资源、质量和风险都得到了妥善管理。报告和沟通使项目进展情况和出现的问题清晰可见。跨职能的协调和调解工作减少了职能管理人员在项目上花费的时间，改善了决策制定过程。最重要的是，高层领导团队提供了持续的支持，以确保对项目生命周期流程的卓越治理和严谨性。

这项调查还指出了英迪戈应改进的方面，包括对项目管理办公室产能的担忧、项目经理的能力有高有低、项目团队的角色和责任、项目管理办公室工具的调整、业务培训和进一步的组合管理。根据360度"接触点"利益相关者调查的反馈以及随后的焦点小组的回应，2008年第一季度英迪戈进行了以下三方面的变动：

- 项目生命周期框架：对项目阶段、可交付成果和门槛进行了微调，提高了对前期精细规划的关注；改善了组织变革管理需求的可交付成果，以确保公司能全面考虑培训、员工影响、组织设计和沟通等方面；引入了项目成功标准价值协议。该协议与服务级别协议相似，具体是指项目经理和企业所有者或执行发起人之间达成的一种合约，概述了项目管理预期和成功标准。最终，英迪戈通过整合的生命周期管理"轻"（小）型项目，将项目细化和规划合并成一个规划阶段和门槛，以加速推进较小项目的进行。

■ 项目团队的有效性：英迪戈的目标是提高团队会议的有效性，从而推动项目所有权和团队凝聚力、承诺、问责制，并完善了决策流程；明确了项目团队的角色和责任，区分了企业级项目和"轻"（小）型项目；实施了用于实现项目管理自动化和显示资源管理情况的项目服务器2007（Project Server 2007）；通过"午餐和学习"计划和项目管理办公室网站的建立，业务培训意识得以增强。该网站是团队获取真实情况的唯一来源，它配有一个支持SharePoint的文档门户站点，这个站点包括项目概况、每周状态报告、项目可交付成果模板、所有项目文档，以及其他附属的项目管理办公室最佳实践。另外，项目经理的技能和业务知识会通过促进课程和业务参与活动得到强化，前者的主要内容是项目团队协调和问责制，后者的主要内容是项目经理流程或领域知识。

■ 漏斗——投资组合管理的有效性：引入了漏斗型修订模式，目的是确保项目与计划分类和合理性论证的一致性，从而提高项目的准入标准；沟通得到强化，以确保所有的利益相关者理解"漏斗"的预期或先决条件，以及项目状态和条件；组合管理得以强化，使英迪戈可以按各种条件查看投资包络线。这些条件包括：投资类型、组织影响、总部和零售资源产能规划、改善的财务指标（运营支出/资本支出/成本/收益/内部收益率）的准确度、系统架构影响审查，以及收益实现评估。

项目管理办公室的价值优化

2008年第四季度，业务项目管理办公室已拥有10位项目经理和协调员，管理着4 000万美元的投资，其中70%投入了12个战略性项目中。该业务项目管理办公室管理着一系列业务和IT项目，具体包括资讯站、新店开张、SAP升级、存储区域网、客户信息管理、客户忠诚度、基于扫描的交易、玩具市场扩张、员工管理、服务器虚拟化和家庭办公扩展。项目管理办公室是IT价值网络管理流程的重要组成部分，它使英迪戈的业务价值得以形成和优化。英迪戈的高级管理人员是项目管理办公室的主要支持者，他们批准了以下信息：

- 业务项目管理办公室带来了极大的业务价值，通过部署项目管理最佳实践，它们对改善项目交付做出了贡献。在成立的第1年，项目管理办公室管理的40个项目中，有一半已经按时按预算交付，与目标值的偏差不到5%。

- 项目利益相关者在整个公司内都采用了业务项目管理办公室的标准流程和工具，他们都认为采用一致的结构化方法对项目管理非常有帮助。此外，报告和沟通使员工能清晰地了解项目进程和出现的问题，特别是在不同的职能部门之间。

- 在发展特许经营和支持英迪戈战略方面，利益相关者对业务项目管理办公室有着更高的期待，特别是对各种企业组合观点，这对协助进行投资优先级排序的决策、产能规划、组织影响和准备情况等是有利的。

通过有效的组合治理和项目交付，英迪戈新创建的业务项目管理办公室为利益相关者提供了极大的经济价值。在第1年内，其管理的40个项目中，有50%成功地实现了按时按预算交付，且与目标值的偏差不到5%。

通过组合治理和有效的项目交付，IT价值网络框架帮助英迪戈改善了价值捕获，推动了价值优化。IT价值的第二阶段（即组合管理）调整和治理了公司投资，为业务战略提供了支持；IT价值的第四阶段（即项目群和项目管理）受到新建立的业务项目管理办公室的推动，在项目规划和执行的过程中部署了最佳实践；IT价值的第六阶段（即网络价值管理）在业务项目管理办公室和交付的项目收益方面实现了更高水平的业务满意度和价值。

注释

1. *IT Value Network: Indigo Books & Music Case*. (2009, February). Indigo Books & Music, Inc. Printed with permission.

18 NA信用社

NA信用社是北美地区一家能够为其会员提供全方位零售银行业务的信用社，这些服务具体包括零售银行分支机构、商务中心、网上银行、个人财富管理、信贷产品和服务。信用社指的是一个合作性金融机构，由其会员所有和管理。NA信用社是北美地区最大的金融机构之一，管理着数十亿美元的会员资产，其资产规模相当于美国所有银行的平均水平。与许多信用社一样，NA信用社致力于为会员提供优质的服务，并在其服务的社区内提高品牌影响力。出于保护隐私的需要，本书所引用的实际数据已被修改，但这些数据在支持应用的实践方面仍然是可靠的。

挑战：信用社的合并

21世纪的前5年，NA信用社由两个信用社合并而成，这两个信用社均服务于当地社区很多年。合并后的NA信用社面临的挑战是在15个月内把两个信用社的银行业务、流程和系统整合到一起，具体包括：

- 使用两种甚至多种同类型技术向其会员和员工提供服务。

- 员工使用两个甚至多个同类型流程向会员提供服务。

- 在通过整合对其技术和相关流程进行合理化和优化方面，没有可借鉴的成果。

- NA信用社需要迅速做出业务决策：
  - 会员政策、权利和满意度；
  - 账户转换。

- 分支机构审核和品牌体验；产品和服务的映射与调整。

- 自助终端提供ATM和POS支持。

- 后台转换、支票结算和贷款集中化。

- 总部转移、呼叫中心整合。

- 董事会和财务报告；法规遵从和文档。

- 信用和风险管理。

- 网络融合；互联网和内联网整合。

- PC平台、电子邮件整合。

- 网上银行合并。

- 数据中心整合。

- 业务连续性和灾难恢复。

- 人力资源组织；员工政策。

- 银行平台选择。

一个需要预先制定的关键决策是：为合并后的信用社保留一个当前的操作系统或银行平台，并将另一个信用社的会员从旧的遗留系统中迁移或转换到保留的系统中。这一早期决策决定了银行整合和转换的方法，它是有关于保留系统的功能和限制方面的关键业务决策。另外，NA信用社需要在两个信用社之间的差异和调整注意事项方面进行大量分析，这一点在上面的业务决策中有大致介绍。同时，在预计的过渡过程中，NA信用社将不得不操作两套流程，使用两种技术，这给其内部IT组织和总部资源带来了相当大的压力。

NA信用社由两家机构合并建立。由于采用两种或多种同类型流程，使用两种或多种同类型支持技术，因此NA信用社面临着极大的挑战。它必须迅速做出关键决策，以实现银行的整合，建立起统一的银行平台。

解决方案：IT价值网络

NA信用社新任命了负责银行技术和运营的首席信息官，他委托了Read & Associates公司对成功进行银行整合和银行平台转换所需的全部工作进行评估和组织。最初，NA信用社计划6周完成工作任务，但实际上计划被分为3个阶段，历时15个多月。第一阶段的目标是明确需要进行优先级排序和选择的项目群和项目，包括评估和执行这些项目的技术和运营的能力和容量。第二阶段中，NA信用社应实施严格、一致的项目管理实践，从而开始项目规划和执行。第三阶段包括跟踪和监督项目执行情况，对项目之间的相互依存关系和风险进行管理，目标是成功完成银行整合和银行平台转换。在这个多阶段过程中，NA信用社使用了IT价值的4个阶段。

战略规划和组合管理：IT价值的第二阶段——银行整合组合管理

将IT价值的第二阶段应用于构建和合并组合，这一阶段涉及了确定银行整合与银行平台转换所需的所有项目群和项目。在此阶段，NA信用社可对项目群和项目的优先级进行排序并加以选择，以确定它们的相互依存关系和风险。

IT系统、基础设施和组织的能力和容量：IT价值的第三阶段——执行项目的技术和运营能力

在此阶段，通过确认两个银行之间的差异和整合所需要的资源，NA信用社对技术和运营组织的能力和容量进行了评估，确定了组合交付能力。同时，NA信用社也对技术和运营的基础设施的能力和容量进行了评估，确定了其自身在适应和实现银行平台转换、支持银行整合方面的能力。

项目和系统管理：IT价值的第四阶段——项目管理组织和实践

组合通过审核且具备技术和运营的能力和容量后，NA信用社的下一步是应用IT价值的第四阶段。这要求NA信用社构建一个严格的项目管理方法流程和治理实践过程。在此之后，规划和执行银行整合和转换项目的工作被提上日程。

网络价值管理：IT价值的第六阶段——实现银行整合和银行平台转换

最后一个阶段是实现银行整合和银行平台转换，主要应用IT价值的第六阶段。该阶段具体包括：

- 监督和跟踪项目群和项目的执行情况，以成功实现银行整合和银行平台转换。

- 对项目的相互依存关系和风险进行管理，确保项目的优先级得到合理排序，在解决项目资源冲突的同时降低风险。

- 通过网络价值管理，开展整合后的IT满意度调查。

IT价值网络部署

IT参与的工作最初包括为期6周的针对银行当前状态的评估、初步构建组合、确定实现银行整合和银行平台转换所需的所有项目群和项目，以及评估相互依存关系和风险。

- 第一周：构建项目群和项目的目录模板并进行初始数据收集，目标是通过项目群和项目组合的第一关，并就一致的数据收集方法达成协议。除了与各部门的IT和运营主管面谈外，项目管理办公室还要对现有的项目数据进行收集和分析，并与项目经理组成项目管理办公室讨论会，商讨输入和调整的问题。

- 第二周：确定项目群和项目，并初步完成目录编制，目标是根据百天计划和当前项目来全面了解项目群和项目组合，并对数据质量的差距做出解释。本周项目管理办公室要与执行领导团队面谈，IT部门和运营职能部门的领导亦然。

- 第三周：根据业务驱动因素和对利益相关者的承诺，完成项目群和项目分类；目标是调整项目组合，使其与业务目标、驱动因素和优先级保持一致。战略规划和业务案例并不存在。一般情况下，调整和分类的依据是百天计划、利益相关者（会员和员工）承诺以及合并的五年业务计划。在本周，项目管理办公室需要与执行领导团队再次面谈，使功能性项目群和优先级获得批准。

■ 第四周和第五周：完善项目状态、资源配置、风险评估、相互依存关系和预期收益实现的内容，目标是完成项目群和项目的目录和组合制定。细节取决于可用的数据。由于大多数项目群均处于工作的前期调查阶段，范围尚未得到合理的界定，因此数据最多只能建立在估计和多个假设基础上。因为业务所有者由执行领导团队指定，所以他也会参与面谈，这便于数据的收集。

■ 第六周：向执行领导团队递交项目群和项目组合的汇总数据和发现结果，以进入合并规划流程，目标是提供基于事实的数据，从而对执行项目群进行优先级排序、选择和决策。此外，项目管理办公室还要筹备领导层场外工作会议，以迅速启动执行项目群和项目规划。

最初的项目群和项目目录以及治理流程并不完整，它们仅仅是一组有关于功能的想法和活动。NA信用社必须将这一系列分散的努力转移到结构化的组合组织中，如图18.1所示。这样，被确定的项目群很容易就会从48个减少到43个；而潜在的项目也从294个减少到175个。虽然它们不属于项目管理办公室的任务范畴，但许多操作性更强的任务却消耗了整合或转换项目群所需的关键资源。数量众多的项目给组织的资源和准备的状态造成了极大的负担。很多项目群间的相互依存关系和关键的时间限制，将项目管理办公室的注意力吸引到了复杂的排序和日程安排上，主要的相互依存关系如图18.2所示。

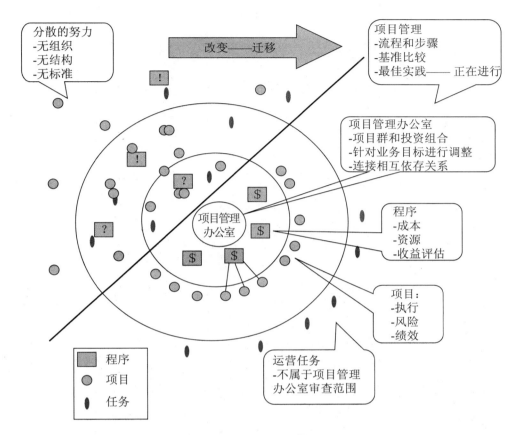

图18.1　NA信用社组合由分散向结构化转变

保留的银行平台是许多集成项目群的重要组成部分，这些项目群包括分支机构改造项目群（如ABM POS）、银行零售运营项目群（如呼叫中心整合）以及后台融合项目群（如集中贷款）。业务流程再造、产品供应和标准会员互动必须得到确切定义，以确保银行平台能够有效发展。银行集成项目群和项目的排序是一项举足轻重的工作，在考虑到重要业务转型、员工调动和职能部门的集中化（如公司办公室过渡）时更为如此。此外，对银行平台的构建和发展进行分段对成功也很关键，这能确保数据转换过程中的开发工作最少，分段工作必须与扩充底层IT基础设施同步。项目管理办公室还需要实施各种补充性IT项目来支持银行平台迁移（如增加数据中心的容量）和银行整合（如更新呼叫中心系统和升级台式机）。

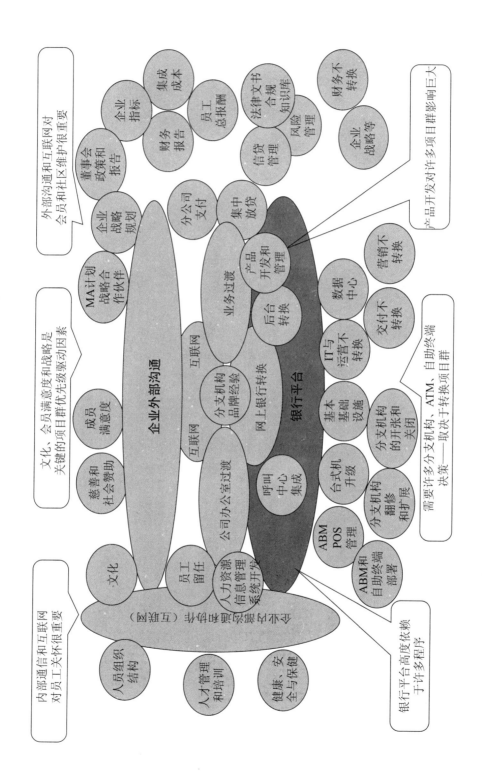

图18.2 NA信用社银行集成项目群间的相互依存关系

经过2个月的组合塑造，预计的工作量依然很大，因此项目管理办公室需要对项目进行进一步的筛选和优先级排序。基于为期5年的合并计划以及对利益相关者的承诺，项目管理办公室设计了组合计分卡来过滤项目，具体包括：

- 银行平台的转换——银行整合的最低要求。
- 法规遵从。
- 会员承诺、忠诚度和摩擦。
- 员工承诺、满意度和留用。

选择组合的最后一步是看时间安排，12月前完成的项目群和项目会被优先考虑。跨职能的集成项目群被合理地分配到整个业务价值驱动环节中，此过程的重点是满足会员的需求。这是合理的，因为整合期间会员满意度和服务级别至关重要。在为会员提供服务时，我们也要重视成本和风险控制。项目管理办公室可以制订一个高级技术和运营的能力和容量计划，以确定缺口和资源需求。经过3个月的工作，管理层批准了最终的组合。这时项目群已减少到16个，项目则减少到48个。而预计的最终投资额超过1 000万美元，项目管理办公室大约需要在12个月内完成20个人几年的工作。

任务的第二和第三阶段的重点是项目管理办公室的项目方法、规划和执行。仅有1/5的项目经过了详细规划，这说明NA信用社需要加快界定业务范围和制定项目章程的速度。一个主要的问题是技术和运营资源的可用性和专业性。根据差距分析的结果，除了确保承包商和供应商支持外，项目管理办公室还要将关键资源应用和分配到项目团队；确立企业项目管理办公室的治理模式（这在图10.2中描述过），它会监管所有银行整合和银行平台转换的项目群；成立整合指导委员会，每两周会面一次；实施一致的项目管理流程，并提供标准的可交付成果和每周状态报告；整个过渡时间表中要包括定期的各种"通过"或"不通过"检查点，同时要向NA信用社董事会报告常规进度。

高级别银行平台转换时间表被传达给所有利益相关者，它要求：

- 8月底之前完成项目群、项目章程以及详细规划。
- 9月底之前制定100多个整合业务决策。
- 12月初确定业务需求并记录归档。
- 在1月底前确定系统设计和数据映射并记录归档。
- 2月底前完成系统增强开发和测试。
- 3月底前完成基础设施升级和容量扩充。
- 5月底完成（数万名成员的）数据迁移和最终的模拟转换。
- 6月中旬进行员工培训。
- 6月底完成银行平台转换。

自宣布合并后的3个月内，通过基于应用结构化的组合管理和容量规划，NA信用社已经能够开始执行银行整合和银行平台转换的关键项目群和项目，这些项目群和项目由项目管理办公室治理。

影响：成功进行银行整合，以实现价值

通过应用IT价值的6个阶段中的4个，NA信用社已经规划和执行了一系列方案，并最终成功完成了银行整合和银行平台转换。随后，NA信用社委托Read &

Associates公司再次使用IT价值网络框架来评估成果，并实施了IT价值的其余两个阶段，使利益相关者获得了最大的经济价值。

实现银行整合与银行平台转换

银行平台或系统转换的总指导原则是尽量减少对会员的影响，同时降低所有风险，使银行整合按时按预算完成。宣布合并的15个月后，NA信用社开始在整合后的银行新平台提供银行服务。NA信用社的银行整合和银行平台转换是成功的，是在规定的时间和预算范围内完成的。组合管理、严格的项目管理办公室项目群和项目跟踪确保了银行平台转换的实现和银行系统整合的成功完成，这使得利益相关者非常满意，价值得以实现，并成立了一个新的NA信用社，它能为成员提供优质服务。

随后，基于各种满意度调查，网络价值管理被加以衡量。会员和员工都给予了很高的评价，因为这个项目从一个"完全不同的状态"无缝转换到了整合后的"同一状态"。银行的技术和运营组织在银行平台转换前后分别开展了年度执行调查，调查主要的利益相关者对银行平台转换和技术运营服务方面的满意度。转换前的调查构成了基线和转换进程中的检查点，而转换后的调查则验证了吸取到的教训和实现的服务级别。

总体而言，在这个公认的颇具挑战性的转换之年，银行高管们声称对NA信用社的技术和运营颇为满意。项目管理办公室的建立被认为是一个巨大的成功，它在完成银行整合和银行平台转换以及有效管理变化的过程中发挥了关键性的作用。通过协调资源、管理相互依存关系和里程碑、减轻风险和跟踪成本，NA信用社确保了项目交付符合所需遵从的规范。项目管理办公室的组合管理为项目管理提供了良好的治理和组织。项目管理办公室事实上是一项宝贵的资产，是保证NA信用社取得成功的基础。

Read & Associates公司全程参与了这次银行整合和银行平台转换，随后该公司还为整合后的NA信用社工作了15个月，协助进行后续工作。完成银行整合后，NA信用社延伸工作的重点是IT战略、组合管理、IT服务管理和银行流程管理四个IT价值网络管理组件。

战略规划和组合管理：重新利用IT价值的第二阶段——IT战略规划和组合管理

银行整合和银行平台转换成功后，NA信用社将关注的重点转向交付合并后的五年业务计划，并再次利用了IT价值的第二阶段。其面临的挑战是：

- 促进和制订技术和运营的战略性计划，以交付合并后的五年业务计划，并兑现对会员和员工的承诺。
- 银行整合后，要重置项目组合，使其与技术和运营的投资保持一致，以交付新的IT战略。

服务和信息管理：IT价值的第五阶段——技术和运营的服务管理

制定了新的技术和运营战略、对全公司的项目组合进行调整后，IT价值的第五阶段得到了部署。NA信用社扩大了先前形成的技术和运营的能力和容量（第三阶段），优化了项目管理办公室的实践过程（第四阶段）。技术和运营的优秀服务管理要求NA信用社构建和部署以下内容：

- 一个服务目录和服务级别协议。

- 一个面向服务的架构。
- 一个致力于构建出色的利益相关者关系的技术和运营服务文化。

价值链和流程管理：IT价值的第一阶段——简化银行业务流程和分支流程

为了交付五年业务计划，NA信用社必须对业务流程进行优化，以在不增加成本的条件下满足业务量的增长。IT价值第一阶段的重点是价值体系和流程的卓越性，因而NA信用社应注重捕获更高的技术和运营的价值。该方法包括：

- 确定银行运营和分支流程，并进行目录编制，以实现简化和价值捕获。
- 编制运营流程手册，记录最佳实践，并确保流程改进顺利。

重新利用IT价值网络部署——强化银行整合以获得更高的价值

继银行平台转换完成后，NA信用社就将注意力放在了交付五年业务计划的企业战略上。Read & Associates公司随后参与其中，帮助NA信用社制定技术和运营战略，与整个组织的高管合作。为了能通过调整技术和运营战略，使其符合业务目标和利益相关者的承诺，并从满意度调查中提取出高管们的反馈意见，NA信用社董事会批准了以下技术和运营的战略目标：

- 超出预期——侧重业务，即满足并超出业务和成员的需求，建立出色的关系服务；提供高性价比和简化的操作流程。
- 整合平台——标准化，即通过购买、构建和整合战略来建立统一的银行平台、IT基础设施和IT操作环境。

- 托管的基础设施——稳定化，即向业务合作伙伴和客户提供经济高效、可用、可靠的拨号音和数据。

- 银行应用程序和流程——优化，即交付一个经济高效的集成信息平台。该平台应能进行自动化操作，并能根据业务量进行非线性调整。它包括标准的策略和步骤、设施环境和后台服务。

- 维护公司安全——保护资产，即保护信用社和会员的资金、资产和信息。

- 投资回报——实现价值最大化，即通过项目组合管理方法，用公司有限的资源进行明智的投资，从而获取最大的回报。

图18.3解释了技术和运营的发展前景：成为利益相关者的托管服务提供商，向其会员和员工提供增值服务。技术和运营的战略意图是管理服务的交付功能，并提供具有革新性的解决方案，以实现基于关系的金融服务，技术和运营的作用就相当于公司内部的合作伙伴所起的促进作用。根据图10.1介绍的调整流程，NA信用社制定了一个完整的业务和IT战略。技术架构的方向建立在面向服务的架构的基础上，它将前端服务层与后端应用程序相分离，并能通过Biztalk服务总线连接技术和面向服务的架构。NA信用社技术和运营的服务交付架构与图1.2中描绘的架构相似。

面向服务的架构和有线电视交付模式类似，它可以公开透明地添加频道，并在不改变底层系统的情况下提供新客户内容。这种方法的另一优势是，服务可以通过软件即服务的方式运营，从而使银行具有通过第三方委托新内容和服务的能力。NA信用社实施了外包呼叫中心基础设施和软件即服务系统，成功证明了这一概念的可行性。它们提供了完整的、由第三方远程管理的会员服务台能力。

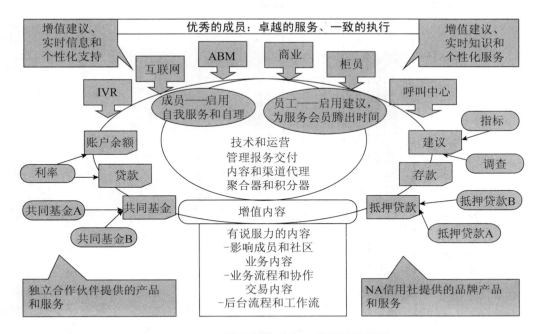

图18.3 NA信用社技术和运营的发展前景

如果要从技术和运营的战略方面实现回报的最大化，NA信用社需要更侧重于投资组合管理和需求管理，这在银行整合过程中被证明是成功的。图18.4详细阐述了相互依赖的技术和运营流程，以及应用于有效投资组合管理和需求管理的方法，并重点阐述了价值实现。投资组合管理计分卡变成了技术和运营的网络价值管理的仪表板，这使NA信用社可以利用加权后的价值指数（包括成本/收益、风险、灵活性、战略和技术）对项目、资产和应用程序进行评估。通过利用投资组合管理方法，技术和运营能够将12%的IT投资总支出从操作系统（银行平台）和共享基础设施转移到新的战略能力（如网页管理服务）和支持业务战略的利益相关者服务上，具体可见图18.5。

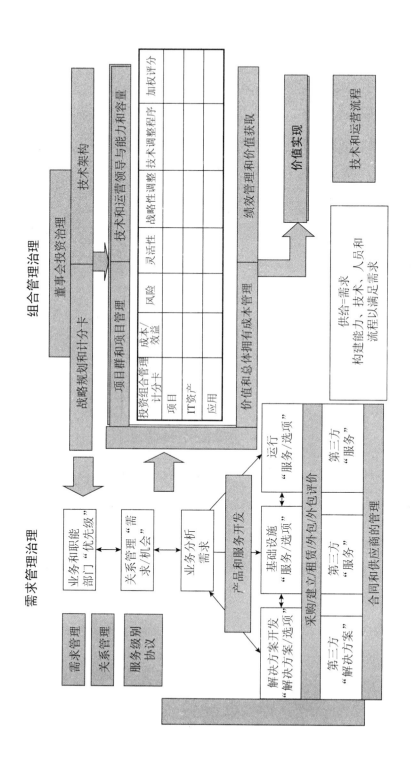

图18.4　NA信用社技术和运营的投资组合管理

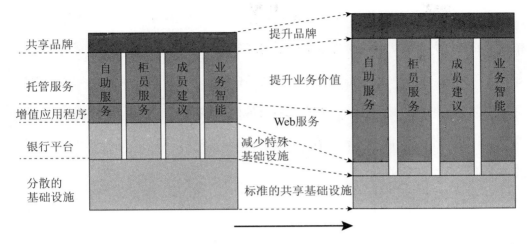

注：通过投资组合管理实现价值；将IT投资总支出的12%从共享的基础设施和运营系统平台转移到更高价值的服务和战略能力上。

图18.5　NA信用社通过投资组合管理实现价值

　　正在实施的技术和运营战略需要"关注"服务和流程是否卓越。基于集成银行平台的建立，以及早期启用的面向服务的架构，NA信用社的关注重点是定义有价值的服务并推动流程效率。NA信用社构建了服务目录，该服务目录和图13.1描述的相似，重点是衡量服务成本和收益，对服务进行整合和分类，并将其插入利益相关者或业务合作伙伴的服务级别协议中。与此同时，NA信用社还研究了大量的分支机构和运营职能部门的流程，该研究确定了150多个流程。这些流程被描绘为一个企业的流程蓝图，该图显示了它们的关系和数据流。此外，NA信用社还使用流程手册记录了操作步骤的当前状态。这项研究花了6个月，但却使管理者全面了解了银行所有的操作流程。我们在第9章讨论过，流程手册是一个极好的工具，它可以记录流程的当前状态，并定义最佳实践、流程改进和优化后的状态。

　　NA信用社应用了IT价值的六个阶段，且在各个阶段都实现了利益相关者经济价值。NA信用社先是成功地进行了银行整合和银行平台转换，然后实现了技术和运营的服务卓越性和流程简化，最后建立了更高价值的IT投资组合。

目前，NA信用社成为它所在社区中颇有竞争力的金融机构，在零售银行业开拓出了商机，并能够为其会员提供金融增值服务。NA信用社确实是两个金融机构合并的成功案例，它最终成了一个全新的、提供卓越会员服务的社区银行。NA信用社有效地部署了网络价值管理方法和两轮IT价值网络管理，并应用了IT价值的六个阶段。因此，NA信用社的利益相关者经济价值在银行整合、提供卓越服务和流程简化的各个阶段都得到了实现。

第五部分

新兴现实——投资IT，重视IT

IT价值的衡量和管理方法并没有随着时代的进步而改变，仍然是传统的基于财务的评估方法和常规的基于组织的评估方法，且IT价值受到这两种评估方法的制约。当前的实际情况是，IT投资总被视为一项资产，像房产或机器一样，同样被归为业务成本。财务标准仍然很重要，但是它们是相对滞后的指标，只适用于评估过去和当前的资本价值；而IT价值网络则能够评估当前和未来的潜在价值。通常情况下，人力资源不被看作一项可预估价值的资产，而是被归为可以产生无形价值的智力资本，而无形价值是股东价值和市值的主要贡献者。通过IT投资获取的无形价值不能再继续留在桌面上（不为人所认识）。IT中的I（信息）能够促进智力资本的形成，因此它有权获得更有效的评估。IT价值网络在努力迎接挑战，并通过提供新的多维评估方法来提高利益相关者经济价值。对未来的IT价值树立信心会为当前投资提供动力，即便在经济衰退时也是如此。新兴现实是，人们对待IT价值的态度在发生转变，以适应推动智力资本的新范式。

第19章讨论的是IT价值网络框架如何处理价值网络、价值体系和价值选项的特有新范式，从而最大程度地实现利益相关者经济价值，具体请见图V.1。社交网络已经存在50多年了，但它从未像现在这样流行。如今，价值网络中已建立了数万亿个链接，它们将人、计算机和信息连接在一起。价值网络是社会与技术资源或节点之间复杂的关系，它触及企业的每个存在点，并能够创造经济价值。价值网络云会被构建、重叠和分层，并不断发展，形成新的形状。网络组合正在被创建，它需要合适的评估和管理方法的支持。企业可以通过价值网络分析确定网络的价值。这种方法可将信息资产映射到价值体系中，并将利益相关者的关系和他们的相互依存关系连接在一起。价值体系使价值链延长，它将供应商、客户、合作伙伴和商业同盟中的流程和系统进行了整合。价值选项提供了选择的机会，同时它也使企业具有灵活的能力——可抓住未来商机，而不仅仅捕获各部门的净现值。企业可通过最大程度地实现利益相关者经济价值来获得持续的竞争优势或网络优势，这样会形成一种更有效的和可衡量的IT价值主张。

第20章提供了一个IT价值网络成熟度模型，企业可以用它来评估当前的IT价值实践。企业需要谨慎地推行IT价值网络成熟度模型，它可以评估企业对组织变革的准备程度。本章还总结出了一个IT价值网络的执行清单，并介绍了一些有助于实现集体优势，以及最终能够实现网络优势的协作技巧。IT价值网络是可信赖的合作伙伴为实现网络优势或持续的竞争优势而共同努力做出的变革。

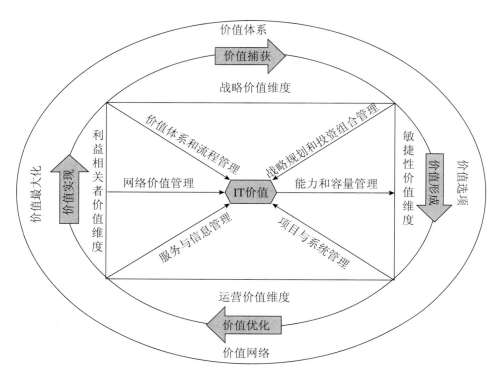

图V.1　IT价值网络框架的扩展

19 前瞻性思维

价值网络

随着互联网的出现以及数万亿个链接的建立，价值网络对利益相关者经济价值的影响将越来越大。新的个人网络和业务网络每天都在产生和扩展。企业力求利用价值网络来确定某个特定体系内的成员关系的社会技术经济价值。价值网络与社交网络结合得很松散，价值网络侧重于通过应用技术获取知识，创造价值，最终实现产品和服务的价值交换。推动获取知识的技术包括协作软件、内容管理系统、专家系统、服务台工具、文档管理软件、网络会议、维基网络、博客和在线学习平台。另外，越来越多的主流企业资源规划供应商正在将知识管理功能嵌入系统中，这些功能包括信息工作流、流程建模、决策支持系统、实时分析和业务智能。知识被获取后会转化成智力资本，随着时间的推移，智力资本将转化为有形回报。

前瞻性多学科评估方法（如价值网络、价值体系和价值选项）的整合可以强化

IT价值网络框架和IT价值主张，并可以将不确定的股东价值转变为最大的利益相关者经济价值。

通过扩展IT价值网络框架（如图V.1），量化成员关系、相互依存关系和价值交换，企业能够最大程度地提高利益相关者经济价值，从而增加捕获、形成、优化和实现IT价值的机会。价值网络分析为业务网络的可视化和优化提供了方法和建模工具。因此，新的IT投资应包含各种组织内和组织间的利益相关者的价值主张。微观功能或流程的网络化的目标应根据宏观供应商、客户和合作伙伴的网络化目标进行制定，从而形成平衡的投资组合。网络化目标的冲突应得到更好的管理，以最大程度地实现利益相关者经济价值。

企业可以利用价值网络来对有形价值和无形价值的交换进行量化，从而尝试确定某个特定体系内成员关系的社会技术经济价值。

社交网络

20世纪，社会科学家一直在关注社会制度，他们试图从人际关系、组织内部和组织之间的角度理解不同社会阶层成员之间的关系。传统的社会科学家更关注成员个人或角色属性，以及其对社会规范和行为的影响，而较少关注成员关系的结构或价值。社会科学家的研究重点的转移发生在20世纪50年代，当时社交网络通过J.A. Barnes.的作品成为一种大众工具。今天，在互联网的推动下，关系价值已经成为一种流行的和主流的观念。一对多和多对多的连接方式使众多网络化关系不断出现。我们面临的挑战是了解维持成员身份的价值方程。无论是筹划学校联盟（如Facebook），还是希望通过商业网络（如LinkedIn）获得潜在机会，我们都可以从中了解到人们最初成为成员的价值主张——使加入社交网络需要付出的努力或成本低于他们感知的优势。然而时间一长，维持或保留成员身份所需的努力很可能会超过从社交网络中获得的价值，最终这会使他们成为不活跃成员，甚至放弃成员身份。

社交网络的业务明显是由潜在订阅用户和相关广告收入驱动的，就像Facebook、LinkedIn、MySpace和Twitter那样。然而，通过把社交网络应用到价值网络中，业务价值或相关性将变得更深、更广。除了让我们产生兴奋感，社交网络还可以帮助我们理解组织关系的价值。组织关系或相互依存关系的程度决定了成员的价值或社会资本。相互依存关系的程度既可以通过共享或共同的价值观、理念或建议进行量化，也可以通过商品和服务的交换进行量化。寻求实现个人或组织目标的集体成功决定了社交网络的成功。难怪大型的企业资源规划供应商（如IBM和SAP）都大力倡导基础社交网络观念，它可以为企业提供扩大价值网络的机会。SAP为信息共享和构建可信赖的长期合作伙伴关系提供了行业价值网络方案，网络成员可以利用这些共享的信息、资源和解决方案。[1]同样，IBM强调，企业应通过使用社交网络软件工具（以下简称为社交软件）和连接扩展业务网络中的论题专家来进行创新合作。[2]

网络内部联盟决定了企业追求共同目标过程中的行为和支持系统，并塑造了组织功能和流程。根据这些共同目标企业又创建了机会或新投资。然而，社交网络的运营层次各不相同，利益冲突可能会出现在竞争性网络中，无论是在个人、功能、组织层面还是在组织间层面。企业面临的挑战是量化与比较一段时间内的关系和价值交换，以及构建一个系统的方法来衡量利益相关者经济价值，以便进行投资决策。客户关系往往用美元或客户生命周期内的市场份额来定义。这种定义方式也应当用于合作伙伴和提供商。此外，员工关系经常被关注，但很少被量化，因为它无法提供足够的投资理由。

社交网络不是新事物，但是对社交网络的激情使人们对价值网络和利益相关者的社会技术经济价值产生了新兴趣，继而支持IT价值网络主张。

网络组合

价值网络云会被构建、重叠和分层，它们在不断发展，并形成新的形状。价值网络评估需要时间，它能够确定当前和未来有价值的成员，并限定系统边界内的价值交换。个体会寻求那些基于已知价值和信任而紧密联系的社团，但也会寻求那些关系松散的团队，以获取新的机会或潜在价值。值得信赖的信息可以帮助企业创造出智力资本和社会资本。企业必须了解它们自己和其他人为网络贡献的价值——不管是直接贡献还是通过合作做出的贡献。在支持方面，价值网络应该根据利益相关者的驱动因素、战略资产和核心能力来分类。[3]企业需要对网络和它们的关系进行积极的管理，并对独特的企业价值和相关价值进行评估。此外，一定要永远记住：只有在有价值的链接保持连接状态时，网络才有价值。

网络或系统的界限应根据成员或角色之间相互依存关系的程度而确定。企业的内部价值网络由主要活动、流程和关系组成，它们跨越了企业的常规职能或组织结构。以创新、客户支持流程或共同的社会利益等活动为例，它们都可以推动内部价值网络的发展。外部价值网络跨越了传统的组织间界限，受到共享的企业或个人目标的驱动，例如共享收入或创新协议、市场准入、最佳实践或开放的标准论坛。一定时间内成员关系的程度由相互依存关系的程度决定，该关系可能是一种随意的关系，也可能是一种共生的关系。随意的关系更注重短期价值，及其所花费的成本或精力；而共生的关系则是一种长期的关系，可以在责任和承诺方面被量化。因此，价值网络需要被清晰地界定，并在各个时间点对可衡量的相互依存关系进行评估。

构建价值网络组合可以在个人、职能部门和组织的层面完成。高管们应该定义组织内部和组织间的价值网络，并指定网络所有者或发起者，这类似于指定业务流程或IT系统所有权。客户关系通常要与销售情况一致，提供商关系要与采购情况一致，合作伙伴关系要与业务发展情况一致，员工关系则要与人力资源情况一致。因此，在价值网络组合中，不能单独地将一个方面提出来，然后要求这些执行所有人量化和管理其所定义的价值网络。或许企业应该任命一位能统观全局的价值网络总管或专家，以在项目管理办公室的支持下提供最佳实践和价值管理。价值网络总管是知识获取和业务发展的架构师。

价值网络云会被构建、重叠和分层，它们在不断发展并形成新的形状。它需要网络组合管理和价值网络总管能够对整个业务网络中的知识获取过程进行治理。

价值网络分析

社会交换理论包含对非正式交换进行成本/收益分析的内容，而交换价值理论侧重于阐述价值可以转换为硬财务指标甚至是价格。业务关系包括合同或正式协议，同时还包括知识和无形收益的非正式交换。合同义务或协议会得到资金资助或预算支持，所以它在财务上是有形的，拥有记录在案的成本或价格。非正式交换同样需要通过价值网络分析来进行量化，因为它往往是形成信任、创新和有价值的智力资本的关键驱动因素。价值转换可以帮助企业确定有形和无形的资产价值，而价值网络分析能展现关系价值的当前和未来状态，以及增加的价值。作为一个重要指标，价值网络分析被投资者用来评估一个企业的业务模式和该企业创造未来价值的能力。它也可以用于支持证券交易委员会（SEC）的文件，同时企业也可根据它对非财务报告进行分类。

对企业来说，量化或衡量网络价值是最大的挑战。基于财务的传统评估工具和基于组织的常规评估工具无法确定网络价值的来源。价值网络分析提供了使业务网络可视化和优化的方法和建模工具，它能描绘成员或角色（节点）及它们之间的关系（连接），并可通过复杂的动态交换产生有形价值和无形价值。有形的交换很容易通过公平换取物品或服务的方式得到量化，然而无形价值却难以衡量，但它可能决定了一个企业高达80%的市场价值。绘制成员之间的知识流向图是一种确定价值的好方法，它既能确定当前的无形价值，也能确定通过知识创造和知识获取产生的未来潜在价值。从本质上说，无形价值最终会转变或转化为有形价值。基于价值链或业务流程，知识资产会得到映射，其延伸范围包括外部利益相关者，如客户、供应商和合作伙伴。信息流和知识资产的转换通过价值链和价值体系实现，这个过程对增加的价值进行了量化。

关系贡献的分类进一步揭示了获取无形价值的过程，这与影响领域（如业务模式、业务流程、管理报告、创新、协作机会和服务级别协议）一致。[4]影响领域可按照互相同意的无形价值成果进行定义，用特权或知识访问的级别来表示。通过建立支持业务模式的业务网络，SAP已经成功采用了一个可盈利的价值网络。利用这个网络，SAP将其R/3软件咨询业务的80%转交给了合作伙伴。由于与其合作伙伴进行了协作，SAP的品牌得到了延伸，全球市场需求大幅提高，它所保持的20%咨询业务的份额也大幅增加。[5]业务模式应该能够描述网络关系和知识交换创造价值的方式。

业务模式应该包含价值网络分析，以提供一种优化网络成员关系和知识获取的方法，价值网络分析可以通过复杂的动态交换产生有形价值和无形价值。

IT价值网络的影响

价值网络是最大程度地实现智力资本和利益相关者经济价值的关键影响因素。因此，它是IT价值网络框架的核心。第1章我们提到了一些IT投资的趋势，包括开放的架构和面向服务的架构、虚拟化、网络云、集成客户体验、实时业务智能和社交计算。毫无疑问，技术方向可以支持网络计算。基于需要的服务或社交网络联盟，消费者和企业可以在品牌云或私有云之内或之间移动。因此，要捕获、形成、优化和实现IT价值，企业必须跨越组织边界的限制，考虑更广泛的价值体系。企业应对网络内的有形价值和无形价值进行量化和评估，从而为IT战略方向、系统优化和服务效果提供重要指标。另外，企业还需要对其所定义的价值网络组合进行积极主动的管理，以最大程度地实现利益相关者经济价值。

企业应当对网络内的有形价值和无形价值进行量化和评估，从而为IT战略方向、系统优化和服务效果提供重要指标。

价值体系

第9章我们讨论了波特[6]的价值链和价值体系理论，IT价值网络管理的第一阶段中也包含它们。企业内部的重点应放在核心能力上，这种核心能力应能为企业提供竞争优势，避免价值较低的功能，并为企业的关键基础设施构建新优势。根据战略方向，企业应对业务模式进行调整，以完成运营目标，并确保通过企业活动链实现增值时，流程能得到优化。价值体系不仅仅涉及企业的价值链，还包括客户、合作伙伴、供应商、商业联盟和潜在股东的网络。如果价值链从本质上得到了扩展，那么它将有助于流程在企业的利益相关者系统或网络组合中实现优化。

扩展IT价值网络框架（如图V.1）的目标是：通过优化企业业务网络中的价值体系，实现利益相关者经济价值的最大化。IT投资价值可以通过与优化的价值链保持一致而得以实现，并能够加以扩展，直至覆盖整个价值体系。在支持流程文化方面，企业可以创建IT卓越中心，用于构建以流程为中心的系统能力和核心能力，使企业具备竞争优势，从而在价值体系内实现更多的价值。

价值体系不只影响企业的价值链，它还会使流程和系统在整个企业的业务网络中融合，从而使企业捕获到更多有利于提高竞争优势的IT投资机会。

流程和IT系统的融合

如果要捕获IT价值，则需要在企业的业务网络内，描绘企业价值链和价值体系的当前状态和未来状态，并阐述它们的相互关系和IT依赖性/机会。[7]如果我们把IT共享基础设施、系统和服务的投资覆盖到业务流程上，就能够看见扩展后的价值链对当前IT投资的依赖性。如果我们预测了价值链的未来状态，或为了获得竞争优势进行了必要的流程改进，便能详细了解潜在的新的IT投资的机会。在思科公司（Cisco）的生态系统中，员工、供应商和客户都通过一个网络化Web门户被整合到一个公司中。IT投资的资金可以被映射到当前和未来的流程蓝图中，使公司辨别出哪些流程投资不足、哪些流程投资过多，它着重突出了需要加派或重新分配IT投资的战略或竞争优势流程。

从本质上说，对流程再设计的审查应与系统功能的检测同时进行。完成主要的流程再设计之后再修改系统以适应新流程，这样耗时又昂贵，当考虑到整合问题时更是如此。除了变更管理问题以外，这种做法还使许多企业在20世纪90年代中期不能成功实施大规模的业务重组计划。通常情况下，企业资源规划解决方案提倡行业最佳实践，它表明，除非可以证明流程再设计是带来竞争优势的不二法门，否则无须进行。IT系统和业务流程再设计必须要融合，再分成一个个小规模的变更。企业应通过IT价值指数对流程再设计进行评估，它可以从战略、运营、利益相关者和敏捷性等价值维度捕获价值。融合对于业务智能价值链尤为重要，它使系统功能能够解放来自业务流程的数据（原始材料的一种形式），从而产生智力资本。[8]例如，为支持组织而创造、构建及整合IT基础设施，从而通过高质量信息的情境相关性实施业务战略。

新思想认为，IT功能确实能带来流程的改进，并为公司开展业务提供全新的方式，以及灵活性。IT功能在客户关系管理和产品开发领域的应用最为广泛。例如，谷歌的底层共享基础设施能够支持主流搜索业务，并用于为中小企业托管提供新的价值主张。它们大多能相对容易地自动创建新的运营模式。相对于流程改进，业务流程重组更能推动全新的业务开展方式。也许业务系统重组将成为一种新的范式，IT很可能成为变革的推动因素，而不仅仅是一个流程的推动因素或追随者。

IT系统和业务流程再设计需要融合，因此企业应重点考虑业务系统重组而非分开处理，从而提高价值体系内部的核心能力。

流程文化

在组织内部创建流程文化之前，领导团队应有做决策的意识，并要求整个公司的常规组织结构的上上下下都付出很大的努力。通常，我们先要选定关键的高管，然后将其指派为流程的主管或所有者。在许多情况下，我们会默认职能高管拥有相关流程的所有权，正如销售副总裁拥有销售流程的所有权一样。有些情况下，可能没有明确的选择，如对公司供应链或采购流程的监督。流程所有者会承担起这项能创造竞争优势的关键能力的责任。同样，IT组织应该变为以流程为中心的组织，就像我们在第16章介绍的北电网络那样。在那个案例中，客户经理对业务流程所有者提供了支持，并拥有支持卓越流程的IT功能。

IT组织应该对流程加以改善，这意味着IT功能会扩展到包括职能在内的流程知识层面。但是，我们应当明确区分流程知识与流程设计。前者涉及的是流程领域的专业知识，而后者涉及的是流程建造能力。业务分析师通常向业务职能部门汇报信息。他们也许是IT组织中最适合从系统设计的角度提供流程知识的人，在英迪戈中就是如此。在融合流程和IT系统知识的过程中，企业将会通过简化、合理化和整合扩展价值链中的机会来优化价值。在为业务流程负责人提供支持、绘制当前和未来状态的流程蓝图方面，流程工程师会提供最好的服务。现今，没有负责流程的高管，首席信息官成为企业流程负责人的情况并不少见。

在流程与IT系统知识的融合过程中，企业将通过简化、合理化和整合扩展价值链中的机会来优化价值。

IT卓越中心

除了具备业务流程知识外，IT组织应该建立卓越中心，以支持公司的关键能力。描绘IT价值链是一个良好的开端，因为它是一种确定基础设施、系统、服务和支持流程（即ITIL、系统开发生命周期和项目管理）的方式，能够增加业务流程的价值。关键绩效指标将IT价值链的组成部分与业务流程联系在一起。20世纪80年代，由IBM推广的业务系统规划（BSP）提供了一个可确定附加值来源的良好框架，该框架可以与流程、接口、数据源和数据流保持一致。围绕公司核心业务能力建立IT卓越中心，能够使人们更加了解IT业务优先级和侧重点，反过来又使IT和业务部门互相磨合，建立合作伙伴关系。

在某些情况下，企业的核心竞争力包括IT能力。以一个在线企业为例，它的竞争优势或差异化流程就是一个搜索功能。事实上，IT已经深深嵌入企业的价值链中。在许多方面，它已经成为一个重要的、关乎成本的差异化环节。然而，对IT卓越中心的投资将取决于企业对IT附加值的认可度。作为成本中心，人们将IT看作一种商品或实用工具，因此人们很少关注它的附加值，关心的更多是通过IT以最低成本获得服务。作为利润或投资中心，IT被看作合作伙伴，被认为是利润和竞争性优势选项的关键贡献者。[9]有抱负的首席信息官应该争取机会，构建能增强业务能力的

IT卓越中心。

价值商店模型的概念由汤普森于1967年提出，该模型提供了一种构建IT卓越中心的方法。它侧重于解决客户问题和提供解决方案。尽管价值商店模型不关心端到端价值链，但它可以根据业务（客户）流程所有者进行调整，并提供系统解决方案。所需的IT活动包括确定问题、解决问题、解决方案或系统选项、解决方案或系统部署，以及控制管理和解决方案评估。这些价值商店模型或卓越中心可以在IT组织的内部或外部被创建。通过合作、外包或供应商协议，企业的IT价值商店模型可以被虚拟化。

围绕企业核心业务能力创建IT卓越中心，能够使人们更加了解IT业务优先级和侧重点，从而使IT价值链与业务附加值流程保持一致。

IT价值网络的影响

价值体系是IT投资价值的核心，它为公司带来竞争优势。这意味着IT组织必须以流程为中心，并抓住公司价值链内外流程改进的机会。IT与业务的协作非常关键，它在IT与公司的供应商、合作伙伴和客户之间的合作方面变得日益重要。随着公司业务网络的发展，流程和系统重组或再设计的机会也随之增加。IT价值网络框架提倡将业务流程与系统再设计进行整合或融合，以此作为获取更高水平IT价值的一种方法。确保在卓越中心周围形成IT处理能力和核心竞争力，可以使IT组织行动更有效、响应更迅速，系统解决方案和服务也能在整个价值链和价值体系中得到优化。

IT价值网络框架提倡将业务流程与系统再设计进行整合或融合，以获得更高水平的IT价值。这使得IT解决方案和服务能在整个价值链和价值体系中得到优化。

价值选项

我们在前面讨论过，生活的不确定性正在成为一种常态，特别是在快节奏的全球网络互联时代。全球银行危机和信贷紧缩发生了，这类事件发生得很快，令许多人惊讶不已。这反映了这个时代的不确定性。同样，技术变化和网络互联的速度也没有放缓的迹象。尝试预测中期（2~3年）可能出现的情况，将继续成为多数企业的一个挑战，更不用说长期（3~5年）预测了。因此，大多数企业都要认识到这个挑战的重要性。我们在第7章探讨过，敏捷性价值维度在评估IT投资方面很重要。在制定IT投资决策时，我们需要考虑业务灵活性，这对快速进入市场和获取利润极为重要，而业务灵活性反过来又会推动IT价值能力的提高。IT投资的例子包括开放的架构、常青的应用程序和最佳实践企业资源规划系统。在选择战略性IT投资或IT价值选项时，我们也应考虑灵活性。在不确定的环境中，较长期的IT项目需要经过大量风险管理才能产生期望的结果。

扩展IT价值网络框架（如图V.1）的目标是，通过在不同时间点构建、形成和执行IT价值选项来使利益相关者经济价值最大化。为了支持战略方向，企业可以确定IT价值选项，并在合适的时间执行这些选项，这能使业务具有灵活性。例如，IT价值选项可根据市场变化或客户购买习惯，实时部署一系列客户关系管理Web服务。此外，如果将选项嵌入IT组织和IT基础设施功能中，就能够提高附加值，抓住未来的机会，例如部署面向服务的架构或迁移到开放系统。

价值选项可在不确定时期提供竞争优势，它强调了IT投资评估的敏捷性价值维度的重要性，为应对未来的商机构筑了灵活的、响应能力强的IT能力。

在场景不确定的情况下的IT敏捷性

在第1章中，我们讨论了在IT投资决策时考虑敏捷性和灵活性、构建迅速响应市场和业务变化（特别是在不确定条件下）的IT能力的重要性。灵活性更有可能会在发挥优势的同时限制劣势。未来状态的技术架构应该适应开放式设计，并能够为不断变化的业务环境或需求提供不同的选择或替代品。这可能需要企业增加系统或基础设施项目的投资，但是如果减少整合、变更管理和运营的成本，那么长期的IT拥有成本很可能会降低。从本质上说，这样做的目的是使长期的利益相关者经济价值得以最大化，从而确保资本总量和所有运营成本都包含在价值创造业务案例中。

当结果不确定时，IT敏捷性对战略性IT投资至关重要。我们在第6章中讨论过，情景规划是一个很好的工具，可用于制订灵活的长期计划和选项。其重点是做出关键的战略决策，确定参数和不可控变量。企业要确定所有可能出现的结果，并确定假设，随后通过使用决策树、概率论和财务指标来应用"假设"分析法；最后选择回报率最高的IT投资。然而，情景规划需要大量的时间和专业知识。因此，许多公司会采用不太正式的情景规划，并依赖管理层的知识和启发来对结果进行选择。应用应急规划更为简单，因此它很受欢迎。这种方法可以对结果做出决策，并针对已知的个别风险或个别不确定性应用"假设"分析法，而不是针对每个情景的多个风险组合应用"假设"分析法。同样，敏感性分析一次只涉及一个变量的变化。

如果要将情景规划应用到IT战略和投资中，则需要对经营战略、关键绩效指标和业务驱动因素有清晰的了解。在应用系统思维、定义价值体系、将当前和未来状态的业务流程映射到其所支持的系统应用程序的过程中，情景规划得到了推进。前面所讨论的价值体系可以强化因果网络关系，支持貌似合理的情景规划。我们应创建当前状态和未来的技术架构蓝图，吸引技术迁移的机会，从而获得开放系统和敏捷性。如果获取了技术迁移的机会，那么敏捷性价值维度就可以被量化，并用于新的IT投资决策，将其他价值维度（战略、运营和利益相关者）换算成敏捷性。使用替代技术（即专有技术或开放技术）产生的IT价值指数结果可能会不同，我们应根据可能出现的情景选择得分最高的那个。

量化敏捷性价值维度对于结果不确定的战略性IT投资来说非常关键。在这种投资中，系统思维可以通过发现价值选项来推进情景规划。

IT风险管理选项

由于技术发展的步伐加快、经济条件不断变化，以及市场环境的波动性增强，IT投资和项目本身对风险非常敏感。与IT项目相关联的风险是由独特的因素产生的，因此这些风险是非系统的或多样化的。第1章介绍了在将风险管理应用到现有和新IT投资时，对可控的和不可控风险采取的处理方式。第2章阐述的是风险和不确定性，它对常规的IT投资评估标准提出了质疑，因为传统的资本投资和财务指标不能获取敏捷性和灵活性。第5章针对IT投资评估总结出了IT风险管理的技术，它由新兴的决策支持方法构成。这种方法把各种单独的成本和收益流都因子化或贴现，最终形成一个更严谨的净现值。本节对IT风险管理选项和风险缓解战略进行了展开讨论。

在IT投资组合中，风险管理主要关注整体的投资回报的实现，其次关注项目群和项目之间的相互依存关系。主要的风险考虑因素包括战略调整风险（我们是否在做正确的事情）、架构和整合风险（我们做这些事的方法正确吗）、能力和交付风险（我们能出色地完成它们吗），以及收益实现的风险（我们能得到收益吗）。[10]我们的目标是在平衡的（即短期与长期相比较）组合中实现利益相关者经济价值的最大化。此外，我们需要对整个项目群或项目中出现的相互依赖的变量进行有效管理，其中包括资源征用、日程表内的排序、投资限制、技术选择和系统可用性。项目群或项目管理会在批准的预算和进度安排内应用风险管理，并在保证质量的前提下完成既定的业务要求。无论是在投资组合，还是在项目群和项目的层面上，都有风险管理方案和风险缓解战略。

风险管理选项或处理办法包括避免（消除）、转移（外包或投保）、保留（接受和制定预算）以及减少（缓解）等几种方式。在IT投资中，规避风险只是一个美好的想法。但是，如果不探求原因就采取规避风险的方法，可能会阻碍公司获得更高的收益。例如，尽管不将应用程序迁移到开放的架构能避免失败的风险，但同时也会错过获取系统敏捷性和简化的机会。转移风险是一个可行的方法，它通常出现在外包交易中，由第三方来承担项目和/或运营的风险。然而，IT组织仍然必须通过治理和控制来管理业务风险。根据公司的风险概况，保留或接受风险也是一种方法，这时我们应对风险或发生概率做出预算。把风险保留在账目内通常发生在灾难恢复和保护信息安全的情况下，这时公司不准备支付前期IT投资来获取百分百的故障安全（如果确实可能实现的话），而宁愿用储备资金为恢复提供支持，以应对不太可能发生的故障事件。降低风险或缓解风险可能是最常用的选项，其最终目标是把失败的可能性或故障的严重性降到最低。IT项目创建的目的可能仅仅是降低运营的风险，它通过风险和回报得以论证。此外，公司通常可通过在IT或项目预算中分配应急基金来缓解风险。

风险管理战略应通过企业风险管理计划得到治理，该计划可以确定已知风险和可接受的处理方案。IT风险管理是一个子集，它通常侧重于信息安全、灾难恢复、审计问题和内部控制。我们似乎永远没有足够的资金可以用于满足所有的信息安全需求，这其中包括管理现有的、新的漏洞以及零星故障。应对灾难恢复时，企业需要进行很多权衡工作，目的是避免完全复制昂贵的生产系统，同时保留一些残留风险。此外，企业还需要解决审计问题，配置必要的资源和预算，同时将充分的内部控制明确列为重点。

风险管理和缓解总是与风险和回报的平衡有关，企业应根据潜在的最高收益或最低损失确定IT投资的优先级顺序。应用到IT项目中时，风险缓解要确保预期的业务成果是在规定的时间和预算范围内完成的。应用到业务案例中时，收益应该被贴现或换算成因子，以体现不发生收益的风险。企业还可以根据预估成本的精确性和项目执行过程中可能发生的风险来分配应急基金。随后，对于IT投资和IT项目，虽然应该对很多不同的风险降低战略进行管理，但是缓解IT风险肯定会增加预算和资源。

风险管理战略应通过企业风险管理计划得到治理，该计划可以确定企业的已知风险和可接受的处理方案，并根据潜在的最高收益或最低损失对IT投资进行优先级排序。

实物期权

实物期权是指在实物和人力资产方面的投资。它能赋予公司抓住未来机会的能力，为公司提供更高的未来价值。公司需要对冲未来的不利条件，同时还要维持获取向上收益的能力。在第5章，我们曾把实物期权作为一种新兴的衡量IT价值的决策支持技术讨论过，它是传统的会计和财务方法的补充。实物期权对基于价值的资本预算业务案例的评估更为严格，但它也是制定战略决策时绝佳的补充，因为这种方法考虑了环境不确定时期的未来灵活性的价值。实物期权可以被用作IT价值评估的措施和方法，支持量化战略和敏捷性价值维度。此外，实物期权还支持开发和构建IT战略和IT能力过程中的IT价值管理，它可以帮助公司获取和形成IT价值。

实物期权模型来自约翰·亨德森（John Henderson）的期权模型，它被成功地应用到金融交易中，如股票交易、货币套利和货币期货。考克斯–鲁宾斯坦（Cox-Rubinstein）公式是该模型的核心，用于评估金融资产的未来价格赌注的风险。这种期权模型是启发式的，但是它会根据交易量对结构和系数进行调整，从而确定其未来的结果。将数学模型应用到独特的会计方法和主观的IT投资决策中具有严谨性，早期，这激发了人们的研究兴趣。实物期权的概念在确定和评估IT战略选项时可能很简单，在制定资本预算和业务案例建模时又很复杂。

部署实物期权的挑战在于，将调整后的实物期权模型转移到IT投资评估中，主要难点是相关性以及应用程序的简化。在应用实物期权制定资本预算和战略决策时，企业会遇到很多实际的困难，比如找到一个具备特定条件的模式，这些条件包括：其假设与IT投资或项目匹配、能够确定模型的输入，以及能够以数学方法破解期权定价算法。使用标准期权模型，即布莱克-舒尔斯（Black-Scholes）期权评估模型进行战略性分析会导致糟糕的战略决策。每个IT投资或项目情境都需要定制的模型。也许这可以解释为什么在资本预算中，实物期权的使用比较有限。[11]即便如此，使用实物期权仍取得了一些显著的成功。

在构建以价值为基础的业务案例时，许多决策支持研究者都质疑传统的资本投资评估方法，他们认为这些方法所采用的指标没有考虑不确定性、灵活性和可能的延迟情况。企业可以考虑使用净现值来进行评估。该方法使用一个经风险调整的贴现率来评估上行风险（结果积极）和下行风险（结果消极）。但是，净现值无法提供充分的关于投资的不可逆性、不确定性和项目延期风险的决策考虑。因此，最重要的是要根据不同的收益流（有形和无形）和成本流的可能结果，以经风险调整的形式应用实物期权；随后，现金流根据无风险收益率贴现。从根本上说，使用实物期权就是应用经调整的决策树分析法。[12]建模需要大量的时间，但一旦完成，模型便可以被重复使用和调整，为IT投资比较和选择提供更真实的净现值参考标准。投资于增长期权而非现金流而言，是论证IT投资合理性的一个重要因素。[13]

企业应确定的IT项目不确定性的随机可变性。因为IT项目需要在规定的时间和预算范围内，在保证质量或绩效的前提下，实现利益相关者经济价值，并满足业务需求。这些参数各自所占的权重和可变性决定了实物期权的价值。实物期权被认为是降低项目投资风险的一个有效方法。应用实物期权可使项目具备灵活性，而且在应用过程中更有可能产生上行价值，同时限制下行价值或无价值风险。[14]查特吉和拉梅什提出了用于软件开发中技术风险管理的螺旋圈方法。从本质上说，风险分析要与项目的每一个阶段都结合，以便对项目进行定期评估，并提高绩效。[15]

贝纳罗什和考夫曼已经在一个真实案例中应用了改编后的布莱克-舒尔斯模型（Black-Scholes model）。该模型的近似模型被有效地用于新英格兰地区洋基的24个共享电子银行网络的销售点（POS）的借记卡服务的部署时机上。在这个成功结果的基础上，两位作者认为布莱克-舒尔斯模型可应用到不同类型的IT项目投资中，[16]具体指的是：

- ■ IT基础设施投资：它往往不提供即时的预期回报，因此，企业应把投资机会转化为期权的标的资产（即支持产生收入的销售流程的技术）。
- ■ 新兴技术投资：在这项投资中，技术被嵌入标的资产中，这对预测未来价值收益的各种感知情况构成挑战；在这里，随机成本（不确定的执行价格）的影响很重要（即业务分析软件被嵌入支持市场调研活动的营销软件中）。
- ■ 应用程序设计原型的投资：在这项投资中，实际资产的价值要低于应对业务或市场变化的潜在价值，它提供必要的应用程序功能（即网络应用程序）。
- ■ 把技术作为产品的投资：其中项目方向和决策取决于执行期权的剩余时间和其在某个时间点的价值（即考虑项目的时间约束和技术许可协议的价值）。

实物期权可以增加个别的IT投资或项目评估的价值。然而，如果将其特征部署到总IT投资组合管理中，那么我们可能会获得更大的价值。当用组合的观点考虑项目或IT投资时，管理层可以审查项目的实物期权价值，以确定是去探索、推迟、放弃、扩大、压缩或切换项目中的IT投资，还是把它应用到整个项目投资中。重要的是，要发展实物期权，为规划、分配和管理IT投资组合制定一个可重复使用和可验证的方法。这需要企业坚持收集和评估有形和无形的成本和回报。[17]这样的方法将有助于企业在整个IT投资中分配资源，目的是使企业协同和目标最大化。[18]企业有必要评估IT的整体价值，并考虑投资组合决策情景，评估项目的取舍和选项的相互作用和相互依存关系。[19]

格伦纳迪亚和威斯[20]研究了技术创新投资的两个基本特征：过去的决策影响未来的技术选择和未来创新机会具有不确定性。他们针对技术创新的顺序提出了最优投资战略——我们可以根据市场和特定于公司的可变因素来实施IT投资。企业可根据创新的到来时间和盈利能力对它们进行随机规划。根据过去的决策对未来技术选择的影响，以及未来创新机会的不确定性，我们可以使用四种不同的投资战略来制定企业政策。这些迁移战略包括：

■ 强迫战略：购买每个创新项目。

■ 蛙跳战略：跳过早期创新，采用下一代创新。

■ 购买并持有战略：只购买早期创新。

■ 延迟战略：等到新一代创新到来时才购买前一代创新。

库拉蒂拉卡和文卡特拉曼提出了一个在三个领域间进行协调的战略选项导航器。这三个领域分别是业务部门（首席执行官）、IT（首席信息官）和财务部门（首席财务官）。[21]战略选项需要经过以上三个部门的连续评估，即重新评估价值和必要的行动，以维持、终止或开发选项。IT管理常常过于关注成本管理，而对能发展未来业务机会的IT功能重视不足。德勤咨询公司（Deloitte Consulting）已将一个与战略选项导航器类似的想法进行了商业化。该公司先构建了一个应用战略投资选项的框架，并将其定义为战略灵活性框架。该框架确定了四个阶段，分别是预期、制定、积累和操作；再根据不同的业务场景，获取必要的核心程序组件，并将众选项放到应急部分；最后根据某些决策点的信息，执行或放弃这些选项。这是既能满足当前能力，又能为抓住未来机会而不断完善能力的一种方式。[22]我们也可以使用贝纳罗什提出的投资生命周期模型，其中不同的选项在周期中的相关联的。[23]

采用实物期权不仅仅能对业务案例和项目投资进行合理性论证，还可以使企业侧重于评估机会、获得与培育期权，并在条件合适的时候，捕获价值。如果应用到IT价值网络管理中，实物期权会通过应用不确定情况下的启发法来提供一个支持战略和构建能力的理论平台。在考虑行动过程和可用期权的几种结果方面，IT管理人员有更加系统的方法。根据决策者对风险的意见，管理人员可以应用风险和敏感性分析，从而确定风险发生的概率。然后，他们可以根据成功概率或最高附加值对结果进行评估。随后，管理人员可通过将IT投资嵌入期权，使其可以为未来机遇提供附加值增值能力。如果不确定性的概率很高，管理人员应在接收新信息后，以及导致大量成本和收入损失前购买灵活性。

实物期权是指在实物和人力资产方面的投资。它能赋予公司抓住未来机会的能力，为公司提供更高的未来价值。实物期权支持战略决策和组合管理，并能提高基于IT价值的业务案例中资本预算的严谨性。

IT价值网络的影响

价值选项可提供敏捷性和灵活性，在不确定的条件下更是如此。它还能创造竞争优势机会。价值选项把金融期权理论与战略规划原理、风险管理、组织理论、决策分析和复杂系统充分结合在一起。除了可以应用于IT战略规划和IT能力构建中以外，实物期权和风险管理还可以应用到项目和组合管理中。应用实物期权不仅能使基于IT价值的业务案例变得严谨，改善传统的基于财务的净现值评估方法，还可以使公司重点关注对机会进行战略评估、获得与培育期权、与终止或持有期权，以及在恰当的时间捕获价值这几方面。实物期权和风险管理可用于量化敏捷性和战略价值维度。价值选项提供了很有价值的方法来构建利益相关者经济价值和竞争优势，因为它整合了公司的创新能力来应对现有的和新的市场，而不仅仅是获取各部分的净现值。[24]IT价值网络框架支持使用价值选项来改进IT价值的捕获、形成、优化和实现的过程。

IT价值网络框架支持使用价值选项来改进IT价值的捕获、形成、优化和实现的过程，通过将IT投资嵌入期权，利益相关者经济价值将得到最大化。

利益相关者经济价值最大化

企业的传统目标是通过提高股票价格或支付红利使股东的财富最大化。米尔顿·弗里德曼（Milton Friedman）认为企业的社会责任就是赚取利润。为了使股东价值和股票价格上升，企业提供的资本成本的回报率要比投资人在风险相同的投资项目中获得的高。然而，尝试分离或确定IT投资与股东价值贡献的因果关系是行不通的，这点我们曾在第2章讨论过。此外，IT投资需要前提条件，其中企业的补充投资（即变更管理）对于释放和实现全部股东价值来说至关重要。研究表明，IT在变更计划方面的成功率在20%~50%，这说明纳入变更管理的投资很重要。[25]此外，传统的财务评估方法在追求股东价值时，没有从主要的利益相关者手里获取可感知价值和可实现价值的范围。

通过IT投资使利益相关者经济价值最大化能提供一个更有效且可衡量的IT价值主张，当考虑扩展的价值网络和价值体系时更是如此（如图V.1）。建立IT价值网络的目标是使利益相关者经济价值（包括社会和道德责任）最大化。利益相关者价值维度能全方位定义利益相关者对价值的感知和期望，它与其他三个价值维度（战略、运营和敏捷性）共同确定利益相关者经济价值。确定利益相关者的价值是一门艺术，而不是一门科学；它依赖于焦点小组、调查、审查和任务报告的看法和意见。决策是根据直觉或最佳猜测做出的，它需要更高水平的信息交流与沟通而不单纯依靠财务标准。IT价值的最大化需要企业在价值捕获、价值形成、价值优化和价值实现的各个阶段都保证利益相关者能够有效地参与、沟通，并对期望进行管理。

利益相关者会不断地对IT绩效进行评估，评估的方面包括功能或处理能力、可用性、灵活性乃至各时间点的感知价值，此外，还包括服务级别协议、项目交付成果、信息管理和预期收益。因此，IT主管需要不断地对共享基础设施、系统、服务和战略性投资进行评估，并就IT对业务网络的利益相关者的影响进行有效衡量和沟通。价值网络管理对于增加利益相关者经济价值来说至关重要。如前所述，通过应用价值网络分析，我们可以确定主要的利益相关者，并描绘整个价值体系的关系和相互依存关系。网络价值管理是一个确定和实现利益相关者的业务驱动因素和预期的过程，该过程与企业的战略和运营目标是一致的。这个过程建立在价值网络分析的基础上，用于确定成员忠诚度或满意度的驱动因素。要了解期望和感知到的利益相关者价值，明智的做法是不断对利益相关者的满意度进行内部和外部调查，并通过焦点小组确定需要改进的方面，以及确实能带来收益的领域。企业可以利用这种方法通过发现和调整的过程来提高绩效。

使利益相关者经济价值最大化能提供一个更有效和可衡量的IT价值主张；这种价值主张的价值远高于遭到质疑的股东价值。它将价值网络与价值体系中忠诚的、利益得到满足的利益相关者结合在一起。

IT满意度和价值忠诚度

我们在第6章讨论过，在衡量IT价值时，企业应考虑新兴的组织管理方法（如利益相关者调查）。利益相关者的IT满意度和价值忠诚度是利益相关者价值维度的主要组成部分。在整个网络或价值体系中构建价值忠诚度会增加可实现的价值。价值网络管理本质上是IT投资和IT组织本身的忠诚度业务模式。这个忠诚度业务模式假设：当利益相关者追求共同利益时，就会出现寻求自我利益（IT——利己）和寻求他人最佳利益（商业——利他）之间的思维融合。促进IT忠诚度的形成的四个关键因素是共同的价值观或目标、关系强度、潜在的替代方案和关键事件。

在追求共同目标的过程中树立和培养企业共同价值观，常常与调整后的目标一起，通过级联平衡计分卡写在企业使命和价值陈述上。我们在第6章中探讨过，IT平衡计分卡是指内部客户对IT的满意度，它是一个重要的绩效评估办法。从本质上说，在扩展的价值网络和体系内部，IT平衡计分卡会涉及所有的IT利益相关者，它通过利益相关者价值维度评估IT的满意度和忠诚度。IT管理与企业或扩大的利益相关者之间的关系强度对IT的忠诚度有很大影响，企业需要大力构建信任和管理期望。在北电的业务案例中，企业任命执行客户经理管理业务组合，负责与协调一致的企业高管建立信任的合作伙伴和强大的关系。让利益相关者感到高兴应该是主要目标，特别是当利益相关者可选择投资IT或外包IT时。如果对IT的绩效表现不满意，那么企业有可能更换首席信息官，或者将IT完全外包。某些关键事件会对IT的忠诚度造成重要影响。因此，企业必须要考虑系统崩溃、项目成功或失败、服务台响应或网络安全漏洞对IT投资的影响。

　　如前所述，价值网络分析有助于企业确定主要利益相关者成员和他们之间的关系。利益相关者应该根据共同的业务驱动因素进行分类，这些因素有：外部成员（可分为供应商、合作伙伴、细分客户和股东）、内部职能（可分为销售、市场和财务）或组织级别（可分为员工、管理层和高层）。我们在第14章讨论过，调查的技巧是了解利益相关者所处的位置和环境。平衡计分卡与企业的战略目标和关键绩效指标保持一致，它对整个组织内部的业务目标进行级联评估，从而确定主要的利益相关者的关键成功因素。我们应该先对满意度的业务驱动因素进行判断，随后通过焦点小组和调查活动进行验证，同时也要根据这些业务驱动因素对IT投资进行评估，以衡量感知的满意度和价值。此外，外部利益相关者应参与到类似的"轻"流程中，从而在业务网络内构建满意度的业务驱动因素。将范围扩展到整个业务网络使企业能大致了解客户、供应商、合作伙伴和股东的感知价值。利益相关者应了解整合后的反馈和绩效结果，接受设定的行动和改进目标。他们应该根据目标对IT价值进行持续的审查，在需要时及时部署调查，并做跟进简报。

　　尽管利益相关者的满意度实质上只是一种心态，但它已被证明是一种有效的衡量感知绩效和期望绩效的工具，与价值实现密切相关。密歇根大学的美国顾客满意度指数（ACSI）是客户满意度评估的科学标准，它能强有力地预测国家的国内生产总值（GDP）的增长。当把顾客满意度指数应用到企业中时，它被证明是一种有效的预测股票绩效的指标。净推荐值（Net Promoter score）则是另一种流行的调查方法，可用于确定客户的忠诚度和客户关系的紧密度。[26]净推荐值是弗雷德里克·赖克霍德（Frederick Reichheld）、贝恩咨询公司（Bain and Company）以及Satmetrix的注册商标。调查者会问客户"您将我们公司推荐给朋友和同事的可能性有多大"，并要求客户在0~10的范围内进行选择。虽然这是针对客户提出的问题，但净推荐值可经过调整，应用到IT中。推荐者是价值实现的积极推动力，而持贬低意见的利益相关者是价值实现的消极推动力，被动的利益相关者则是中性推动力。推荐者和贬低者的人数之差决定了分数的高低。如果差值超过了75%，那么说明客户满意度较高。

调查利益相关者满意度和价值忠诚度的方法有很多。IT客户或利益相关者的满意度调查可以通过在线、书面或访谈形式进行编制和管理。企业可以针对IT服务、共享基础设施、系统或所有的IT功能来设计调查内容，以获取满意和/或价值。调查目标人群可以定位在不同层次，包括管理层、职能部门、一般员工、供应商、合作伙伴、股东、董事会高管，也可以根据活动或项目进行定位。IT组织开展调查的现象并不少见。它们会开展年度高管调查、一般员工季度调查、项目结束调查以及IT服务台调查。但是，很少有IT组织会调查或采访其供应商、合作伙伴或终端客户。这是一个更为复杂的过程，但如果缺少这些环节确实会使捕获价值的机会停留在纸上，无法被探索出来。我们可以参考北电通过客户关系创造潜在价值机会的案例。在此案例中，北电加勒比海和拉美地区的首席信息官为北电的客户创办了首席信息官论坛。我们也可以参考英迪戈的做法，为实现共同的价值目标，该公司每年都召开一次IT供应商和合作伙伴会议。

利益相关者的IT满意度和价值忠诚度是利益相关者价值维度的主要组成部分，在整个价值网络和价值体系中构建价值忠诚度有助于实现经济价值。

感知和信任

我们先前讨论过，共享或共同的价值会决定利益相关者的行为。然而，组织行为和做法也会受到利益相关者对现实的感知（而非现实本身）的影响。因此我们可以认为，对现实的感知其实就是观看者眼中的事实。感知在意识中产生和被体验[27]，它可以被定义为一个流程，利益相关者用这个流程选择、组织、解释其周围的信息并做出反应。不同的利益相关者对情况的感知是不同的，他们会选择性地对情况进行解释并做出相应的反应。信息被筛选出来，从而过滤出最重要的问题。影响感知的驱动因素既有外部的，也有内部的。外部驱动因素包括文化、规模、强度、对比度、运动、重复、熟悉程度和新颖性；内部驱动因素包括性格、学习和动机。[28]

IT价值的感知是很主观的，取决于具体的利益相关者。这对我们的挑战是提供价值的事实依据，并获取专家的支持。当IT投资和绩效改善之间明显相关时，企业高管对价值的认可更加明显。转变成利润的有形价值是价值被广泛接受的强有力说明（假设它得到了公正的财务部门批准）。但是，如果是由于其他促成因素（如流程变革或员工能力），那么企业高管可能会拒绝这样的直接相关性。我们在第2章中探讨过，尚未验证的IT投资和利润之间有相关性。分离和确定IT投资与有形价值之间的因果关系是一项有挑战性，但并不是不可能完成的任务。在不同的利益相关者之间构建感知的无形价值更具挑战性，但这种挑战常常退化为不可衡量的"热"或"冷"的感觉。

利益相关者对IT价值的感知很可能被默认为是关于IT的信念或启发、先前的学习成果或信任水平。管理IT认知的方法是提供与利益相关者事先形成的概念和体验相一致的信息或知识。如果它们不一致，信息则会被忽视或低估。因此，只有利益相关者获得满意的体验，IT价值才会被承认。我们先前曾讨论过，IT满意度和忠诚度提供了衡量利益相关者的价值体验和感知的方法。管理客户体验的价值很好理解，但管理IT利益相关者的体验通常被忽视。我们必须将与利益相关者的合作伙伴建立IT信任和按照承诺交付成果放在第一位。了解利益相关者的受众非常关键，在关键考虑因素、问题和优先级方面存在共鸣和积极响应时亦是如此。企业必须将协商后的IT承诺明确地记录在案。IT功能和解决方案必须根据承诺有效提供。通过多媒体渠道就价值主张进行持续的交流并取得一致意见应该是一个连续的过程。只有在这个时候，对IT价值的感知才能开始成熟和深入。IT投资创造有形价值将不再受到质疑，"温暖"的感觉也将变得更加明确。最终，无形价值将变为可测量的价值。

构建利益相关者合作伙伴对IT的信任和按照承诺交付成果是头等要事。然而，管理IT利益相关者的体验却通常被忽视。

管理预期

管理预期要求企业能清晰地了解利益相关者的基本需求或必须满足的要求，同时也要将它们与利益相关者期望的成果或需求进行区别。将两者区分开来，能体现"合同"预期（必须满足的要求）和合作预期（需求）。如果不区分这两种预期，那么利益相关者的期望很可能高于IT承诺的交付能力。IT和业务合作伙伴之间普遍都要签署合同或正式协议，保证成本与功能一致，并建立可管理的预期。例如，服务级别协议能根据商定的成本或预算，来区分服务提供商支持的服务或功能的级别。我们在第6章讨论过，服务级别协议可被用作一种有效的IT价值方法，用于评估外部和内部服务提供商。在项目"成功标准"协议和平衡计分卡中也有IT和业务部门之间额外的正式合同。有趣的是，非正式的协议或谅解在管理预期成果时同样重要。基于信任的合作伙伴关系要求企业尝试满足需求和发现隐藏的期望，进而促进无形价值的形成。然而利益相关者应该合理定位预期，他们应该接受需求并不是一种权利，只是一种追求的事实。

如果要管理利益相关者的预期，那么企业应深刻了解他们对IT基本功能和服务等级的满意程度，在此基础上才能努力追求更高等级的价值。依照马斯洛需求层次理论，在利益相关者表示愿意追求更高的期望之前，企业必须首先满足他们的基本生存需求。IT必须首先提供一个稳固的平台供卓越的运营使用，在此基础上才能够推崇更高的价值主张，如敏捷性和竞争优势。[29]同样，如果企业的预期仅仅是IT以最低的成本支持运营，那么该预期可能会成为企业追求更高价值主张的障碍。重新设置预期才可以改变这一状况。这种情况也同样适用于内部和外部服务提供商。调查利益相关者的满意度是设定基准和管理预期的前提条件。此外，如果将业务的关键成功因素（有可能是企业的关键绩效指标）与服务和解决方案置备相挂钩，那么IT交付就起到业务驱动力的作用。

对于任何一家公司而言，有效的市场营销和向其客户、供应商、合作伙伴、员工和股东进行自我推销都十分关键。营销传播是一个关键要素，它的重点是把正确的信息发送到各个利益相关者手中。公司的首席信息官必须能够编制发送给IT利益相关者的关键信息，并对这些信息酌情细分，以击中购买点或接触点。与利益相关者保持沟通是管理预期的关键。良好的沟通贯穿在从非正式的个人利益相关者的咨询，到正式的公司范围内的 "听证会"或时事通信的各个阶段。内部和外部的利益相关者都应该了解IT价值主张和成功案例（见第16章）。IT市场营销常被淡化或忽视，但是随着持续和一致的信息传输，利益相关者网络（包括行业冠军和市商）会对IT产生信任，认识到公司的IT价值和最佳实践。如果正确的信息在恰当的时间通过合适的媒介传输，则其能产生巨大的冲击力，尤其是在每年财政预算审查或季度审查时，你会发现人们觉得IT的美元价值增加了4倍，而不必多花一个子儿。

如果要管理利益相关者的预期，那么我们应深刻了解他们对IT基本功能和服务等级的满意程度，在此基础上才能努力追求更高等级的价值。根据马斯洛需求层次理论，在利益相关者愿意追求实现更高的期望之前，必须要首先满足他们的基本生存需求。

IT价值网络的影响

使利益相关者经济价值最大化推动着IT价值网络主张，尤其从扩展的价值网络和价值体系的角度看更是如此。第14章讨论的IT价值的第六阶段是实现利益相关者经济价值的关键影响因素。网络价值管理本质上是IT投资和IT组织本身的忠诚度业务模式。在整个价值网络和价值体系内建立信任和价值忠诚度，可推动可实现的经济价值的形成。忠诚度流程建立在网络价值分析的基础上，它会培养成员之间的关系，并满足利益相关者的推动因素。要管理预期和确定被感知的利益相关者价值，明智的做法是不断对利益相关者的满意度进行内部和外部调查并使用焦点小组，从而确定需要改进的领域和确实能带来收益的领域，通过一个发现和调整的流程来提高绩效。利益相关者的IT满意度和价值忠诚度是利益相关者价值维度的主要组成部分。利益相关者经济价值应该在整个业务网络内得到广泛提升。通过有效的、持续的营销传播，内部和外部利益相关者都可以了解IT价值主张和成功案例。这样做的目的是建立对IT投资回报的信任和认可，最终实现经济价值。

网络价值管理本质上是IT投资和IT组织本身的忠诚度业务模式，其目标是最大程度地实现利益相关者经济价值——IT价值主张。

本章讨论了一些可增强和扩展IT价值网络框架的前瞻性思维。当我们重新认识IT价值，并应用多学科评估方法（如价值网络、价值体系和价值选项）时，可以深入地量化和管理IT价值。IT价值主张应能使利益相关者获得最大的经济价值。在最后一章，我们将把各个知识点串起来，再提出一些想法，并介绍IT价值网络成熟度模型，还会总结出一份IT价值网络实施的清单。

注释

1. SAP (2008). "Leverage industry Value Network to drive growth: Collaboration that fosters innovation

and creates value." SAP Solution Brief, SAP AG.

2. IBM. (2007). "Achieving tangible business benefits with social computing." IBM, Armonk, N.Y.

3. Benko, C., and McFarlan, W. (2003). *Connecting the Dots: Aligning Projects and Objectives in Unpredictable Times*. Boston: Harvard Business School Press.

4. Peppard, J., and Rylander, A. (2006). "From value chain to value network: Insights for mobile operators." *European Management Journal*, 24, 2.

5. Daum, J. (2001, November). "Value drivers intangible assets: Do we need a new approach to financial and management accounting?" Available at: http://www. juergendaum.com.

6. Porter, M. (1985). *Competitive advantage*. New York: Free Press.

7. 见注释5。

8. Brackett, M. (1999, March). "Business intelligence value chain." *DM Review Magazine*. Retrieved September 13, 2008, from http://www.dmreview.com/issues

9. IBM. (2005). "IT optimization: Driving infrastructure value." IBM Global Services, Somers, N.Y.

10. McCracken-Hewson, J. (2004). "Where is the value in IT?" Fujitsu, Australia. Retrieved May 15, 2008, from http://fujitsu.com/au.

11. Bowman, E. (2001, November). "Real options analysis and strategic decisionmaking." *Organization Science*, 12, 772–777.

12. Benaroch, M. (2002). "Managing information technology investment risk: A real options perspective." *Journal of Management Information Systems*, 19, 43 – 84.

13. Zhu, K. (1999, December). "Evaluating information technology investments: Cash flows or growth options?" *Presented at the Workshop on Information Systems Economics (WISE'99)*, Charlotte, N.C.

14. Huchzermeier A., and Loch, C. (2001, January). "Project management under risk: Using the real options approach to evaluate flexibility in R and D." *Management Science*, 47, 85 – 101.

15. Chatterjee, D., and Ramesh, V. (1999). "Real options for risk management in information technology projects." *IEEE, Proceedings of the 32nd Hawaii International Conference on System Science*, 6, 1 – 7.

16. Benaroch, M., and Kauffman, R. (1999). "A case for using real options pricing analysis to evaluate information technology project investments." *Information Systems Research*, 10 (1).

17. Strassmann, P. (1997). *The Squandered Computer*. New Canaan, CT: Information Economics Press.

18. 见注释12。

19. Kumar, R. (1999). "Understanding DSS value: An options perspective." *Omega: The International Journal of Management Science*, 27, 295 – 304.

20. Grenadier, S., and Weiss, A. (1997). "Investment in technological innovations: An option pricing approach." *Journal of Financial Economics*, 44, 397 – 416.

21. Kulatilaka N., and Venkatraman, N. (2001). "Strategic options in the digital era." *Business Strategy Review*, 12 (4).

22. Raynor, M. (2001). "Strategic flexibility in the financial services industry: Creating competitive advantage out of competitive turbulence." *Deliotte Consulting and Deloitte and Touche: Deloitte Research.*

23. 见注释12。

24. Kogut, B., and Kulatilaka, N. (2001, November). "Capabilities as real options." *Organization*

Science, 12, 744 – 758.

25. Hackney, R., Burn, J., and Dhillon, G. (2000, April). "Challenging assumptions for strategic information system planning: Theoretical perspectives." *Communications of the Association for Information Systems (AIS)*, 3(9), 1 – 23.

26. Reichheld, F. (1996). *The Loyalty Effect.* Boston: Harvard Business School Press.

27. Goddard, I. (2003, September). "What do we perceive and how do we perceive it?" *Montgomery College Student Journal of Science and Mathematics,* 2.

28. Hellriegel, D., Slocum, J. (2009). *Organizational Behavior.* Mason, OH: Southwest Cengage Learning.

29. IBM. (2004). The IT value model: Winning the business "battle" with the right IT "nails". IBM Global Services, Somers, N.Y.

20 连接节点

在对IT价值网络进行分析的整个过程中，我们利用了多种学科方法，它们都可以被用来最大程度地提高IT投资的价值。在影片《美丽心灵》中，由罗素·克劳（Russell Crowe）扮演的男主角约翰·福布斯·纳什（John Forbes Nash）是一位耗费毕生精力追求"原创理论"的著名数学家。纳什有很多个人和人际交往的问题，但是，他最终把自己人生的节点连接了起来——在博弈论方面的突破性成果使他获得"诺贝尔经济学奖"。借助纳什的事迹，本书也尝试连接IT经济学界的节点，以发现利益相关者经济价值的动态。

现在仍然有一个普遍现象，即IT投资的80%花在了维护日常功能、支持基线IT系统运营和共享基础设施上。优化这一投资模式能使企业有机会将IT投资的方向转向价值更高的服务和战略功能上。这样，IT投资就可以推动智力资本或无形价值的增长。智力资本或无形价值一般占企业市值的80%。本章将提供一个IT价值网络成熟度模型，以帮助各企业了解目前的状态。同时，本章也提供了完善和发展的指标、IT价值网络实施清单，以及有助于企业获得集体优势，并最终获得网络优势的协作艺术。

本章尝试连接IT经济学界中的节点，以发现利益相关者经济价值的动态。本章叙述了一个追求IT投资回报的过程，在这个过程中，企业将IT投资转变为了更高的价值，以获得持续的竞争优势或网络优势。

IT价值网络成熟度模型

表20-1是我们推荐的IT价值网络成熟度模型。该模型参考了美国总审计署的IT投资管理框架，包括四个成熟度级别，[1]每个级别都在是前一个级别的基础上构建或发展的。企业应该在IT价值网络成熟度模型中评估它们目前的IT价值实践成果，并确定哪些方面需要重点改进，从而提高成熟度。

企业应该在IT价值网络成熟度模型中评估它们目前的IT价值实践成果，并确定哪些方面需要重点改进，从而提高成熟度，增加利益相关者经济价值。

组织的准备状态

在评估公司的IT价值网络成熟度之前，首席信息官应该首先评估公司是否已经做好接受了组织变革的准备，因为组织变革是成功部署IT价值网络的关键推动因素。除了先前讨论的属性外，IT价值网络成熟度模型还包括一条额外的"轴"，以表示组织的准备状态。我们在19章探讨过，如果一个公司的高管认为IT仅仅是一个支持组织，那么他很难接受更具战略性意义的IT功能。同样，如果他感知的

IT价值或对IT的满意度低，那么他对IT价值的基线预期可能仅限于改进共享基础设施和IT运营这样的基础功能。

表20-1 IT价值网络成熟度模型

IT价值网络	第一级基础	第二级常规	第三级发展	第四级完善
IT利益相关者的焦点	运营价值： ● 职能部门所有者 ● 普通员工	战略价值： ● 跨职能部门所有者 ● 高级管理者	价值体系： ● 高级管理者 ● 扩展流程的所有者 ● 外部客户 ● 供应商	价值网络： ● 高级管理者 ● 外部客户 ● 董事会成员 ● 合作伙伴/联盟 ● 市场/行业分析师
利益相关者经济价值	降低成本	投资回报	竞争优势	网络优势
IT投资类型（4S分类模式）	共享基础设施系统	共享基础设施系统战略性	共享基础设施系统战略性服务	未来状态的情景
IT价值组合管理	专门的IT项目管理	IT项目群和项目管理	IT项目管理办公室	整个企业的业务项目管理办公室
IT价值指数	运营价值维度	战略价值维度 运营价值维度	利益相关者价值维度 战略价值维度 运营价值维度	敏捷性价值维度 利益相关者价值维度 战略价值维度 运营价值维度
IT价值网络评估方法	传统的会计和财务方法： ● 制定预算 ● 业务案例——成本/收益分析法 ● 投资审查委员会 ● 审计	常规的战略规划和财务方法： ● 第一级使用的所有方法 ● 战略规划 ● 运营规划 ● 项目群和项目管理 ● 投资回报率/贴现现金流/净现值/内部收益率	新兴的组织管理和财务方法： ● 第二级使用的所有方法 ● 经济附加值 ● 股票价格特征 ● 价值创造业务案例 ● 总体拥有成本 ● IT治理 ● 关键成功因素 ● IT平衡计分卡 ● 基准比较 ● 内部服务级别协议 ● IT调查	新兴的信息经济学和决策支持： ● 第三级使用的所有方法 ● 决策树 ● 实物（价值）选项 ● IT风险管理 ● 企业投资管理 ● 企业组合管理 ● 情景规划

IT价值网络	第一级基础	第二级常规	第三级发展	第四级完善
IT价值网络管理	第四阶段（主要）、第二阶段（次要）	第二阶段（主要）、第三至第四阶段（次要）	第一阶段（主要）、第二至第五阶段（次要）	第六阶段（主要）、第一至第五阶段（次要）
–价值捕获	●项目和系统管理	●战略规划	●价值体系和流程管理 ●战略规划	●网络价值管理 ●价值体系和流程/系统整合管理 ●战略规划和组合管理
–价值形成	●能力和容量管理	●能力和容量管理	●能力和容量管理 ●项目和系统管理	●战略规划和组合管理 ●能力和容量管理 ●项目和系统管理
–价值优化	●项目和系统管理	●项目和系统管理	●项目和系统管理 ●服务和信息管理	●能力和容量管理 ●项目和系统管理 ●服务和信息管理
–价值实现	●项目和系统管理	●项目和系统管理	●项目和系统管理 ●服务和信息管理	●项目和系统管理 ●服务和信息管理 ●网络价值管理
组织变革准备状态	变革准备状态等级为低	变革准备状态等级为中	变革准备状态等级为高	变革准备状态等级为系统性

利益相关者可能需要把重点放在降低成本上，并把IT当作一种商品或工具。很少有利益相关者能识别出用IT提高价值的机会。当组织很少或从未对基本功能表示不满，或认为组织变革成本或风险很高时，组织准备状态的等级也会比较低。动用管理层的精力来提高评估和管理IT价值的有效性会消耗成本。如果一个企业看不到这样做的价值，那么它会拒绝尝试引入变革。对于更希望得到投资控制权并快速地部署解决方案的企业高管来说，加强IT投资管理的严谨性和纪律性会使他们很不开心。但是，现在改进的投资治理方法很受欢迎，因为越来越多的企业加大了对董事会股东责任的审查力度。

尽管变更管理在IT投资部署或项目管理方面已经得到了广泛的应用，但如果要改变IT投资治理的方法，首席信息官还需要付出更多的努力：

- 第一步，认识到企业需要变革。作为组织变革的拥护者和培训者，首席信息官应当赢得业务合作伙伴的尊重，在整个价值网络中推广最佳实践，并征求优先级、问题和敏感性。

- 第二步，构建变革的需求或动力。培养变革的IT价值主张（视角）是一门艺术，它能将节点连接起来，构成一幅关于当前和未来的见解深刻的现实图景。首席信息官需要判断变革可以获得多少政治支持，并与业务伙伴一起协作，达成双方协商一致且令人信服的IT价值主张。

- 第三步，提高执行方案和IT价值网络部署能力。业务伙伴必须成为组织变革的支持者和使者，参与到设计中，并承认预期价值。

- 第四步，构建和部署新的流程、角色、技术和工具，以支持定制的IT价值网络成熟度模型。业务伙伴强化是维持期望状态必不可少的条件，从对早期成功的认可到支持长期收益都是如此。在成熟度模型的第四级，组织变革的准备状态已经变得制度化或系统化，组织一直都在准备随时改进，并寻求使利益相关者经济价值最大化的方法。

首席信息官需要评估公司对变革的准备状态，还需要判断公司对IT价值网络转型的政治支持情况。要做到这一点，首席信息官首先要与业务合作伙伴接触，给出双方一致同意且令人信服的IT价值主张。

评估成熟度

首席信息官要想评估IT价值网络的当前状态，只需回答这个基本问题：我们如何获知企业IT投资的价值。

如果这个问题的答案令人担忧，那么企业会对IT丧失信心，同时又会提出更多问题，比如：我们的IT有价值吗？

如果回答不出来，那么企业会开始讨论将IT外包或做更糟糕的选择，也可能会考虑更换IT管理层。IT管理人员应充分做好准备，以应对IT价值的各种挑战。企业首先要评估整个IT价值网络框架中的现行做法。图20.1给出了一个IT价值网络成熟度评估模型，企业可以使用它进行评估。这个图中有8个与成熟度模型相对应的轴，每个轴都穿过成熟度的同心圆。根据相关研究和本书引述的案例，我们不难发现很多企业的基线都落在第1级和第2级之间。假设组织变革准备状态的等级为中到高，那么大多数企业都会希望IT价值网络的成熟度更高。

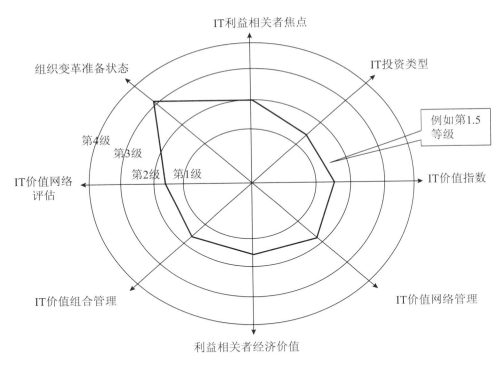

图20.1　IT价值网络成熟度评估模型

假设组织变革的准备状态的等级为中到高，那么大多数企业都会希望IT价值网络的成熟度可以更高。

　　成熟度第一级——基础。在成熟度的第一级，IT利益相关者关注的是企业职能部门的所有者以及员工生产力对IT的支持。IT投资决策的制定取决于IT，利益相关者经济价值专注于成本。IT投资可分为共享基础设施投资和应用程序系统投资。企业没有对IT价值组合进行管理，在默认情况下，项目管理是临时性的，并且与企业目标不一致。企业年度运营计划会推动可用的IT投资和其所选择的预算流程的产生。IT价值指数是不存在的，它被默认为是企业运营时关注的成本和预算。传统的会计和财务方法通常用于评估和衡量IT投资。业务案例基于不一致的、有问题的财务评估方法来论证IT投资的合理性。赞助企业的高管通过判断力以及对投资的确信程度来使投资获得批准。审计可以指明投资方向。

　　IT项目管理和系统管理（第四阶段）是捕获、优化和实现价值的基本手段，并为促进价值形成进行一些功能管理（第二阶段）。对投资绩效的评估和对价值实现的追踪并不严格。IT投资管理力度很小，治理流程不连贯，这会导致项目和投资结果常有变动。

　　成熟度第二级——常规。在成熟度的第二级，IT利益相关者的主要关注点升级到了高级管理人员层面，他们把注意力放在了跨越职能部门所有者和措施上。企业倾向于根据业务部门制定IT投资决策，并专注于其中的短期投资回报。虽然企业缺少IT价值投资组合管理，但它们会有条理地部署项目群和项目管理方法。业务部门的战略和运营规划流程推动了（IT和业务部门之间）协商后的预算的产生，以分配IT投资。IT价值指数开始成熟，可平衡运营收益和战略收益。常规的战略规划和财务方法通常用于投资评估中。通过应用一致的财务评估方法（例如内部收益率和投资回报率），业务案例可根据有形价值论证IT投资的合理性。业务部门的领导团队会批准IT投资。

　　业务部门的战略和运营规划（第二阶段）通过能力和容量管理（第三阶段）来

推动价值捕获。IT项目管理和系统管理（第四阶段）仍是IT价值网络管理中优化和实现价值的关键影响因素。在项目完成之前对投资绩效评估情况进行追踪，会导致项目完成后无法获取价值。IT系统投资管理处于基础水平。然而，项目治理和系统管理流程是连续且可重复的，这会形成可管理的项目和投资结果。

成熟度的第三级——发展。在成熟度的第三级，IT利益相关者的首要关注点包括在整个价值体系中扩展流程的所有者，以及企业的外部客户和供应商。IT投资决策在企业层面制定，专注于获取未来利润和竞争优势。IT投资的分类已经扩大，包括为扩展的利益相关者网络提供支持的服务投资。IT价值组合管理已经有了发展，并成立了IT项目管理办公室。通过利用诸如平衡计分卡的方法，企业可根据与业务战略和流程目标保持一致的IT战略规划选择投资。审计和IT调查也为投资决策提供了方向。IT投资基准提供了竞争性定位和市场定位。IT价值指数目前包括利益相关者价值维度，以补充运营和战略价值维度。除了常规的战略规划和财务评估方法外，新兴的组织管理方法通常用于评估IT投资。业务案例通过应用一致的价值创造或经济附加值评估方法并根据有形价值和无形价值来论证IT投资的合理性。投资长期与股票价格评估方法（特征）保持一致。IT投资委员会将治理和批准投资。

将流程和系统改进（第一阶段）与企业战略规划和运营规划（第二阶段）整合，有助于捕获价值。价值形成受能力和容量管理（第三阶段）与项目和系统管理（第四阶段）的控制。项目和系统管理还同服务和信息管理（第五阶段）一起推动价值优化和价值实现。在项目完成前我们应一直追踪投资绩效衡量指标，此外还应开展项目完成后的审查。系统投资与整个价值链和系统中的流程改进联系在一起，它们对利益相关者的服务级别进行追踪，并管理信息资产。IT投资管理得到极大的改善，并强调利益相关者经济价值，产生了可衡量的IT价值结果。

成熟度的第四级——完善。在成熟度的第四级，IT利益相关者的主要关注点包括董事会成员、企业的联盟和合作伙伴，以及市场和行业分析师。IT投资决策现在是整个企业范围内投资评估的一个组成部分，其重点是网络优势或持续的竞争优势。IT投资的分类已经成熟，包含了未来状态的情景，为不断发展的价值网络提供了支持。IT价值投资组合管理现在集中在整个企业的业务项目管理办公室中。企业可根据网络价值管理的考虑因素选择IT投资，并通过一体化流程和系统目标以及一体化的业务和IT战略规划确定IT投资。

情景分析、价值选项和风险管理为投资决策提供了更多的方向。IT价值指数现在包括敏捷性价值维度，以完成最优的IT投资评估。除了传统的财务评估方法和常规的战略规划和组织管理外，新兴的信息经济学和决策支持方法通常被应用到IT投资评估中。价值创造业务案例根据有形价值和无形价值、价值选项来论证IT投资的合理性。情景规划帮助企业评估拥有更长的生命周期的战略性计划，并考虑不确定情况下市场的变化。业务项目管理办公室会监督整合的IT和业务项目管理团队，它受到企业投资审查委员会的治理。

网络价值管理（第六阶段）、价值体系（第一阶段）与战略规划和组合管理（第二阶段）推动价值捕获。除了能力和容量管理（第三阶段）与项目和系统管理（第四阶段）外，价值形成也基于第二阶段被管理。服务和信息管理（第五阶段）连同第三阶段和第四阶段一起推动价值优化。除了网络价值管理（第六阶段）外，价值实现最终将在第四阶段和第五阶段完成，进而开始实现更高价值的新循环。投资绩效评估情况的追踪贯穿整个项目周期以及项目完成后的几年，因而企业可获取全部投资价值。系统投资可实现整个价值链和系统的流程改进。利益相关者服务级别会被超越，智力资本得以量化。网络价值管理使利益相关者保持忠诚，并转化为利益相关者经济价值。企业IT投资管理和IT组合管理得以推进，它们强调最大程度地提高利益相关者经济价值，以产生最佳的IT价值成果。

提高成熟度级别

参考客户评估结果可得知，多数企业最初的基准成熟度在第一级和第二级之间，在这一阶段，IT组织在IT投资的管理和评估方面都相对保守。根据"火烧甲板的状态"或变革的动力，首席信息官应设定目标，在规定的时间内提升IT价值网络的成熟度。把IT价值网络的成熟度提升到第四级可能并不实际，也没有必要。因为转型期间的变化、风险和成本可能令人望而却步。另一种可能是，IT利益相关者在追求第四级时感到价值不高。改变IT投资评估和管理的基础是在挑战传统实践，特别是在财务合理性论证时，因此我们应小心管理。我们之前探讨过，评估组织变革的准备状态是至关重要的。

一旦新的IT价值主张或愿景得到了包括公司董事会在内的业务合作伙伴或更广泛的利益相关者的支持，首席信息官就应该做好准备，解决如何实施IT的问题。如果根据IT价值网络成熟度模型评估当前实践，则可以确定当前的状态（根据其在轴上的位置），并描绘出需要改进的关键流程或属性。随后，通过采用逐步演化而非彻底变革的办法，我们可以定位具体的需要重组或改进的IT价值网络流程和标准。我们应该确立长远但可实现的目标，将重点放在快速制胜上，从而为持续支持和后续变革提供平台。定制的IT价值网络框架将逐步形成，为利益相关者提供越来越高的经济价值。

根据"火烧甲板的状态"或变革的动力，首席信息官应设定目标，在规定的时间内提升IT价值网络的成熟度。把IT价值网络的成熟度提升到第四级可能并不实际，也没有必要。

IT价值客户案例

IT价值网络成熟度模型可以被应用到第15章到第18章中讨论的4个IT价值客户。在实施IT价值网络方法前后，这些客户分别进行了成熟度级别的评估。每一个客户案例的成熟度和IT价值实现都达到了更高的水平。

NA银行：成熟度级别从1.5提升到2.5。2002年初，NA银行对IT价值网络成熟度最初的基准进行了评估。随后，NA银行部署了IT价值网络评估和管理方法，具体来说就是网络价值管理（第六阶段）与战略规划和组合管理（第二阶段）的要素。大约在1年半后，也就是2003年，NA银行再次开展了成熟度评估。NA银行的成熟度级别已从1.5提升到2.5。图20.2 描述了NA银行的IT价值网络成熟度评估情况。

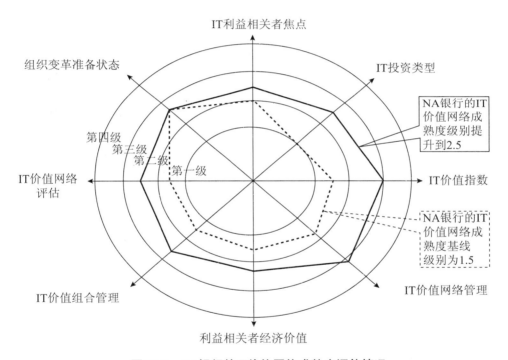

图20.2　NA银行的IT价值网络成熟度评估情况

通过参考第15章的NA银行案例，我们可以总结出以下几点：

■　组织变革准备状态的级别从中提升到高。关键的利益相关者已经开始质疑IT的价值，NA银行的首席信息官也担心IT支出或投资与银行的战略方向并未保持一致。

- IT利益相关者关注焦点的级别从2.0提升到2.5。除了考虑跨职能部门的所有者和高管外，还考虑了流程所有者和供应商。

- 利益相关者经济价值的级别从1.5提升到2.25。IT投资的目标以前主要是降低运营成本，转变后主要是基于更为严格的内部收益率和投资回报率来实现短期投资回报，这使企业在获得长期竞争优势方面有了一些进展。

- IT投资类型的级别从1.0提升到2.5。IT投资类型从只包括传统的共享基础设施和系统增加到包括战略性投资，并呈现转向服务投资的倾向。这个显著转变有助于IT投资类型向IT价值组合管理推进。

- IT价值组合管理的级别从1.5提升到2.5。由于IT投资透明度和治理力度更强，项目管理从一个专门的实践变成了最佳实践。IT价值组合管理创建了IT投资组合，将投资方向转向了更高价值的信息化投资和战略性投资。

- IT价值指数的级别从1.5提升到3.0。IT投资评估计分卡发生了极大的变化。当成熟度级别为1.5时，主要包含运营价值维度衡量指标；当成熟度级别提高到3.0时，战略价值维度和利益相关者价值维度也被纳入其中。因此，除了要使利益相关者满意外，还要实现短期和长期投资回报。

- IT价值网络评估的级别从1.5提升到2.5。部署了改进的IT投资评估方法。通过使用平衡计分卡，新的战略性IT方案与业务发展目标保持一致。由于改善了绩效管理，IT投资治理也得以正式化。开发出了改进的项目管理指标。业务案例的财务评估方法更加严格，为内部收益率和投资回报率设定了阈值。IT调查首次用于价值评估。

- IT价值网络管理的级别从1.75提升到3.0。为获取IT投资价值部署了改进的管理实践。从最初的项目和系统管理（第四阶段）过渡到新的、调整后的IT战略规划（第二阶段）和流程优化改进（第一阶段）。随着IT价值网络

管理涵盖严格的项目管理实践（第四阶段）、服务级别协议（第五阶段）

和IT满意度调查（第六阶段），价值优化和价值实现得以改进。

英迪戈：成熟度级别从1.5提升到3.0。对英迪戈IT价值网络成熟度的初始基准评估于2006年进行。随后，英迪戈部署了IT价值网络评估和管理方法，具体来说就是项目和系统管理（第四阶段）和战略规划和组合管理（第二阶段）。大约在2年半后，也就是2008年底，英迪戈对其成熟度进行了再次评估。英迪戈的成熟度级别从1.5提升到了3.0。图20.3描述了英迪戈的IT价值网络成熟度评估情况。

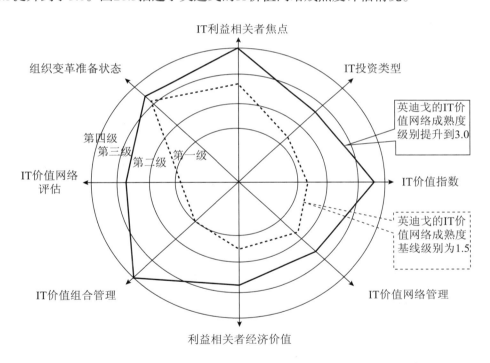

图20.3　英迪戈的IT价值网络成熟度评估情况

参考第17章的英迪戈案例，我们可以总结出以下几点：

■　组织变革准备状态的级别很高。项目管理已经成为英迪戈面临的一个严峻挑战，这导致一些大型的战略性项目超出了预算和时间进度。英迪戈的领导团队已经认识到，必须要先改进项目管理。因在这些项目上拖延而增加的运营风险和质量问题，开始影响到了企业本身。

■ IT利益相关者关注焦点的级别从2.75提升到4.0。英迪戈在这方面起点很高，一开始其IT利益相关者关注焦点就并不狭隘。再次评估发现，其IT利益相关者关注焦点进一步地改善，可支持所有的IT利益相关者；他们包括员工、高管、流程所有者、供应商、合作伙伴/联盟、外部客户、董事会成员和市场/行业分析师。对于关注整个业务网络中全部利益相关者的IT组织来说，英迪戈是一个典范。

■ 利益相关者经济价值的级别从1.5提升到2.75。IT投资在早期主要提供运营支持且略侧重于获得短期投资回报，后来转变为拥有重视获取长期投资回报（包括竞争优势）的平衡观点。发生显著变化的原因是，英迪戈采纳了更具有战略性的方法和IT投资的组合观点。

■ IT投资类型的级别从1.5提升到2.75。IT投资类型从只包括传统的共享基础设施和系统转变为包括战略性投资，这可实现组合投资管理。

■ IT价值组合管理的级别从1.0提升到4.0。IT项目管理的成熟过程（从专门的项目管理转变为开发完善的企业业务项目管理办公室）对IT价值有着重大影响。IT投资治理由高级管理团队管理，它会与企业战略保持一致。项目管理办公室对投资管理和项目交付完全负责。项目管理办公室需要全面处理整个生命周期的问题，这涉及流程、策略、步骤和可交付成果。

■ IT价值指数的级别从1.5提升到3.5。IT投资评估计分卡发生了极大的转变，从最初主要对价值进行运营价值维度的评估，转变为包括战略价值维度和利益相关者价值维度的评估，在某种程度上还涉及了敏捷性维度。IT

投资决策制定的依据是短期（机会性）和长期（战略性）内部收益率，此外还有共享基础设施和信息投资的利益相关者关键绩效指标。

■ IT价值网络评估的级别从1.0提升到2.75。部署了改进的IT投资评估方法。IT战略规划通过级联目标和方法被整合到业务战略中。企业投资治理变得正式，会通过协商就组合投资等级达成一致，它在投资的合理性论证、优先级排序和选择方面有一套严格的流程。成立了一个企业范围内的业务项目管理办公室，用于推行最佳实践和绩效管理。为了使内部收益率超过18%，IT战略性和机会性投资应能显示实实在在的有形收益。如果没有实实在在的有形收益，那么就需要将关键绩效指标和无形价值进行量化，以作为在有限的共享基础设施和信息化投资包络线中对投资进行合理性论证和选择的方法。

■ IT价值网络管理的级别从1.5提升到2.5。为获取IT投资的价值，部署了改进的管理实践。它从项目和系统管理（第四阶段）转变为包括企业战略规划和投资组合管理（第二阶段）；在某种程度上，还通过系统根据流程进行协调（第一阶段）达成目的。随着第二阶段和第四阶段的推进、能力和容量管理（第三阶段）的发展，价值形成过程也有所改进。随着企业项目管理办公室（第四阶段）的部署，以及服务级别协议和一些改进的信息管理方法（第五阶段）的使用，价值优化和价值实现也有所改进。

北电：成熟度级别从1.5转变到3.25。北电IT价值网络成熟度最初的基准评估于1997年进行。随后，北电部署了IT价值网络的评估和管理方法，具体来说就是能力和容量管理（第三阶段）与战略规划和组合管理（第二阶段）。2年多后，也就是1999年底，北电对其IT价值网络成熟度进行了再次评估。这时北电的成熟度级别已从1.5提升到3.25。图20.4描述了北电的IT价值网络成熟度评估情况。

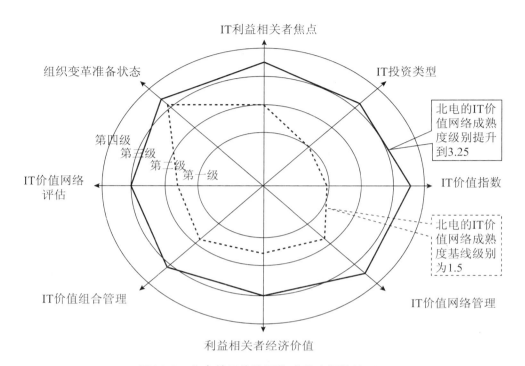

图20.4 北电的IT价值网络成熟度评估情况

　　组织已为变革做好了最高级别的准备。首席信息官希望重组北电的IT组织，并重新调整IT战略，其目的是促进形成新的、支持其"直角转弯"的企业转型能力。这样做的挑战是北电要从一个分散的支持组织转变为一个战略性的、基于服务的增值能力，并能通过调整，支持卓越流程和客户参与的组织。

　　参考第16章北电的案例，我们可以总结出以下几点：

■　IT利益相关者关注焦点的级别从2.0提升到3.5。开展了完整的IT重组和重心调整，从传统的关注职能部门所有者和员工支持，转向令员工、管理人员、流程所有者、供应商、合作伙伴/联盟和外部客户满意。通过这样的方式，北电的IT组织成为北电的最佳服务供应商和客户。

■　利益相关者经济价值的级别从1.5提升到3.0。IT投资早期主要提供运营支持和降低成本，后期转变为重视短期和长期投资回报，还会通过部署北电自己的领先技术来获取竞争优势。

■ IT投资类型的级别从1.0提升到3.0。IT投资类型从只包括传统的共享基础设施和系统转变到包括战略性和服务投资，这会支持以服务为中心的业务模式。

■ IT价值组合管理的级别从2.0提升到3.0。北电的IT项目管理情况良好。一开始，这些IT项目分散在整个IT组织中，后续转变为集中在一个联合的项目管理办公室中，同时，北电也增加了IT投资的透明度和治理力度。IT高管客户经理被分配到各个业务部门和流程所有者中管理IT投资，并受到IT投资委员会的治理。北电部署了全面的投资资金回收系统，以确保业务部门对IT负责。

■ IT价值指数的级别从1.0提升到3.5。IT投资评估计分卡发生了极大的转变，从最初主要从运营价值维度评估价值转变为从战略价值维度和利益相关者价值维度，在某种程度上还包括敏捷性价值维度来评估价值。IT投资决策的依据是加权后的IT价值指数，其中敏捷性即研发，包含北电自身新技术的部署。

■ IT价值网络评估的级别从1.5提升到3.0。部署了改进的IT投资评估方法。通过调整平衡计分卡，一个新的战略性IT方案将与业务发展目标保持一致。基于IT高管客户管理和投资委员会，IT投资治理得以正式化。成立了联合的项目管理办公室，用于推进最佳实践，并实行强有力的绩效管理。IT调查第一次用于价值评估。创建了总体拥有成本的模型。企业按照内部服务级别协议收回了IT成本，履行了IT责任。产生正净现值、使资产回报率达到16%~19%需要进行战略性IT投资。

■ IT价值网络管理的级别从1.75提升到3.5。为获取IT投资的价值，部署了改进的管理实践，从最初的项目和系统管理（第四阶段）过渡到调整后的IT战略规划和组合管理（第二阶段），并通过系统调整过渡到集中的流程所有者（第一阶段）。IT重组增强了能力和容量管理（第三阶段），再加上第二阶段和第四阶段的完善，IT重组可以极大地促进IT价值的形成。由于纳入了联合的项目管理办公室（第四阶段）和具备IT成本回收的服务级别协议（第五阶段），以及客户管理和IT满意度调查（第六阶段），价值优化和价值实现得以提升——网络价值管理逐步发展到包括外部客户、供应商、合作伙伴和商业联盟。

NA信用社：成熟度级别从1.5提升到3.5。NA信用社对IT价值网络成熟度的初始基准评估于2000年进行。随后，NA信用社部署了IT价值网络评估方法和IT价值网络管理的六个阶段。2年后，NA信用社再次对其成熟度进行评估，成熟度级别从1.5提升到3.25。图20.5描述了NA信用社的IT价值网络成熟度评估情况。

参与第18章NA信用社的案例，我们可以总结出以下几点：

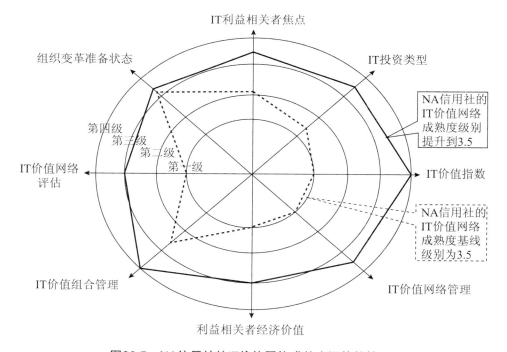

图20.5　NA信用社的IT价值网络成熟度评估的情况

■ 组织变革状态级别很高。NA信用社是由两个信用社合并成的。这两个信用社都有服务当地社区的悠久历史。NA信用社面临的挑战是在15个月内把银行业务、流程和系统整合到一个组织内。银行整合完成后，NA信用社对改进的IT能力、卓越的运营和简化的流程寄予了很高的期望，并期望最终能提高IT价值。

■ IT利益相关者关注焦点的级别从2.0提升到3.5。要完成银行整合，必须进行完整的IT重组和功能构建。NA信用社从传统的注重职能部门所有者和员工支持转变为了满足员工、管理人员、流程拥有者、供应商、合作伙伴/联盟、董事会成员和外部客户（会员）的需求。IT必须关注其网络利益相关者，以确保两个信用社能够在整个价值体系内实现无缝整合，特别是因为供应商、合作伙伴/联盟的银行平台存在相互依存关系。

■ 利益相关者经济价值的级别从1.0提升到3.0。IT投资发生了转变，最初关注短期能力，在整合完成后趋于成熟，同时关注短期和长期投资回报，兑现了对董事会和会员的承诺，履行了将银行合并的承诺。

■ IT投资类型的级别从1.5提升到3.5。IT投资类型从只包括传统的共享基础设施和系统投资转变为包括支持托管服务的战略性投资和服务投资。整合完成后，NA信用社在面向服务的架构的基础上构建了未来状态的情景。

■ IT价值组合管理的级别从2.5提升到4.0。IT项目管理情况良好，但是为了进行银行整合，它将转变为一个关键的企业业务项目管理办公室，并加强IT投资治理和绩效管理。在整合完成后，IT投资组合会与战略和运营优先级保持一致，将12%的IT投资转移到能带来更高价值的业务能力和利益相关者服务中。

■ IT价值指数的级别从1.0提升到4.0。IT投资评估发生了极大的转变，从最初主要使用运营价值维度进行价值评估，转变到具备一个成熟的IT价值指数。项目、资产和系统资本通过加权价值指数进行评估，该指数由可量化指标组成，这些指标包括成本/收益、风险、灵活性、战略和技术价值维度。

- IT价值网络评估的级别从1.0提升到3.0。部署了改进的IT投资评估方法。IT战略规划成为业务战略的一个组成要素，它包括可衡量的关键绩效指标。基于由企业项目管理办公室管理的IT投资委员会的建立，IT投资治理和指标实现了正式化。IT调查第一次用于价值评估中。创建了总体拥有成本模型。IT成本与内部服务级别协议的标准保持一致。

- IT价值网络管理的级别从1.0提升到3.5。部署了改进的管理实践以实现IT投资价值捕获。从项目和系统管理（第四阶段）转变为一体化的企业IT战略规划和组合管理（第二阶段），并经过了系统和流程的简化（第一阶段）。价值形成过程显著改善，能力和容量管理（第三阶段）得以增强，这得益于IT重组、托管服务模式和面向服务的架构，以及第二阶段和第四阶段的改进。价值优化和价值实现的改善缘于执行了第三阶段和第四阶段，以及服务编目、服务级别协议（第五阶段）、IT满意度调查和业务焦点会话（第六阶段）。在追求卓越的利益相关者关系的过程中，网络价值管理在各个层面都有发展，它将董事会、外部客户（会员）、供应商、合作伙伴/联盟纳入其中。

IT价值网络清单

如果企业的使命是实现利益相关者经济价值的最大化，那么它需要回答以下六个问题：

- IT利益相关者的看法和期望是什么？

- 我们应该把IT资金投入哪里？

- 我们如何知道IT投资的价值？

- 我们的IT投资或支出的价值是什么？

- 我们是否进行了适当的IT价值网络管理？

- 我们应该从IT期望中获取更多的价值吗？

根据你对这些问题的答案的信心，你可能会考虑对IT价值网络成熟度进行基准评估，以确定其当前的状态。这一初始成熟度评估会为公司高管的讨论提供基础，促进他们对成熟度的认识，便于达成共识，并为提高成熟度提供改进的方向。要确定公司IT价值网络成熟度级别的当前状态，最好先运用IT价值网络清单，并取得IT主管一致同意的意见。可根据下面列出的IT价值网络的主要活动或清单内容，评估贵公司目前的IT工作，然后再评估贵公司IT价值网络成熟度的初始级别。以下是IT价值网络清单中的六个步骤：

- 定义IT价值网络：网络价值管理，即IT利益相关者的看法和期望是什么？

  ➢ IT价值网络组合。确定（内部和外部）利益相关者，并把他们分为初级、中级和高级成员（节点）——构建一个网络云组合。

  ➢ IT价值网络地图。描绘利益相关者或成员之间的关系和相互依存关系（连接）；

  ➢ IT价值网络分析。对利益相关者的预期价值（价值陈述）进行高级别的评估；

  ➢ 了解网络价值管理的基线。开展调查，建立IT利益相关者满意度和价值的基线（调查）；

> 网络价值管理的预期。通过利益相关者焦点小组进行跟进，以了解感知价值并确定预期价值（焦点）。

■ IT投资类型：4S分类模式，即我们应该把IT资金投入哪里？

> 4S分类模式。将IT投资/支出分成共享基础设施、系统、服务和战略性4个方面的投资；

> 运营预算的当前趋势、预测趋势和历史趋势。确定相关的运营或持续的成本；

> 资本预算的当前趋势、预测趋势和历史趋势。确定相关的资本和一次性项目成本；

> 拥有成本和剩余价值。对IT资产进行高级别的成本评估；

> IT投资预测因素。确定IT投资的主要原因、驱动因素或影响。

■ 对IT价值进行三角量化：IT价值网络评估，即如何知道我们IT投资的价值？

> 关键绩效指标和价值创造业务案例。确定业务目标和企业目标，验证业务投资案例的严谨性；

> 利益相关者的关键成功标准。使关键绩效指标与利益相关者的期望和IT投资类型保持一致；

> IT价值指数和价值维度。在价值维度（战略、运营、利益相关者和敏捷性）内确定企业的价值评估方法，并创建企业的价值指数；

> IT价值网络评估方法。使用财务和组织评估方法，量化IT投资价值，并设置评估IT投资价值的基线；

> 利益相关者经济价值。依据IT投资类型，巩固整个IT组合中的有形和无形价值。

- 构建IT价值组合：星星和黑洞，即我们的IT投资或支出的价值是什么？

  - IT价值组合的当前状态。根据时间表预期描绘当前状态的IT利益相关者价值；

  - IT价值组合的未来状态。根据战略和运营目标，以及时间表预期预测初始的未来状态的IT利益相关者价值；

  - 星星和黑洞。评估IT组合的优势、劣势、机会和威胁；

  - 观星。利用情景规划和价值选项考虑一些情景的看法；

  - 过渡方案和价值主张。产生初始投资转型/迁移计划和价值主张。

- 管理IT价值网络：IT价值网络管理——IT价值的六个阶段，即我们是否进行了适当的IT价值网络管理？

  - IT价值网络管理。审计和审查价值管理流程，以捕获、形成、优化和实现价值；

  - IT价值的六个阶段。评估IT价值有效性的六个阶段；

  - 回收损失的利益相关者经济价值。确定流程、人员和技术改进；

  - IT绩效评估和平衡计分卡。审查绩效、IT回报和认可的目标是否达标；

  - 投资管理和业务项目管理办公室。查看IT投资和组合管理。

- 利益相关者经济价值的最大化：连接节点，即我们应该期望从IT中获取更多的价值吗？

  - 组织变革的准备状态。理解"联盟状态"和"IT健康和财富"；

  - IT调整和协作。确保关键的利益相关者（如高管、董事会）能够持续进行IT调整和协作；

  - IT价值主张。不断向所有利益相关者报告和沟通IT价值和关键计划；

> 网络价值管理。监控利益相关者满意度，与行业最佳实践比较，力求进步或改进，并管理利益相关者的期望；
> IT价值的忠诚度和可信赖的合作伙伴关系。循环利用IT价值网络，构建和扩展价值网络、价值体系和价值选项。

在追求利益相关者经济价值最大化的过程中，如果希望IT价值网络成熟度更高，那么我们需要循环利用IT价值的六个阶段，并建立对IT价值的忠诚度。

为获取网络优势进行协作

将利益相关者经济价值最大化就是指，提供持续的竞争优势或网络优势。企业需要对改变或提高IT价值网络成熟度的期望小心管理。IT高层领导团队应时刻总揽全局，把目标放在实现企业的全胜发展上，因此他们必须具备卓越的协作技能。如果把目标设得太高，有可能招致利益相关者的反对，或者形成不现实的利益相关者预期。明智的做法是向他们寻求持续的支持，希望他们同意向前推进工作，而不是寻找一个理想的环境、乌托邦或是完美的理想状态。IT高层领导层应当确保在整个目标利益相关者网络中达成业务合作伙伴共识。建立值得信任的合作伙伴关系能确保实现相互认可的结果并获得集体优势。

我们必须要采取协作的方式才能达到期望的IT价值网络状态，这样能够满足利益相关者的利益，并使企业在利益相关者之间做出权衡。为了使双方都能接受的条件达成一致，企业就必须做出妥协，以在各个利益相关者群体间达成平衡。虽然做出妥协意味着解决方案将大打折扣，但在这个时间点上这不失为一个解决方案，因为它为变化提供了起点。随后，通过快速获得成功和协作，企业可以向更高或更成熟的IT价值管理级别迈进。IT价值网络是一个协作过程，不是一个事件。

虽然做出妥协意味着解决方案将大打折扣，但在这个时间点上这不失为一个解决方案，因为它为变化提供了起点。随后，通过快速获得成功和协作，企业可以向更高或更成熟的IT价值管理级别迈进。这样企业就获得了网络优势。

坚持原则，灵活执行

作为IT投资的指挥者和主要负责人，首席信息官应该不断审查IT投资的各种环境，不能"只见树木，不见森林"。变革的IT价值主张提供了愿景和任务陈述。当前和未来的IT价值网络状态蓝图提供了环境和态势评估。迁移或过渡计划可为IT投资提供战略方向。执行策略时，企业需要整理必要的功能和资源，也要保持有效的沟通。但是策略在真正实施的时候有可能会产生问题。IT投资环境可能会发生变化，所执行的策略也可能会失败，例如会出现操作问题、新的业务需求、财务约束，也有可能仅仅是变更管理做得不够好。利益相关者逐渐失去信心或出现新的优先项目永远是一个威胁。在努力提高IT价值网络成熟度级别的时候，首席信息官要明智地选择战斗和战斗策略。理解IT价值的关键事件和找出阻力最小的路径应该是头等要事。在战壕里时，视野会受到限制，雷达应该永远开启。试图在各个战线上都取得成功是很危险的。回到山上，视野就会开阔，但会脱离现实。IT领导者应放眼全局，同时确保在整个过程中定期检查，时刻准备适应新环境。IT价值网络的管理要做到坚持原则，灵活执行。

作为IT投资的指挥者和主要负责人，首席信息官应该做到坚持原则和灵活执行，了解IT价值的关键环节，明智地选择战斗策略。

权衡和妥协

权衡是一种状态，它是指放弃一种品质或价值以换得另外一种品质或者价值的过程。为了安抚利益相关者，企业必须做出选择，并能够量化利益相关者价值的上限和下限。利益相关者的机会成本可量化被放弃的最看重的替代方案。提高IT价值网络成熟度级别的方法是获得利益相关者的集体优势，其中支持变革的集体价值高于集体的机会成本。但这需要企业与利益相关者的利益团体谈判，最后达成妥协。在这种情况下，交易是根据对价值的感知达成的。因而企业需要放弃他人认为是高价值的低价值。因此，企业应当就推动变革的关键需求何时得到满足而达成妥协，允许灵活地协调利益相关者感知的高价值利益，并将企业认为较低的价值让渡给从中看到较高价值的利益相关者，同时捍卫企业认为的高价值。最优成果是通过在追求共同事业的过程中发现利益相关者的利益而实现的。IT价值网络主张应当能够反映支持变革的集体优势。

提高IT价值网络成熟度级别的技巧是获得利益相关者的集体优势。在这个过程中，通过权衡利益，支持变革的集体价值会高于集体的机会成本。

从集体优势到网络优势

如果要在开展IT价值网络变革方面取得一致意见或许可，IT领导团队应具备卓越的关系构建能力和谈判技巧。在提高IT价值网络成熟度级别时，我们应该在各个利益相关者的利益团体中寻求集体优势。谈判重点应该放在利益相关者基本利益和需求上，而不应该是陈述的"谈判"立场上，这是发现集体利益或共同利益的方法。经济学界的博弈论认为，原则式谈判主张双赢的结果。但是，博弈的含义可能会使赛场竞争异常激烈，从而导致参赛者不能从创造性的成果中获得集体利益。因此，IT领导层应创建开放的利益相关者论坛，以就变革展开对话，激发集体优势和共同所有权的创造性成果。

那么，在默认情况下，谈判重点可能是调整IT价值网络部署和把握部署时机，而非是否应该部署IT价值网络。IT和利益相关者的利益团体之间的关系也许是推进集体优势最重要的因素。建立可信赖的合作伙伴关系能够使谈判有效进行并产生双方认可的成果。IT价值网络是可信赖的合作伙伴之间为实现变革而做出的共同努力。它能构建集体优势，并最终会转化为网络优势或持续的竞争优势。

建立可信赖的合作伙伴关系能够使谈判有效进行，并就集体优势取得双方认可的成果。其中，IT价值网络会成为可信赖的合作伙伴间为实现变革而做出的共同努力，这最终会转化为网络优势或持续的竞争优势。

重视IT

万事开头难，但迈出第一步后你就会发现，公司的价值体系或价值网络中已经有许多IT价值"节点"，问题是如何更好地连接这些节点，并形成一个更有说服力的IT价值主张。在你的公司中，尽管IT价值网络评估和管理的存在点可能模糊不清或很暗淡，但你无须耗费过多精力就能点亮它们，并增加其亮度，以供观星。随后，通过连接关系和利用价值的节点，我们可以构建自己的IT价值网络。这个过程将成为一个协作发现之旅，旨在最大程度地实现利益相关者经济价值。为获得网络价值或持续的竞争优势而管理IT价值网络的生命周期是一个反复的过程，而不是一个事件。它会激励公司实现更高水平的IT价值。重视IT吧！

注释

1. U.S. General Accounting Office. (2000, May). *Information Technology Investment Management (ITIM): A Framework for Assessing and Improving Process Maturity* (GAO/AIMD–10.1.23).

词汇表

黑洞：达不到大部分或全部IT价值网络指数基准阈值的IT投资。这种投资无法提供令人满意的价值。企业不应该继续进行陷入价值黑洞的IT投资。

首席价值网络官（CVO）：提供价值网络和价值管理最佳实践的公司首席官员或专家，受到项目管理办公室的行政支持。价值网络的首席官员是公司价值网络或网络云、利益相关者关系和有价值交换的架构师。首席价值网络官负责的领域包括知识获取、智力资本、组合价值管理和业务发展。

常规的规划方法：这些方法包括战略规划、运营规划以及项目群和项目管理。这些方法被广泛用于IT投资管理。

客户网络管理：一种利用扩展的价值网络（网络云）在客户关系和交流中构建社会价值和经济价值的方法。客户网络管理超越了客户关系管理。客户关系管理力求通过交叉销售和追加销售增加利润，或者寻求增加钱包和账户份额的机会。但客户网络管理还包括源于知识转移、业务智能和协作的客户经济和社会价值。它被用来构建公司的智力资本。

新兴的决策支持方法： 包括风险管理、决策树、管理信息系统、管理科学、实物期权或战略选项。决策支持系统能够为IT投资评估提供数学模型或结构化方法。决策支持技术能帮助企业没有独立解决方案的非结构化或复杂的流程（即IT投资管理）中进行决策。如果流程缺乏结构性，那么通常情况下企业会默认为依靠人类的直觉制定决策。

新兴的金融方法： 包括经济附加值、股票价格特征和总体拥有成本。这些方法为IT价值评估提供了更严格的股东价值衡量方法。

新兴的信息经济方法： 包括IT投资管理、IT组合管理和情景规划。这些方法会根据不同项目或投资各自带来的收益（有形和无形）、成本和风险结果，对它们采用可比较的权重和分数系统。成功的可能性取决于权重和评估情况，通过这些评估方法，企业会选择最终得分最高的项目或者投资。它们是比较项目和投资优劣的理想方法。

新兴的组织管理方法： 包括关键成功因素、平衡计分卡、基准比较、调查、服务级别协议以及IT治理。它们成为越来越受欢迎的IT投资评估方法。在结构性不强或不确定的情况下，这些方法可以提供理想的评估和管理工具。

IT价值管理的第五阶段： 包括服务管理和信息管理。该阶段的重点是从IT价值的优化过渡到IT价值的实现。在此过程中，利益相关者经济价值通过服务级别协议以及整个业务网络释放的智力资本得以实现。

基于财务的评估方法： 包括传统的和新兴的会计和财务IT投资价值评估方法。与基于组织的评估方法相比，这些方法更有条理性，且建立在严谨的公式和假设基础上。

IT价值管理的第一阶段： 包括价值体系和流程管理或改进。该阶段的重点是获取IT价值。在这个阶段，企业首先要确认IT投资，而IT投资建立的基础是优化的竞争优势或经营效益，它们通过在整个业务网络或体系内对企业流程进行改进而形成。

4S分类模式：将IT投资和支出划分为特定的类型。划分的根据是差异化、特征或属性。IT投资的类型包括共享—基础设施、系统—运营，服务—利益相关者和战略性—信息化。

IT价值管理的第四阶段：包括项目管理和系统管理。该阶段的重点是IT价值的优化。在此阶段，投资方期望得到成本效益高的解决方案和优秀的成果，以实现利益相关者经济价值。

智力资本：能够通过可量化的回报促进公司市场价值增值的无形资产，或是获得的知识产权。无形资产是实现利益相关者经济价值的主要驱动因素。智力资本也可被看作利益相关者愿意支付的知识成本的保证金。业务网络的智力资本是在公司影响范围内的利益相关者智力资本的总和。风险投资家越来越看重智力资本，认为智力资本对企业价值的贡献要比基础的有形资产高出好几倍。然而，除了研发和收购时需要计入账目外，智力资本很少出现在公司的账面上。现今，我们对智力资本的评估方法和水平仍然停留在工业时代，而智力资本在信息时代尤其具有重要意义。传统的生产力评估方法已远远不能适应现在的需要。

IT卓越中心：支持公司价值体系或IT价值链的核心IT能力。IT卓越中心可以使公司认识到IT业务的优先级和重点，使IT和业务部门协调一致，并构建它们的合作伙伴关系。我们可以在公司IT组织内部或外部创建IT卓越中心或价值商店，通过合作、外包或供应商协议，将公司的IT价值商店虚拟化。

IT无形资产或收益：可提供嵌入或看不见的价值，以支持基于知识的战略或功能的IT投资。通常情况下，企业很难准确测量出无形资产或收益，即使测量出来，其结果也可能是错误的。但它们产生的智力资本占股东价值的85%~90%，因此这是企业获得超额收益和高额市场价值的原因。

IT投资：广义上的IT投资包括IT资本和IT运营支出，可分为现有IT投资和新IT投资。与技术硬件和软件（如支持和服务）相关的成本应包括在IT投资管理中。虽然持续的运营支持和服务通常不被视为一种投资，但是智力资本比有形资产更为重要，因此运营费用也应被视为一种IT投资。

IT利益相关者的体验：通常情况下，IT利益相关者关系和交流的管理未得到足够的投资。IT利益相关者的体验与客户体验或关系管理类似，但它侧重于IT利益相关者。IT组织应该与其业务合作伙伴的目标保持一致，以管理相关IT投资、构建IT信任，从而按承诺交付成果。

IT价值网络：从IT投资中获得使利益相关者经济价值最大化的方法。IT价值网络由IT价值评估和管理的各种技巧、方法、模型和流程构成。它需要IT和其信赖的合作伙伴一起为变革努力，其共同目标是维持公司的竞争优势或网络优势。

IT价值网络清单：评估组织的IT价值网络的当前状态和成熟度级别的一系列步骤（分为六步）。它包括：定义IT价值网络——网络价值管理；将IT投资进行分类——4S分类模式；对IT价值进行三角量化——IT价值网络评估；构建IT价值组合——星星和黑洞；管理IT价值网络——IT价值的六个阶段；使利益相关者经济价值最大化——连接节点。

IT价值网络指数：IT投资评估计分卡，它包括四个价值维度：战略、运营、利益相关者和敏捷性。IT价值网络指数会获取全部的IT投资的利益相关者经济价值，并对这些价值进行三角量化。公司应对每个价值维度中合适的、基于财务和基于组织的评估方法或技术进行标准化，以确保IT投资评估的设计是简洁的。

IT价值网络管理：一套IT投资管理技巧和方法——捕获、形成、优化和实现IT利益相关者经济价值。

IT价值网络成熟度模型：确定组织在推进IT价值网络方面的级别。这个模型包括八个坐标轴和四个成熟度等级别——基础、常规、发展和完善。这个成熟度模型能深度阐述IT价值评估和管理需改进的领域，以提高利益相关者经济价值。如果要确定公司IT价值网络成熟度级别的当前状态，最好先利用IT价值网络清单，并参考IT高管一致同意的意见。

IT价值网络评估：基于财务和组织的IT投资评估方法或技术。它包括六个步骤：确定IT投资；论证IT投资的合理性；对IT投资进行优先级排序；选择IT投资；实施IT投资；实现IT投资的价值。

IT价值组合：一个企业或业务部门框架，用于评估IT项目群和项目、资产和支出的集体投资组合。它能简单地描述一段时间内与利益相关者经济价值相关的IT总投资。IT价值组合评估方法会参考与IT投资类型或4S分类模式相关的风险和回报。一旦当前IT投资被一致定义、分类、基准比较，并映射到利益相关者经济价值上，企业便可规划未来状态的IT价值组合。未来状态的IT价值组合会根据业务和IT的战略和运营目标，定义需要在接下来的3年进行投资的方案和资产。IT组合能展示IT投资及其有关利益相关者一段时间内经济价值的概况。了解这一概况的过程就是观星。这一过程虽然不那么有趣，但非常有用。

IT价值主张：IT价值的业务网络的IT内部或外部营销传播。利用IT投资使利益相关者经济价值最大化是IT价值网络方法的价值主张。利益相关者经济价值应该在整个业务网络内得到广泛提升。通过持续有效的营销传播，IT价值主张和成功案例应被内部和外部利益相关者所了解。利益相关者在了解了这些情况后，会建立对IT的信任，从而认可IT价值，并实现IT价值。

网络优势：通过系统流程使整个业务或价值网络的利益相关者经济价值最大化的持续竞争优势。网络优势是利益相关者的集体优势，或是从公司投资中获取的经济价值。

网络云：建立在利益、关系、交换或依赖关系（链接）基础上的虚拟成员（节点）的集合。网络云是扩展的价值网络，它由连接在一起的有共同利益和价值追求的利益相关者构成。

网络组合：用于管理公司的价值网络或网络云。价值网络或网络云可被构建、重叠和分层，它们不断发展，并形成新的形状。它们需要网络组合管理和一位治理价值网络的首席官员。构建价值网络组合可在个人、职能部门和组织层面完成。

网络价值管理：IT价值管理的第六阶段，它本质上是IT投资和IT组织本身的忠诚度业务模式。网络价值管理是确定和实现利益相关者经济价值的关键流程，它通过管理业务的关键成功因素和利益相关者满意度和预期来实现这一目的。价值网络管理不仅限于内部IT满意度调查，它还涉及在整个业务或价值网络内构建IT价值的忠诚度和信任，不断实现利益相关者的价值，同时保证物质利益最终转化成实际的利润，并体现在公司的账面上。

基于组织的评估方法：涉及传统规划、组织管理和信息经济学的IT投资价值的评估方法。与基于财务的评估方法相比，这些方法受流程驱动，不够明确，且缺乏结构性。

实物期权：能够使企业抓住未来机遇，并因此为企业提供更多未来价值的有形资产和人力资产投资。它能帮助企业做出战略决策和进行组合管理，并提高基于IT价值的业务案例在资本预算方面的严谨性。它还能使不确定情况下的IT投资评估更为严谨。使用实物期权的成本/收益分析示例将包含决策树分析体系和净现值模型。如果要用成本/收益分析法推导出嵌入其中的期权价值，那么现金流的主观概率应由期权的确定概率取代，此时期权价值应该要减去无风险（不是经风险调整后的）收益率。期权价值会随着时间而改变，企业可以在不同时间点加速、终止或推迟期权价值的实现。

IT价值管理的第二阶段：包括战略规划及组合管理/治理。它关注IT价值的捕获过程。在该阶段，企业要确定IT投资，并对它们进行优先级排序和选择，以实现利益相关者经济价值。

服务—利益相关者：IT投资4S分类模式中的一个类别。IT服务要满足利益相关者的需求和期望，并受到服务级别协议的管理。随着IT组织逐渐演变为面向服务的组织，基于服务的IT投资也随之出现，例如流程输入/输出、交易、信息交流、服务台、警报或报告。这样的服务使人们认识到底层系统或基础设施的价值。该投资通过利用数字仪表板使企业深刻了解IT价值，通过信息安全保护企业的资产，它还扩展了基础IT投资的价值。

共享基础设施：IT投资4S分类模式中的一个类别。通常情况下，IT基础设施在公司的业务部门、职能部门或流程中是共享的，例如计算机、服务器、数据中心和操作系统、数据、视频，以及语音网络设施。网络和计算机基础设施在行业整体IT支出中仍占很大部分，一般占50%～60%。

股东价值：公司未来现金流的累积净现值，加上剩余价值，减去债务后得到的值。股东价值也可以被定义为投资预估的全部经济价值，它等于现金流减去资本成本，再加上投资的剩余价值。股东财富可通过提高股票价格或支付红利实现。

IT价值管理的六个阶段：可增加现有IT投资和新IT投资价值的一系列相互关联的IT价值网络管理步骤。如果事件链被打断，我们所期待的IT价值就会变得不理想，因此IT价值阶段的概念产生了。理想的起点是第一阶段，但是由于公司的IT价值网络成熟度不同，最初的焦点可以在任何一个阶段，再根据需要向其他阶段发展。IT价值管理的六个阶段是循环的，在寻求更高的利益相关者经济价值的过程中，企业可从第六阶段发展到第一阶段。

IT价值管理的第六阶段：网络价值管理。该阶段关注的是IT价值的实现过程，其中利益相关者经济价值的实现途径是交付业务的关键成功因素、使利益相关者满意和忠诚以及满足利益相关者的期望。同时，IT投资也在转化，其回报在公司的账面上得以实现。

六度分隔理论：IT价值从IT投资转化为利益相关者经济价值是一个过程，而在实现利益相关者IT价值最大化的过程中有六个环节或步骤。心理学家斯坦利·米尔格拉姆于1967年最先提出了著名的"六度分隔理论"。一项小型实验表明，信息沿着熟人链最终到达目标人物只需要六步。同样，IT投资在业务网络中达到目标IT价值也需要六步。

利益相关者经济价值：从IT投资中获得的可衡量的有形和无形价值，可通过IT价值网络指数和价值维度来确定。价值维度包括：战略价值维度、运营价值维度、利益相关者价值维度和敏捷性价值维度。以财务为基础的评估方法和以组织为基础的评估方法被应用到价值维度中，以确定IT投资的总的利益相关者经济价值。在所有IT投资中最大程度实现利益相关者经济价值会使公司长期具有竞争优势或网络优势。

恒星：满足或超过绝大多数或所有IT价值网络基线的指数阈值的IT投资。当企业所评估的IT投资超过了所有指数阈值时，这个IT投资便是各方面优秀的投资（星星光芒四射）。我们可以针对IT投资类别指数或子组合（例如，电信业是共享基础设施的一个子组）指数绘制出星星的形状。

观星：用图形的方式绘制IT价值组合中的IT投资，展示它们之间的相对位置，比较一段时间内各投资的规模和价值。根据IT价值组合网格中基于指数勾勒出来的各种星形图，我们可以发现优质投资和不良投资，以及它们的相对位置。

战略性—信息化：IT投资4S分类模式中的一个类别。战略性或信息化IT投资通常要与新客户、新市场、新渠道、新产品或业务智能，以及基于知识的商机保持一致。企业战略决定战略性IT投资，因此这些投资很可能会面向目前的基础设施、系统或服务。同时，也存在一些可塑造IT长期方向的、针对IT自身的战略举措，例如架构路线图、投资管理和集成的中间件。这些IT投资必须能帮助企业盈利，这样才能有助于实现未来的股东价值。

系统—运营：IT投资4S分类模式中的一个类别。这种投资是基于运营的或本质上是交易性的IT系统或应用程序投资，它用于支持业务运营流程。IT系统包括软件应用程序、质量保证、系统集成和支持。

有形资产或收益：提供具体的可见的收益（如节约成本或增加收益）的IT投资。它通过严格的基于财务的评估方法确定，并由财务手段验证。这样的资产和收益会体现在公司账面上。它们为公司提供了已实现的回报（不包括无形价值）。

IT价值管理的第三阶段：包括企业对IT系统、基础设施以及IT组织及其员工的企业能力和容量管理。在这个阶段，公司考虑的是其本身是否拥有合适的技术和IT资源以满足目前和未来的业务需求。进一步讲，它关注的是IT价值形成的过程，重点是确定IT投资方向，以保证目前和未来的业务解决方案具备敏捷性或多种选项。

传统的财务和会计方法：包括投资回报率、投资回收期、净现值、内部收益率、成本/收益分析法、制定预算、投资审查委员会和审计。这些方法试图为IT价值评估提供更严格的股东价值衡量指标，但这些指标通常是衡量过去的，而非未来的剩余价值。过去的剩余价值为公司的市场价值做出了很大贡献。此外，对于那些结果不确定、具有潜在选择的IT投资来说，这些评估方法不具备敏捷性和灵活性。

IT价值的三角量化：通过综合多个来源的数据来确定IT投资完整价值的方法。三角量化指的是，利用正弦定律，基于两个参考点进行三角计算，找到相对于某个实体的坐标和距离（如船舶距离海岸线的距离）。对于从多种渠道获取的数据，无论是定性的还是定量的，我们都能够证实其价值，这弥补了任何单一的评估方法的特定缺陷。IT价值的三角量化要求企业设计出标准的IT价值网络指数，将IT投资的4S分类模式在四个价值维度内与具体的评估方法一一对应起来。

价值捕获：在IT价值网络管理中首先要考虑的问题，包括确定IT投资、论证IT投资的合理性、对IT投资进行优先级排序和选择IT投资。价值捕获包含在价值链和价值体系内对业务流程进行评估、使IT与业务战略保持一致、IT治理和组合管理。要获取IT价值，首先要执行IT价值管理的第一阶段，将公司当前和未来潜在的IT投资映射到公司价值链和价值体系内的关键业务流程中，以显示内含的IT价值和对流程改进的依赖性。随后，企业应执行IT价值管理的第二阶段来捕获价值。在第二阶段中，企业要通过将IT战略与业务战略整合来确定IT投资，并通过组合管理对IT投资进行优先级排序和选择。IT价值管理的第六阶段——网络价值管理也可以用于确定和获取IT价值。

价值创造业务案例：一种严格的IT投资业务案例方法。除了包括计算有形收益和无形的无风险收益外，该方法还会考虑项目的所有资本、一次性成本和持续的运营成本。它会应用各种经风险调整的数值和贴现率来计算净现值、内部收益率和经济附加值。

价值形成：在IT价值网络管理中需要考虑的第二个问题。它建立在价值捕获决策的基础上，并且考虑潜在的企业能力和依赖因素，以及容量和资源限制。它包括IT价值网络管理的第三阶段。在这个过程中，企业应考虑价值选项，从而通过IT技术和组织的能力和容量规划，使能力和容量具备灵活性或敏捷性。

价值维度：用于构建IT价值网络指数，从以下四个角度评估IT投资：战略、运营、利益相关者、敏捷性。根据IT投资类型（4S分类模式），企业可以确定一个或多个首选或次优的、基于财务和基于组织的评估方法和技巧，并将它们应用到各个价值维度中。

价值忠诚度： 利益相关者持续地、毋庸置疑地投入和支持IT投资和IT组织。利益相关者的IT满意度和价值忠诚度是利益相关者价值维度的主要组成部分。在整个业务网络或价值体系内构建价值忠诚度会推动可实现的价值的形成。价值网络管理本质上是对IT投资和IT组织本身的忠诚度业务模式。该业务模式认为，当利益相关者追求共同利益时，他们应该在追求个人利益（IT——利己）和追求他人利益（商业——利他）的过程中达成共识。驱动价值忠诚度的四个关键因素为共同的价值观和目标、关系强度、潜在的替代方案，以及关键事件。

价值网络： 由整个公司价值体系或存在点中的社会和技术资源（节点）间的复杂关系和交易（连接）组成，它可以创建利益相关者经济价值。

价值网络分析： 使业务网络可视化和优化的方法和建模技术，描绘成员或角色（节点）以及它们之间的关系（纽带联系）。信息资产被映射到公司的价值链和价值体系中，以连接利益相关者的关系和相互依存关系。价值网络分析通过量化有形和无形的价值交换，来确定系统内成员关系的社会技术经济价值。

价值优化： 在IT价值网络管理中需要考虑的第三个问题。它建立在价值形成决策的基础上，专注于执行或部署。价值优化主要在IT价值管理的第四阶段——项目管理和系统管理中实现。IT运营的管理有效性、现有IT投资和资产会影响新IT投资执行的有效性。换言之，IT项目的部署取决于IT组织的现有流程、人员和技术的有效性，这会促进价值的形成。IT价值管理的第五阶段——服务管理和信息管理同样会推动价值的优化过程。

价值选项： 一种互补或补充IT投资，能够提供多个有效选择或应对未来商机的灵活能力。将价值选项嵌入IT组织和技术中能增加附加值，使企业具备网络优势，在结果不确定的时候更是如此。价值选项是IT投资评估的敏捷性价值维度的关键组成部分，它能使企业具有灵活的、响应迅速的IT能力以抓住未来商机。在IT价值组合层面，价值选项使企业侧重于评估机会、获取与培育选项、终止或继续维持选项，并在合适的时候获取它们的价值。

价值实现：在IT价值网络管理中第四个要考虑的问题。它建立在价值优化决策的基础上，侧重于IT的回报和收益。当回报在公司的账面上显示出来，或者当公司因有了收益而重新进行预算时，价值实现最明显。对价值进行审计会变成证明价值实现的最终环节，这能独立验证IT价值是否在公司账面上得以实现。然而，IT利益相关者会继续评估IT绩效和价值，当IT价值需要花费时间才能转移到公司账面时更是如此。这样，IT价值的实现过程历经了IT价值管理的六个阶段。不过在第六阶段中，IT价值的实现情况最为明显。业务价值的实现始于满足服务级别协议之际、按照业务案例交付项目之际、按照业务要求交付业务解决方案之际，以及通过解放相关信息优化决策之际。最终，在第六阶段，IT利益相关者的预期达成，满意度级别很高，IT价值忠诚度也很高，账面价值得到了实现。

价值体系：1985年，波特出版了他的畅销书《竞争优势：创造和保持最佳绩效》。自此，价值链概念为大众所知。波特是哈佛大学商学院的教授，同时也被认为是研究业务战略和竞争优势的思想领袖。波特认为，价值体系包括公司的内部价值链，还包括公司的客户和供应商。如果再进一步扩展，公司的价值体系还能包括整个业务网络的合作伙伴和商业联盟。价值体系由一系列能为公司产品或服务增加客户价值的活动构成，这些活动通过提供差异化的产品或服务，或通过降低成本竞争来实现价值。价值体系的目标是为客户、买家提供超出这些活动成本的价值，从而为公司提供利润率或竞争优势。我们应该在扩展的价值链或价值体系内确定流程改进或再造的机会，使利益相关者获得更高的经济价值，并显示出对IT系统的依赖性。系统和业务流程的再设计应融为一体，以在价值体系内增强核心竞争力。